Hans-Jürgen Heinrichs

Expeditionen ins innere Ausland

IMAGO
Psychosozial-Verlag

Hans-Jürgen Heinrichs

Expeditionen ins innere Ausland

Freud. Morgenthaler. Lévi-Strauss. Kerényi

Das Unbewußte im modernen Denken

Psychosozial-Verlag

Bibliografische Information Der Deutschen Bibliothek
Die Deutsche Bibliothek verzeichnet diese Publikation
in der Deutschen Nationalbibliografie; detaillierte bibliografische Daten
sind im Internet über <http://dnb.ddb.de> abrufbar.

Originalausgabe

Goethestr. 29, D-35390 Gießen.
Tel.: 0641/77819; Fax: 0641/77742
e-mail: info@psychosozial-verlag.de
www.psychosozial-verlag.de

Umschlagabbildung: Leonardo da Vinci,
Verkündigung – Ausschnitt, Engel mit Lilien
Umschlaggestaltung: Christof Röhl
Redaktion: Kristine Klein
Satz: Christof Röhl
Printed in Germany
ISBN 3-89806-435-2

Inhalt

Vorbemerkung

Der Typus des Wissenschaftlers, von dem in diesem Buch die Rede ist, löst Bewegungen aus dem alltäglichen Geschehen heraus, deutet sie im Zusammenhang der jeweiligen Kultur, der sozialen, politischen, symbolischen Ordnungen und unbewußten Strömungen; er überträgt sie in ein erzählerisches Universum, reich an Verlockungen, um den argumentativ geordneten und den geheimnisvollen Zeichen zu folgen. Die hier vorgestellten Werke sind exemplarische narrative Welteroberungen, die den Leser unablässig verwirren und überzeugen, ihn dazu anregen, alte Strukturen und Denkgewohnheiten fallenzulassen und sich neue einzuverleiben.

Die von dem Psychoanalytiker, Maler und Reisenden Fritz Morgenthaler einmal geäußerte Behauptung, man könne die Menschen nicht mit Hilfe von Argumenten und gut durchdachten Reflexionen verändern, man habe lediglich das Mittel der Verführung zur Hand, sofern man es denn beherrsche, schien sich in meinen eigenen Erfahrungen immer wieder zu bewahrheiten und wurde doch auch vom Wunsch, mit Argumenten zu überzeugen, verdrängt und bahnte sich erneut seinen Weg, solange, bis Verführung, Reflexion und Argumentation nicht mehr als Widerspruch erschienen. Das komplexe Wechselspiel dieser Zugangsweisen soll exemplarische Texte des 20. Jahrhunderts und die durch sie vermittelten Lebens-, Denk- und Bewusstseinsformen erschließen. Die »verführerischen« Botschaften, wie sie auf besonders signifikante Weise im psychoanalytischen und ethnologischen Setting ausgetauscht werden und zu einem produktiven *Entgleiten* von Fakten und Selbstverständlichkeiten führen, verweisen auf das der Verführung eigene Potential des Erkenntniszuwachses.

Literarische und wissenschaftliche Texte sind Optionen darauf, wie etwas gewesen sein und wie es sich entwickeln könnte, wie es verstanden und wie es gedeutet werden könnte; es sind Erzählungen, die, wenn sie von einer intensiven intelligiblen und emotiven Gebundenheit des Autors an sein Sujet zeugen, mit Gewißheiten und Ungewißheiten, Wahrscheinlichkeiten, Eventualitäten und Unvollkommenheiten, mit Gestalten, Strukturen und Offenheiten, mit Formeln, Bildern, Gleichnissen und Symbolen spielen und dem Leser diese oder jene Möglichkeit der Weltnahme anbieten. Jedes sprachliche Konstrukt ist eine Variation eigener, nur noch nicht auf diese Weise entfalteter Verstehensformen und Beschreibungen.

Mögen sich die hier vorgestellten Schriften als resistent gegen das bloß Zeitgenössische erweisen und zu den von Fernando Pessoa in seiner nachgelassenen Arbeit *Herostrat* zuletzt genannten Werken zählen:

> *Einige Werke sterben, weil sie wertlos sind; sie sind, weil sie sogleich sterben, Totgeburten. Andere überdauern nur den kurzen Tag, den ihnen der Ausdruck eines vorübergehenden Geisteszustandes oder eine gesellschaftliche Mode gewährt; sie sterben in der Kindheit. Andere von größerer Reichweite koexistieren mit einer ganzen Ära eines Landes, in dessen Sprache sie geschrieben worden sind, und wenn diese Ära zu Ende geht, hören auch sie auf; diese Werke sterben in der Pubertät des Ruhmes und erleben nicht mehr als die Jugendzeit im dauerhaften Leben des Ruhmes. Wieder andere dauern, weil sie Grundlegendes über den Geist ihres Landes oder der Zivilisation, zu der es gehört, ausdrücken, so lange wie diese Zivilisation; sie erreichen das Mannestum universellen Ruhmes. Andere jedoch überleben die Zivilisation, deren Gefühle sie zum Ausdruck bringen. Diese erreichen jene Lebensreife, die nur so sterblich ist wie die Götter selber, die einen Anfang kennen, aber kein Ende, wie die Zeit; und sie sind nur dem endlichen Mysterium unterworfen, das das Schicksal für immer verhüllt [...]*[1]

Die Anmerkungen zu den einzelnen Kapiteln stehen geschlossen am Ende des Bandes ab S. 203ff.; die Literaturangaben am Ende des jeweiligen Kapitels.

Einleitung

Der möglich gewordene, weltweite Mißbrauch der Genforschung – ein Angriff auf die Schöpfung und ihre Gesetze –, der Terroranschlag auf das New Yorker World Trade Center und die in der Folge unternommenen Versuche, einen »Krieg der Kulturen« in einen Anti-Terror-Krieg umzuwandeln, sind die international hervorstechenden aktuellen Herausforderungen an das anthropologische Selbstverständnis der Menschen: Wie definieren sie fortan ihr Denken und Handeln im Rahmen ihrer jeweiligen Kultur und Gesellschaft, und mit wem können und müssen sie Allianzen und Kooperationen eingehen, um dem eigenen Bild von einem *werten* Leben die größtmögliche Chance zu geben?

Der Terrorismus hat eine massive Rückkehr des Politischen bewirkt: in Form von verbalen und machtpolitischen Ritualen der Verbundenheit und Verbundenheits-Bekundungen. Das ist die eher gute Nachricht. Zugleich aber ist die Wiederkehr des Irrationalen unverkennbar: sowohl auf Seiten der westlichen Welt, die einen asymmetrischen Krieg der Unverhältnismäßigkeiten führt, als auch auf Seiten des terroristischen Fundamentalismus, der seinerseits der Abwesenheit von Vernunft eine massive, menschenverachtende Gestalt gibt. Angesichts der Totalität dieser Politisierung der Welt als *Abkehr von der Vernunft* fragt man sich – genauso wie angesichts einer Genforschung, die sich weniger den vernünftigen Zielen einer Humanisierung als vielmehr dem wahnhaften Bild von einem *Neuen Menschen* unterstellt –, wie weitgehend wir uns bei der Beschreibung und Deutung von Wirklichkeit noch auf die Sozial- und Humanwissenschaften berufen können, sofern sie daran festhalten, daß die menschliche Zurechnungsfähigkeit unser Handeln stärker begleitet als das von der Psychoanalyse in den Vordergrund gestellte Moment der Unzurechnungsfähigkeit und Unberechenbarkeit: Das Ich als ein von Grund auf suspektes, subversives und unkalkulierbares Moment der Instanz des Unbewußten.

Den Kulturwissenschaften wächst mehr denn je die Aufgabe zu, ihr historisches Wissen und ihr strukturelles Verstehen in den Dienst eines dringend notwendig gewordenen anthropologisch/ethnologischen Begreifens der heutigen weltpolitischen Lage zu stellen. Die Übermacht des Technologischen, der Naturwissenschaften, der Politik und des Pragmatisch-Notwendigen ist so stark geworden, daß der Rekurs auf antiquiert erscheinende Begriffe wie *Kultur* und *menschliche Existenz* erst einmal zweite Wahl ist und doch von den Pragmatikern und Technologen genau dann in Anspruch genommen wird, wenn sich der von Aktualitäten eingeengte Blick seiner Dürftigkeit und diagnostischen Schwäche bewußt wird. So wie sich politische Verhältnisse nur unter Berücksichtigung der kulturellen Entwicklungen und der ethnischen Zusammenhänge in einem Land und in einer Region begreifen lassen, so ist auch jedes auf den einzelnen Menschen gerichtete Verstehen nicht ablösbar von dem, was wir Kultur nennen und wie wir diese in ihren Erscheinungsweisen zu deuten versuchen.

Wenn es in der Macht der Biotechniker liegt, die Wirklichkeit und die historisch geprägten Denk- und Beschreibungsformen der individuellen Gestaltungskraft des Menschen zu entziehen, und wenn der Einbruch des Terrorismus in die alltägliche Wirklichkeitserfahrung so dominierend wird, daß sich das Reale immer mehr als eine politisch, militärisch und medial feststehende Größe erweist, die nur noch die Bilder virtuell längst vorweggenommener Katastrophen-Szenarien variiert, dann wird ein unendliches Verlangen nach individueller existentieller (und damit kultureller) Erfahrung einsetzen. Der krude Realismus des gläsernen und künstlichen Menschen und der »Realismus« der Action- und Science-fiction-Filme sowie der politisch »nachgespielten« Szenarien erwecken schon im Kern den Wunsch nach eigener Welterfahrung.

Gleichzeitig mit der globalen Weitung des Raums wächst die Sehnsucht nach intimen Erlebnisformen – und es verstärkt sich der Wunsch, an den Erfahrungen von Kunst teilzunehmen und dem Mythischen immer neue Facetten eines »Faszinosums« abzugewinnen. Die »Biowissenschaften« neueren Stils können nicht hinreichend Auskunft geben über Leben, Existenz und Tod, über die menschlichen Begierden und Leidenschaften und über das Interesse des Menschen an der Kunst. Die Kunst und die Mythologie sind, neben den Wissenschaften, die bedeutsamsten kulturellen Repräsentanten, sowohl der sogenannten »primitiven« als auch der westlichen Welt.

Zu Ende des vergangenen und zu Beginn des neuen Jahrhunderts wurde mancherorts eine intellektuelle und ästhetische Wiedergutmachung an der als »primitiv« geringgeschätzten Kunst unternommen.[1] Aber selbst im Umfeld europäischer Kunst, die sich deutlich wahrnehmbar in Epochen aufteilt, stehen die heiligen und mythischen Objekte zeitlos da und repräsentieren immer noch *eine* Welt, eine kosmische Allgegenwärtigkeit. Nichts anderes hatten sich einige der Ikonen moderner Wissenschaft vorgenommen. Karl Kerényi versuchte in seiner fast fünfzigjährigen Forschungsarbeit das Erbe des 19. Jahrhunderts zu bewahren und die Lebendigkeit und Allmacht des Mythos aufzuzeigen. In Claude Lévi-Strauss' Mythenanalysen wirkt diese Allmacht eher noch absoluter, da die Mythen hier gerade *jenseits* der gelebten Ordnungen betrachtet werden.

Mythos, Raum, Geschichte und Kommunikation, Struktur, Entwicklung und Gestalt, die Ratio, die Emotion und das Unbewußte (wie es von Freud seit Ende des 19. Jahrhunderts inspiziert, decouvriert und interpretiert worden ist) – das sind die entscheidenden begrifflichen Zuspitzungen im Denken des 20. Jahrhunderts. Alle diese Begriffe haben die vielfältigsten Wandlungen durchgemacht und sind die unterschiedlichsten Konnotationen eingegangen: der Mythos etwa in Verbindung mit dem Alltäglichen und dem Technologischen (Alltagsmythen und neue Mythen); die Struktur mit dem Sozialen, dem Kulturellen und Symbolischen; die Gestalt mit dem Phänomenologischen und Ethnographischen; die Ratio, das Unbewußte, die Gesellschaft und die Geschichte in wechselseitigen Verschmelzungen etwa zum »kognitiven Unbewußten« oder zum »Unbewußten der Gesellschaft«. Dabei wurde die naturalistische Betrachtung des Realen immer stärker ersetzt durch eine Deutung der imaginären und symbolischen Strukturen im Realen sowie der sie vereinnahmenden Medien in einer »telepräsenten Welt«[2].

Die Reflexion der modernen medialen Vernetzung hat uns die Augen für die sich wandelnden Wahrnehmungsformen von Nähe und Ferne geöffnet. Die elektromagnetische Nähe in der Telekommunikation und das entsprechende Lebensgefühl und Weltverständnis sind etwas so grundlegend Neues, daß der Sinn dessen, was wir als Nähe und Ferne, als Hier und Dort bezeichnen, radikal in Frage steht. Paul Virilio hat davon gesprochen, daß im Zeitalter der Telepräsenz und »Telepathologie« das Bewußtsein für den Raum verlorengehe, daß man immer stärker das Gefühl haben werde, eingesperrt und eingeschlossen zu sein, daß es so etwas wie eine »mentale Verseuchung« durch Auflösung von Distanzen gebe.[3]

In dieser Welt des (symbolischen) Tausches von Zeichen ist an die Stelle der rational nicht zugänglichen, heiligen Kraft im Inneren der Dinge, des *mana*, das Innere der Zeichenwelt getreten: was sich hinter den Zeichen, im submedialen Raum, verbirgt, offenbart sich selbst – vergleichbar dem Unbewußten, das sich in den Träumen, in Fehlleistungen, im Witz und anderen Manifestationen ungewollt zeigt.[4]

Im Zuge dieser Welt-Veränderung stellte sich auch, vor allem für den Ethnologen und Soziologen, wieder neu die Frage, in welchen Bereichen und Darstellungsformen sich die Gesellschaft am besten erkennen läßt: im sozialen, familiären und alltäglichen Leben und dessen Einbettung im Medialen und in der Ereigniskultur oder eher in den Randbereichen (wie etwa den Kliniken und Obdachlosenasylen), den neuen Orten eines flüchtigen, in Zukunft extrem bedrohten Lebens (etwa auf Flughäfen) oder an den eher traditionellen Orten kulturellen Lebens (im Theater, in der Oper und im Konzertsaal, wo die Literatur und der Mythos, das Epische und das Rituelle in Szene gesetzt werden). Oft geben die Wissenschaftler nur vor, sich für ihre Forschungen mitten im Leben (in »teilnehmender Beobachtung« und als »Mitspieler«) aufgehalten zu haben. Tatsächlich aber künden dann davon, wenn überhaupt, zumeist nur noch der »lebendige« Ton und die Erwähnung von Gefühlen in den Einleitungen und Vorbemerkungen. Die Forschung selbst soll ja nicht in ihrem hehren Ton beeinträchtigt, die Wissenschaftler nicht als *Bastler*, sondern als überlegene Konstrukteure bedeutungsschwerer Welten erkennbar werden.

Auch die Werke der im folgenden vorgestellten Autoren – die zuweilen die Aura von wahren Heroen verbreiten – sind nicht frei von eingestandenen oder nicht bewußten Widersprüchen, Selbstzensurierungen und Spannungen zwischen dem rational Distanzierten und dem emotional Nahen, zwischen dem Wunsch, aus dem Leben heraus zu denken und zu schreiben, und dem Ideal einer schematischen, axiomatischen Wissenschaft sowie zwischen dem Wunsch, die Gesellschaft von ihren Zentren oder von ihren Rändern her zu beschreiben. Sigmund Freud, der es zeitlebens mit dem einzelnen Menschen zu tun hatte – manche behaupten, nur mit den Bürgern *einer* Stadt (Wien), gemäß deren Straßenbild er sich das Unbewußte vorstellte[5] – und der alles dafür tat, als Rationalist wahrgenommen zu werden, hatte doch nicht weniger im Sinn, als die heterogenen Tiefenschichten der Ratio, ihr Unsagbares als kulturelle Universalie ganz unakademisch zu beschreiben. Claude Lévi-Strauss ließ, obwohl er eigentlich als Ethnograph vergleichbar eng an sein Gegenüber gebunden war, diese Übertragungs-Beziehung erst gar nicht zum Tragen kommen. Nur in der Distanz sah er die Chance, das Allgemeine (als symbolische Ordnung) zu erkennen und die strukturale Analyse als (vermittelnden) Zugang zum Konkreten zu betreiben. Die Mythen in den archaischen Gesellschaften waren für ihn von herausragender Bedeutung, weil sie, weit entfernt vom Lebendigen, die zugrundeliegenden geistigen Strukturen besonders gut verdeutlichen können. Zugleich macht sich doch das Ich des Forschers, des Reisenden, des Musik-, Kunst- und Literaturliebhabers Lévi-Strauss auf vielfältige Weise in seinen Texten bemerkbar. Dies gilt natürlich auch, nicht weniger spannungsreich, für Sigmund Freud und sein Werk.

Sigmund Freuds intime Notiz, seine Krebserkrankung gäbe ihm das Gefühl, langsam »anorganisch zu werden«, hat auch, allerdings in einem gar nicht von Selbstzweifeln, vom frühen körperlichen Zerfall und von Todesängsten geprägten Sinn, Gültigkeit für den im Jahr 2001 93-jährigen Claude Lévi-Strauss: Sein Gesicht, das von jeher etwas Felsartiges an sich hatte, scheint immer mehr wie aus einer anderen, anorganischen Welt zu uns herüberzublicken; und sein ganzer Körper wirkt, als sei er schon fast Teil der amorphen Natur geworden, so, als kämen seine Gesten und Worte gar nicht aus diesem einen Menschen, sondern aus einer überpersönlichen Sphäre, dem geistigen Reservoir des 20. Jahrhunderts und der Zeit sprachgewaltiger Theorien und großer Erzählungen.

Claude Lévi-Strauss: der Name ist ein Synonym geworden für die das vergangene Jahrhundert prägende Blütezeit neuer Wissenschaften und deren Kooperation. Und dennoch – trotz der Dominanz des Allgemeinen und Weltgeisthaften – ist da immer auch noch der ganz und gar einzigartige, individuelle Erfinder und Erkunder von Phänomenen und Strukturen. Nicht weniger spannungsgeladen ist das Verhältnis von Universalität und Individualität bei dem Psychoanalytiker Fritz Morgenthaler, der, obwohl fasziniert vom undurchdringlichen Seelenleben des Perversen, doch einem alten, ehemals für die Entwicklung seiner Theorien wichtigen Vorbild (der Ich-Psychologie) treu blieb. So, als könnten diese naturwissenschaftlich und eher von einem homogenen Ich-Ideal geprägten Konzepte konstruktive Aussagen über die palimpsestartigen Seelenlandschaften der Neurotiker, Psychotiker und Perversen machen, als sei hier ein Zugang zu erwarten, der ein adäquates Verstehen ermöglicht. Karl Kerényi wählt dagegen von vornherein den morphologischen, gestalthaften Zugang, der alles – so wie es auch Morgenthaler zutiefst entsprach – in ständigem Wandel hält: die

Nähe und die Ferne, das Rationale und deren Andersheiten. Und dennoch: auch bei Kerényi etwa erfährt der gestalthafte Umgang mit dem Apollinischen und Dionysischen dort seine (historisch bedingte) Grenze, wo die kultische dionysische Entgrenzung, nachdem sie vom Faschismus mißbraucht und ausgenutzt worden war, nicht mehr unbefangen gedeutet werden konnte und hinter das Apollinische zurückzutreten hatte.

Wenn Lévi-Strauss einmal bemerkte, er fühle sich in Gesellschaft von Gläubigen (die ein Gespür für das Geheimnis hätten) wohler als in der von Rationalisten, wenn Freud nur schwer seine Faszination für das Magische und Okkultistische disziplinieren konnte und wenn Fritz Morgenthaler (ganz ähnlich wie der allerdings mondäne und für das Schicke empfängliche Jacques Lacan) die Begegnung mit Künstlern einem Treffen mit Analytikern und auch bereits verabredeten Analyse-Stunden vorzog, dann wird auch auf dieser mehr anekdotischen Ebene sehr viel von der inneren Dynamik erkennbar, die sich in den selbsterklärten Rationalisten, Empirikern und objektiven Wissenschaftlern abspielt.

Bezeichnend ist auch, daß etwa Lévi-Strauss von sich sagte, der »Glaube« sei ihm eine völlig fremde Vorstellung und »Gott« sei nur der Ausdruck der menschlichen Unzulänglichkeit, das Mysterium des Lebens zu verstehen, ohne diese Bemerkung auf den Wissenschaftler und seinen Fetisch, das »Wissen«, zu beziehen. Seine gläubige Beziehung zum Wissen macht ihm doch allererst die Atmosphäre Anders-Gläubiger vertraut. Auch kommt Lévi-Strauss nicht umhin, dort, wo ihm wirklich etwas am Herzen liegt – die Vielfalt und der geistige Reichtum der Kulturen – von »Anmut«, »Schönheit« und »Miterleben«, und zwar »aus nächster Nähe«, zu sprechen.[6] So rückt er doch wieder den Forschern ein Stück näher, die die Mythen eng an die Erzähl- und Begegnungsformen gebunden sehen, zumal dann, wenn sie, wie Kerényi, gleichzeitig von Grundstrukturen und Über-Individuellem fasziniert sind und der Deutung eines »einheitlichen Urphänomens« ihre ganze Aufmerksamkeit schenken. Allerdings suchte Karl Kerényi die Zusammenarbeit mit C.G. Jung, um die Götterlehre auch psychoanalytisch als Menschenlehre zu fundieren, um dem vitalen Unbewußten gerecht zu werden, anstatt es, wie bei Lévi-Strauss, ein eher kümmerliches Dasein als »kognitives Unbewußtes« fristen zu lassen.

Freud, der hier zwischen beiden Formen (einerseits in den Traditionen von Herder, Goethe, Schelling, Carus, andererseits von Leibniz, Kant,

Herbart, Fechner, Helmholtz) zu vermitteln versuchte,[7] war als Analytiker strengstens darauf bedacht – ganz anders als der zur emotionalen Nähe, zur empathetischen, mythologischen und symbolistischen Überdeutung neigende Synthetiker Jung –, die Abstinenzregel einzuhalten. Darin folgt ihm Lévi-Strauss als strukturaler Ethnologe wahlverwandtschaftlich.

An diesem Punkt scheinen die meisten Vermittlungsversuche zu scheitern: Entweder man ist davon überzeugt, daß nur die emotionale und sinndeutende Zurückhaltung einen psychoanalytischen Prozeß beziehungsweise eine strukturale Analyse ermöglicht, oder man erblickt hierin das entscheidende Defizit nicht nur der Psychoanalyse und des Strukturalismus, sondern der ganzen europäischen Geschichte: Peter Sloterdijk[8] deutet sie als Verdrängung des In-Seins, der Nähe-Erfahrungen und der Nähe-Beziehungen, kurz: des mikrosphärologischen Raums. Allerdings könnte er dabei die Bedeutung des Wandels, der Dynamik und der Transformation in den strukturalen Analysen und in der Psychoanalyse unterschätzen. Das Morphologische, Sphärologische und Kosmologische ist beiden Richtungen keineswegs fremd, nur allzu oft verstellt, verbaut.

Sloterdijks These, daß das Zusammensein (also eine »mindest zweistellige Größe«) ursprünglicher als Individualität sei, hat freilich eine Sprengkraft, von der sich die Wissenschaften und Künste (als auf »Ich«-Bildungen und »Identitäts«-Konstruktionen fixierte kulturelle Leistungen) eher bedroht fühlen, zumal dann, wenn damit eine gleichermaßen diskursive und poetische Entfaltung von »Beseelungsverhältnissen« angestrebt wird. Und dennoch sollte man nicht zu schnell von sich ausschließenden Positionen sprechen. Schlägt nicht etwa ein Forscher wie Claude Lévi-Strauss – der sich sein Leben lang weniger mit »Beseelungsverhältnissen« als mit »Transformationsregeln« beschäftigt hat – am Ende, als über Neunzigjähriger, ebenfalls einen Ton an, der dem Sphärologischen durchaus nicht fremd ist: »In der Tat muß sich der Mensch in jedem Augenblick als Teil der kosmischen Ordnung empfinden, und ich glaube, dieses Gefühl führt ihn auf den Weg der Weisheit ... Was im Hinblick auf unsere Geschichte als ein großes Ereignis erscheint [die Reise zum Mond oder zum Mars], verflüchtigt sich rasch in der Weite siderischer Räume.«[9] Lévi-Strauss allerdings war tief durchdrungen von einem Mißtrauen und einer Abwehr gegenüber allem, was »Sinn« sein sollte. So bleibt er in seinem bewußten Wunsch Analytiker – ganz ähnlich wie die strukturalen

Psychoanalytiker, die in diesem Punkt in Jean Laplanche[10] ihren Meister fanden. Und doch stand auch hinter ihren Analysen unbewußt leitmotivisch die Vision einer Synthese. Daß der Zusammenschau stets die größere Kraft als der Zergliederung eigen ist, davon sind die folgenden Überlegungen getragen. Im Nachvollzug des Analytischen und im versuchten Aufspüren des weiterführenden Synthetischen sollen sich Möglichkeiten für ein Weiter-Denken ergeben.

Angesichts der Übermacht der Naturwissenschaften und der mit ihren Erfolgen verbundenen enormen ökonomischen Interessen mag sich mancher Geisteswissenschaftler als anachronistisch vorkommen und sich fragen, wie er sein von Zweifeln und Unsicherheiten essentiell geprägtes Denken einer Gesellschaft nahe bringen soll, die so verwöhnt ist von Effizienz und Pragmatismus. Der humanwissenschaftlich orientierte Theoretiker selbst muß schon im Vorfeld seiner Konstruktionen einen derart großen Willen zur Selbstbehauptung und zum Festhalten an einer gesellschaftlich abseitigen Position aufbringen, daß hier einer der entscheidenden Gründe für das auffällige Nachlassen großer Theorien zu suchen ist. Und die Theorien, die sich etwa im Trio Philosophie-Geschichtswissenschaft-Anthropologie in den letzten Jahren neu herausgebildet haben, nehmen doch sehr stark Bezug auf die Biowissenschaften und die von ihren Forschungen ausgehende Gefahr. Die meiste Kraft investieren sie in die ethische und humanistische Begründung ihrer Gegenentwürfe.

Ein anderer Grund für den Rückgang von Theorien (der Art, die uns über Jahrzehnte hinweg faszinierte) liegt darin, daß andere Artikulations- und Repräsentationsformen gesellschaftlicher Wirklichkeit in den Vordergrund getreten sind: in erster Linie die Werbung und die Videoclips. Schaut man sich die Musikvideos etwa von »Madonna«, »Modern Talking« oder »Eminem« an, dann erkennt man hier die großen *impliziten* Theorien der Jetzt-Zeit. Diese sind allerdings erst noch zu dechiffrieren. Dabei wird man nicht ohne die weitergehende Verfeinerung und Vernetzung traditioneller Begriffe auskommen.

Offensichtlich werden unsere Erkenntnisse zunehmend in eine *Nachträglichkeit* gegenüber gesellschaftlichen, politischen und technologischen Prozessen und Entscheidungen gedrängt. Besonders deutlich wird dies am Beispiel der Biomedizin, die immer mehr von Biopolitik aufgesogen wird. Die nächsten Jahre werden zeigen, wie groß noch das Potential autonomer

Forschung ist und wieviel konstruktive Energie noch im Wandel der Theorien steckt. Am Ende wird es darauf ankommen zu erkennen, daß ein tagespolitisch geprägtes Menschenbild (selbst wenn es im Augenblick fundamentaler Bedrohung gezeichnet wird) genauso wie ein biomedizinisch und biopolitisch verkürztes Bild des Menschen ganz wesentliche Teile seines Lebens, seiner Existenz und Kultur – wie sie die Humanwissenschaften im Blick haben – aus den Augen verloren hat. Damit aber die Humanwissenschaften die ihnen zuwachsende Aufgabe erfüllen und tatsächlich als Lebenswissenschaften fungieren können, müssen sie der ihr eigenen Tendenz zur Erstarrung entgegen arbeiten und sich als eine von *Lebenswissen* vitalisierte, auf *Synthesis* zielende Wissenschaft verstehen.

Literatur

BARLOEWEN, Constantin von (1998): *Der Mensch im Cyberspace*. München.

DYSON, Freeman J. (2000): *Die Sonne, das Genom und das Internet. Wissenschaftliche Innovation und die Technologie der Zukunft*. Frankfurt am Main.

GÖDDE, Günter (1999): *Traditionslinien des »Unbewußten«. Schopenhauer, Nietzsche, Freud*. Tübingen.

GROYS, Boris (2000): *Unter Verdacht*. München.

KERCHACHE, Jacques (2000): *Sculptures. Afrique Asie Océanie Amérique*. Paris.

LAPLANCHE, Jean (1998): »Die Psychoanalyse als Anti-Hermeneutik«. *Psyche* 7, Juli, S. 605–618.

LÉVI-STRAUSS, Claude (2000): »›Es beunruhigt mich nicht, ins Nichts überzugehen‹. Im Gespräch mit Constantin von Barloewen«. *FR*, 13.01.2000.

MARTIN, Jean-Hubert (Hg.) (1989): *Magiciens de la terre*. Paris.

RUBIN, William (Hg.) (1984): *Primitivismus in der Kunst des 20. Jahrhunderts*. München.

SMUDA, Manfred (Hg.) (1992): *Die Großstadt als Text*. München.

SLOTERDIJK, Peter (2004): *Sphären I–III*. Frankfurt am Main.

VIRILIO, Paul (1994): *Die Eroberung des Körpers*. München.

VIRILIO, Paul (1998): *Ereignislandschaft*. München.

VIRILIO, Paul (2000): *Information und Apokalypse*. München.

Die Orte und die Sprache der Psychoanalyse

Sigmund Freud als Schriftsteller und die Zukunft einer Therapie und Theorie

*Weinen heißt säen, mit dem Lachen
fährt man die Ernte ein. Schreiben
heißt zugleich säen und ernten.*

Elie Wiesel

... alles in Fluß und Wandlung begriffen.

Sigmund Freud[1]

»Herr Doktor, ich saß neben Salomon Rothschild, und er behandelte mich ganz wie seinesgleichen, ganz famillionär«. Diese Anekdote in Heinrich Heines Reisebildern spielt in der Psychoanalyse, und vor allem im psychoanalytischen Verständnis des Witzes, eine herausragende Bedeutung, kann sie doch auf die anschaulichste Art und Weise die enge Beziehung zwischen dem Witz und dem Unbewußten verdeutlichen. Alles spielt sich in den Zeichen, den Worten, den Buchstaben und deren Verschiebungen und Verdichtungen ab: Aus der Verknüpfung von familiär und Millionär entsteht die knappe Formulierung »famillionär«. Ein solches sprachbewußtes Verständnis der Psychoanalyse durchzusetzen und zu systematisieren, war das erklärte Ziel der strukturalistischen Strömungen nach Sigmund Freud.

Die folgenden Überlegungen versuchen eine Bestimmung der psychoanalytischen Orte und eine Charakterisierung der psychoanalytischen Sprache. Sie spielen vor allem Orientierungen und Zuordnungen durch: im weiten Feld von den Anfängen der Psychoanalyse bis zu ihrer gegenwärtigen Lage, von psychoanalytischen Konzepten, Techniken und Praxisformen bis zu den kultur- und literaturtheoretischen Begründungsversuchen Freuds und seiner Nachfolger.

Die Zukunft der Psychoanalyse

Eine neue Entdeckung oder Forschungsmethode als wissenschaftlich nicht bewiesen zu bezeichnen, war und ist auch heute noch eines der beliebtesten Argumente der etablierten Wissenschaft. Ein solches Schicksal ist der Psychoanalyse länger als ein ganzes Jahrhundert über beschieden geblieben. Und daran wird sich auch, gerade im Zeichen einer immer stärker apparatetechnisch und gentechnologisch orientierten Medizin nichts ändern. Die Vorstellung von einer *effizienten* Therapie entfernt sich, zumindest vorläufig, noch stärker von den verschlungenen Wegen der eher archäologisch vorgehenden Seelenerforschung. Aber die technizistische Effizienz ist trügerisch.

Die psychoanalytisch orientierte Arbeit an den subjektiven, lebensgeschichtlichen Bedingungen eines Leidens führen zu einem Wandel in der Selbsterfahrung und im Zusammenleben mit anderen Menschen. Die

»Effizienz« ist mit Instrumenten, die nicht darauf geeicht sind, auch nicht festzustellen. Der Vorschlag eines amerikanischen Psychologen etwa, die Libido zu »messen« und Freuds Namen als Maßeinheit zu nehmen, kann noch als eine der liebenswürdigsten, absurden Annäherungen verstanden werden.

Besonders gravierend ist die anhaltende Abwehr gegen die Psychoanalyse und die Bevorzugung der »meßbaren« Psychopharmakologie in der Psychiatrie, wo die Symptombeseitigung »effektiv« geschieht: in kürzester Zeit wird die größtmögliche Ruhestellung des Patienten ermöglicht: »Völlige Stille herrscht nun statt der Leidenschaften, das Nichts tritt an die Stelle des Subjekts ... in der liberalen depressiven Gesellschaft ist Zeit für den Psychologen, Psychiater, Krankenpfleger oder Arzt ein äußerst knappes Gut.«[2]

Die Frage »Wozu Psychoanalyse?« offenbart durch die Einfügung des unscheinbaren Wörtchens »noch« überdeutlich die Richtung, in der die Frage ohnehin zumeist gestellt wird: Wozu noch Psychoanalyse, wo wir doch jetzt die Hirnforschung, die Pharmakologie, die Genforschung und die modernen Verhaltenswissenschaften haben und das »Unbewusste« der Psychoanalyse vom »zerebralen und biologischen Unbewussten« abgelöst werden könnte?[3] Es geht um das einzigartige Existenzrecht der Wissenschaft vom Unbewußten im Zeichen ihrer neuerlichen Bedrohung.

> *»Wir können die Welt nicht ohne Freud betrachten. Begriffe wie das Unbewußte, die symptomhafte Symbolisierung von Konflikten, die psychische Topographie, die Instanzen, die Traumarbeit u. a. formen und säuern unser tägliches intellektuelles Brot. Wir leben und atmen gleichsam Freuds Entdeckungen. ... Trotzdem haben wir ernsthafte Vorbehalte gegenüber einigen Freudschen Begriffen, wie z. B. ...«*[4]

– ich breche hier das Zitat aus einer kritischen Arbeit von Nicholas Rand und Maria Torok über Freuds *Traumdeutung* ab. Denn zum einen sind all diese Vorbehalte, die sich als »ernsthafte« ausgeben, nicht vor Verflachung geschützt – Vorbehalte gegen die Idee vom Penisneid bei Frauen, gegen die Theorie des Todestriebes oder der Versagung als Therapieregel. Zum anderen beinhaltet eine solche Haltung, so sinnvoll sie auch ist, immer die Attitüde des Besserwissens, nachdem ein anderer (in diesem Fall: Freud) die Arbeit der Konstruktion auf sich genommen hat. Ist der wichtigere Impuls nicht die forschende Neugierde, das Wertschätzen und die Differenzierung des Gefundenen mit Hilfe eines positiv verstandenen »Anfängergeistes« und einer *synthetischen* Analyse? In diesem Sinne könnte diesen Ausführungen das Motto eines psychoanalytischen Imperativs vorangestellt werden, den man später, wie alle Imperative, wieder fallen lässt: Denke stets so, daß sich die Wahl- und Denkmöglichkeiten vergrößern, schränke dich nicht sezierend ein, sondern erweitere synthetisierend den Horizont des Vorstellbaren, des Denkbaren, des Therapierbaren. Wissen, auch Lebenswissen, und Nichtwissen (als ein durch keinen Widerstand getrübtes Reservoir an Energien) sind dann nicht länger kategorisch voneinander getrennt.

»Wo ist der Ort der Psychoanalyse«, fragt Pontalis in seiner Studie *Nach Freud*. Will das »Nach« mehr als die zeitliche Folge ausdrücken, nämlich ein *Darüber-Hinaus*, ein *Überwundenhaben* Freuds? In diese Richtung weist gleich das zweite Wort seiner Antwort: »bedenklich«, vergleichbar der »ernsten Vorbehalte« im Eingangszitat. Pontalis schreibt:

> *»Eine bedenkliche Wissenschaft im Hinblick auf die Biologie, eine mangelhafte Technik im Vergleich zur Chirurgie, eine suspekte Institution, eine wirre, unkultivierte, sogar imperialistische Philosophie. Wohl hat sie fünfzig Jahre lang das kulturelle Klima beeinflußt, wohl hat sie Psychologie und Soziologie befruchtet – doch deren Gegenleistung hat sie dergestalt deformiert, daß sich die Frage aufdrängt, ob diese Anerkennung, über die man heute so glücklich ist, nicht eher Zeichen einer Verkennung sei. Die Schwierigkeit, der Psychoanalyse einen gesellschaftlichen Status zuzuweisen, insbesondere ihren Ort in Abgrenzung zur Medizin zu bestimmen, macht die große Ungewißheit über ihr Wesen deutlich. (Wohl hat man das Tier gezähmt, doch belästigt es weiterhin.)«*[5]

Solche Einschränkungen der Psychoanalyse und die ihr von Pontalis zugeschriebene »konfuse Wahrheit« gereichen ihr indes zum Vorteil, verweist doch das Konfuse auf etwas Zusammenfließendes, auf den Wunsch, dem Heterogenen gerecht zu werden, statt es zu reduzieren und zu homogenisieren. Daß die Psychoanalyse weiterhin belästige, ihr gesellschaftlicher Status nicht eindeutig, ihr Wesen ungewiß und sie als Wissenschaft bedenklich, ihre Methode im Vergleich zur Medizin mangelhaft sei, ihre Technik »zwischen abstraktem Schematismus und Empirismus« oszilliere – was soll daran abträglich sein? Und ist die Warnung, die Psychoanalyse »streng von den wuchernden Techniken zu trennen, die, mit einer entarteten Begriffsbildung, sich auf ihr Wissen stützen«[6], wirklich die ganze Wahrheit?

Aber verstehen wir Pontalis nicht falsch: Er beabsichtigt – wie auch Nicholas Rand und Maria Torok – keine äußerliche Kritik an der Psychoanalyse, vielmehr möchte er sie von innen heraus erneuern und aktualisieren, sie vor Verflachungen und Abweichungen bewahren.

Mit diesen knappen Anmerkungen zum Ort und zum Status der Psychoanalyse sind bereits einige der Grundlinien ihrer Bestimmungsversuche und Infragestellung skizziert. Zumeist wird ihr Ort als ein ungewisser und ungesicherter beschrieben, irgendwo zwischen Empirie und Spekulation, zwischen Therapie und Theorie, zwischen Wissenschaft und einer Technik, anhand derer der Analytiker sich, mühsam genug, wissenschaftlich abzusichern und zu rechtfertigen versucht. Manche beschreiben die Psychoanalyse als »Zwischen-Wissenschaft«: sie weise, mehr oder weniger überzeugend, den Herrschaftsanspruch der etablierten Wissenschaften und deren Logik zurück und begründe durch die Betonung der Differenz zwischen den anderen und ihrer Eigenart, ja Einzigartigkeit, ihren szientifischen Status. Hier vermischen sich genuin wissenschaftstheoretische Fragestellungen mit Polemiken, Selbstbehauptungsstrategien und wissenschaftspolitischen Querelen. So fordert man etwa eine »externe Kohärenz« (in bezug auf andere Wissenschaften) und eine »interne«, narrative Kohärenz (die die innere Stimmigkeit der Psychoanalyse unter Beweis zu stellen habe). Nicht nur sind solche Forderungen undurchschaute Verdrängungen eigener Unsicherheiten, sie versuchen auch die Tatsache aus dem Blickfeld zu rücken, daß jede Wissenschaft in sich heterogen und aufgespalten ist und nur um den Preis eines falsch verstandenen Ideals von Homogenität geglättet wird.

Kohärenz und Konsistenz sind ebenso fragwürdige Kriterien wie Eindeutigkeit und Logik. Wie viele Logiken gibt es, und wer könnte sich anmaßen, die Logik der Seele einer Logik der Vernunft unterzuordnen? Der Widerstand gegen die Psychoanalyse bedarf selbst einer eingehenden, immer wieder neu aufzugreifenden Betrachtung.[7] Vor allem angesichts der sich verstärkenden Dominanz der Neurowissenschaften. Die Seele wird von den mit der Psychoanalyse konkurrierenden Wissenschaften mehr als ein physikalischer Gegenstand angesehen. Der damit einhergehende Boom der Psychopharmaka lenkt von den Ursachen der

Verhaltensstörungen und Krankheiten ab. Der Blick für die *Subjektivität* und den *tragischen Menschen* (der sich, ganz anders als der *behavioristische Mensch*, mit Leben und Tod existentiell konfrontiert sieht) verliert an Schärfe.

Die Gesellschaft, die diese Haltung fördert, läßt sich als eine depressive Gesellschaft bezeichnen. In ihr hat die sich epidemisch ausbreitende Depression die Hysterie abgelöst. Einer solchen Gesellschaft kommt die Behandlung mit Psychopharmaka sehr gelegen, wird doch so der kritisch nach Ursachen forschende Blick nicht auf sie selbst gelenkt. Und auch nicht auf die Art, wie in ihr (genauso wie in der individuellen Depression) die menschliche Widerstandskraft zerstört wird. Der Blick für das Ungewußte, Verfemte und Heterogene droht angesichts der Verkürzungen und Verführungen der Naturwissenschaften verloren zu gehen. Die therapeutische und gesellschaftskritische Wirkkraft der Psychoanalyse wird zunehmend geschwächt. Aber auch innerhalb der Psychoanalyse gibt es Tendenzen der Selbstzerkleinerung, vor allem bei denen, die das von Anfang an in ihr stark ausgeprägte Potential als Befreiungsbewegung der Institutionalisierung unterordnen. Die Psychoanalyse ist keine »Normalwissenschaft«, sie sollte sich nicht den scheinobjektiven Vorstellungen von Rationalität und Effektivität beugen, sie darf sich nicht auf eine mit der Pharmakologie messende Therapie reduzieren lassen – wie ein Medikament kann man sie nicht einnehmen.

Daß der Mensch dies überhaupt in Erwägung zieht, kann als Beweis dafür gelten, daß sich das Subjekt (das Wert auf seine persönliche Lebensgeschichte legt) aufgegeben hat. Die Gesellschaft und die Medizin »belohnen« dies mit anonymer Behandlung. So treffen sie sich in dem Wunsch, dem konflikthaften Wesen Mensch aus dem Weg zu gehen. Die Psychoanalyse muß neue Verbindungen zur Philosophie, zur Psychiatrie und zu den Psychotherapien knüpfen, um eine Richtungsänderung zu initiieren.

> *»Dazu muß es ihr allerdings gelingen, den Konflikten, die unausweichlich inmitten der depressiven (vom Wüten des zerstörerischen Nihilismus geprägten) Gesellschaft selbst ausbrechen werden, einen Sinn zu geben. Das clownhafte Menschenbild des Behaviorismus könnte dann sehr wohl verschwinden wie eine Fata Morgana, die sich in den Sanddünen der Wüste auflöst.«*[8]

Die Verführungen der depressiven Gesellschaft bestehen darin, daß sie den einzelnen als ökonomisch wichtiges, global denkendes Individuum aufwertet und so ihr mangelndes Interesse an der Subjektivität vertuscht. Die lebensgeschichtlichen Brüche, die Leiden, Behinderungen und Defizite des Subjekts werden im Sinne einer chemisch-biologischen Logik solange quantifiziert, bis die Suche nach dem Sinn einer erfahrenen Tragik vergessen ist und man möglichst nicht länger nach Ursachen fragt, die jenseits des biopolitischen Systems liegen.

So manche verstiegene Behauptung der naturwissenschaftlichen Medizin und Genetik – etwa in Bezug auf die Homosexualität oder auf Krebs und AIDS –, die als besonders *effizient* erschien, hat längst ihre wackelige Grundlage offenbart. Die Entwicklung der psychotropen Stoffe, der Psychoanalyse und der Hirnforschung sind nicht koordiniert worden. Deswegen verwischen sich auch die therapeutischen und kulturtheoretischen Potentiale der Psychoanalyse im Zeichen ihrer neuerlichen Bedrohung. Aber gerade der Bezug zu den Neurowissenschaften, aus einem fundierten kulturwissenschaftlichen Denken heraus, kann der heute aktuellen Diskussion neue Impulse liefern.

Freuds holistische Sicht ist von der Neurophysiologie bestätigt worden. Freud hatte betont, daß die Sprachproduktion an den *Zusammenhang* der Zentren im Gehirn gebunden ist, daß es sich also nicht um isolierte Produktionsstätten handelt. Die psychoanalytischen und physiologischen Betrachtungen Freuds lassen sich mit denen der Neurophysiologie (die die Verbindungsbahnen im Gehirn viel subtiler zu deuten vermag) sinnvoll und kooperativ befruchten. Freuds Theorie ist weder nur Sozial- noch nur Naturwissenschaft, sondern Grundlage einer Kooperation. Diese Kooperation hat ihre »natürliche« Grenze in dem höchst merkwürdigen und widerständigen »Gegenstand« *das Unbewußte.*[9]

Ist der »Widerstand« Dreh- und Angelpunkt, an dem sich die Einheit der Psychoanalyse entscheidet? Dies zumindest legen Jacques Lacans *Seminare* I und II und, in der Folge, ein 1991 gehaltener und 1996 im Original erschienener Vortrag Jacques Derridas *Résistances – de la psychanalyse* nahe. In einer umfänglichen Rekonstruktion der von Lacan und Derrida entfalteten Gedanken kommt Andreas Cremonini[10] zu dem Schluß, wonach die Psychoanalyse unlösbar an den Sinn gebunden ist, daß es bleibende, irreduzible Reste gibt, etwas, wenn man so will, Mystisches, das sich nicht analysieren läßt, das sich vielleicht gelegentlich von sich aus zeigt. Nicht alles, was den Fortgang der Analyse stört,

> *»ist Widerstand gegen die Psychoanalyse; es gibt einen der Analyse immanenten Widerstand, einen Nabel, wie Freud ihn nennt, der sich der Auflösung in Sinn widersetzt. Die beiden Bedeutungen von Widerstand, der dual-polemische und der strukturale, stehen in einem ungeklärten Verhältnis zueinander, weshalb sich die Schließung des analytischen Diskurses, wie sie durch den Begriff des Widerstandes strategisch intendiert ist, nicht realisieren läßt. Die psychoanalytische Theorie stößt in ihrem Innersten, dem Urtext der Freudschen Psychoanalyse, an eine Grenze, auf einen irreduziblen Rest, der sich nicht in das antagonistische Vokabular der résistance, des Widerstandes gegen die Psychoanalyse fügt.«*[11]

Der Widerstand – als ein dem Nachdenken über das Unbewußte und dessen Niederschrift immanentes Widerstreben – wird von Derrida in seiner Rede *Seelenstände der Psychoanalyse* nicht nur thematisiert, sondern, weit darüber hinaus, zum textformenden Prinzip erhoben. Der Text entsteht im Umspielen des Widerstands, auf der Grundlage des Nichtwissens:

> *»Ohne zu wissen– was das Wesentliche angeht –, ohne etwas zu wissen, bewege ich mich voran. Ich habe Ihnen nichts Einfaches, und auch nichts einfach Mögliches zu sagen, und im Grunde weiß ich nichts. Ich weiß nicht einmal, wie ich es gestehen soll, dieses, daß ich nicht nur nichts weiß, sondern daß ich nicht einmal weiß, wohin mit mir, mit mir und meinem Nicht-Wissen, und genauso wenig, wohin mit meinen Fragen nach dem Wissen und dem Können [pouvoir], nach dem Möglichen und dem Jenseits des Möglichen. Ich weiß nicht, wodurch ich mich, um anzufangen, autorisieren soll...«*[12]

Woher das Verlangen – so wird man vor allem angesichts der dem Zwang zur Reduktion und Glättung so meisterhaft widerstehenden Texte von Lacan, Derrida und, in vielen Fällen, von Freud fragen –, alles aufzulösen und zu erklären? Sind die heterogene Textgestalt und die Synthese nicht die größeren Kräfte? Wohin führt die Analyse, wenn sie nicht von Synthese und einer Vorstellung von Einheit geleitet wird? Wie kann man an der Illusion festhalten, die Bewegung der Analyse (gleich ob in der Biologie, der Physik, der Psychoanalyse oder irgendeiner anderen Disziplin) finde eigentätig, ohne Investition ins Visionäre, den richtigen Weg? Auf den Widerstand bezogen heißt dies, daß man ihm die psychoanalyse-geschichtlich gewachsene Spannung widerstrebender Kräfte, die suggestiv-imaginäre Verstrickung mit der Hypnose (aus der sie, im Zusammenspiel mit Übertragung und Gegenübertragung, hervorgegangen ist) nicht nehmen sollte, nur um einen szientifisch korrekten Widerstandsbegriff zu erhalten, was lediglich eine neue Form von Illusion und Anpassung – und Widerstand gegen das Irreduzible, gegen die *résistance*, die »Bleibendheit« eines Nicht-Analysierbaren wäre.

Auf sehr anschauliche Weise hat Lacan versucht, die Richtung zu weisen, in der Freuds Widerstandkonzept weiterentwickelt werden sollte. Er beruft sich dabei auf eine chinesische Parabel »Von der Kunst des guten Kochs«. »Es geht«, notiert er zu Beginn von *Seminar* I, »mit der Psychoanalyse wie mit der Kunst des guten Kochs, der das Tier richtig zu zerlegen weiß und die Gelenkstellen mit dem geringsten Widerstand ablöst. ... Man muß sich gegenwärtig halten, daß wir nicht mit dem Messer sezieren, sondern mit Begriffen. ... Wie der gute Koch müssen wir wissen, auf welche Gelenkstellen und welche Widerstände wir stoßen.«[13] Und zwischen diesen Zeilen die Formulierung: »... so machen wir Sinn, Widersinn und Un-Sinn.«

»Sinn« oder »Geist« – so legt es die Parabel nahe – geht weit über Geschicklichkeit hinaus. Die Liebe zum Sinn und ein Handeln gemäß der »Regungen des Geistes« bedeuten, das Messer (oder in der Analyse: die Begriffe und Konzepte) so zu benutzen, daß sie ungehindert, mühelos und, ohne sich abzunutzen, also spielerisch, in die Zwischenräume eindringen können. Alles was »keine Dicke hat«, oder um, mit Freud zu sprechen, was »in Fluß und Wandlung« ist, bringt das zu Analysierende in greifbare Nähe. Im Unterschied zu Freud deutet Lacan (und in anderer Tradition: Fritz Morgenthaler) den Widerstand in erster Linie nicht als Widerstand des Analysanden, sondern als »imaginären Reflex des Analytikers«.[14]

Gehen wir noch einen Schritt weiter in der Betrachtung der »ernsthaften Vorbehalte« und der Einschränkungen bezüglich einer »bedenklichen Wissenschaft«. Ist es tatsächlich so, daß, wer einmal in die Psychoanalyse »eingetaucht« und »wie Siegfried im Drachenblut gebadet und unverwundbar geworden« sei, damit für immer in dieser Illusion befangen bleibe, wie manche Kritiker meinen?[15] Gibt es eine andere Tätigkeit, die sich konzentrierter der Desillusionierung gewidmet hat als die Psychoanalyse, oder liegt darin der Grund, warum sie Opfer eigener Illusionen wird?

Nehmen wir zur Illusion einen verwandten, etwas weniger tragischen Begriff hinzu: den der stillschweigenden Übereinkunft, einer Evidenz und einer eingebürgerten, clanmäßig abgesicherten Verstehensweise. Einen der schärfsten Angriffe von seiten der Psychoanalytiker gegen ein scheinbar sicheres Selbstverständnis der Psychoanalyse stellt, in den letzten Jahren, Jean Laplanches Aufsatz *Die Psychoanalyse als Anti-Hermeneutik* dar. Auch wer sich nicht als Verfechter einer hermeneutischen Psychoanalyse versteht, muß sich angegriffen fühlen von Laplanches Abweisung alles Konstruktiven und Theoretischen in der analytischen Praxis unter dem Motto »Versagung des Wissens«.

Läßt sich das Analytische gegen das Synthetische ausspielen? Geht es überhaupt um die Alternative: entweder analysieren oder »dem Patienten irgendeine ›Psychosynthese‹ vorzuschlagen« (in Laplanches Worten)? – das Synthetische ist nichts Äußerliches oder Nachträgliches, sondern dem Analytischen immanent. Gibt es ein Deuten, rein mechanistisch, assoziativ, ohne Sinnsuche und Verstehen? »*Deuten auf*« sagt Laplanche – doch dieser Geste wohnt bereits ein Lebens- und Erfahrungswissen inne, ist antizipierend auslegend. Was bleibt von dem von Laplanche so hoch veranschlagten Assoziativen, wenn oberste Regel eine Verweigerung ist, die »Weigerung zur Synthese«? Wenn »Versagung des Wissens«, dann als eine Art »Schau ohne Kommentar«, als ein Erfassen des »Schwebezustands des Sinns«, wie dies auf ganz exemplarische Weise die Kunst des Haiku demonstriert.[16]

Integration und Synthese sind die stärkeren Kräfte

Der Psychoanalytiker hat nichts zu sagen. Er erfüllt seine Aufgabe am besten, wenn er mittelmäßig, medioker ist. – Diese Position bündelt Meinungen und Äußerungen, denen man immer häufiger in Psychoanalytiker-Kreisen begegnet. Sie widersprechen dem Bild des Analytikers als eines besonders feinfühligen, kommunikativ begabten Gesprächspartners und als eines »Einzigen«, aus der Gesellschaft »Hervorgehobenen«, eines mit Assoziationen und Deutungen, mit Geschichten und Auslegungen, mit Erfahrungen und Erlebnissen in der eigenen und fremden Kultur gesättigten, übervollen Individuums. Sollte das bloß eine Chimäre gewesen sein? Und taugten diese Eigenschaften letztlich gar nicht für einen guten Analytiker? Hat etwa, so der zuweilen geäußerte Verdacht, das von Parin/Morgenthaler zur Ethnopsychoanalyse erweiterte Konzept am Ende die psychoanalytische Praxis verwässert, ist das von Fritz Morgenthaler im Begriff der »Verführung« zugespitzte, von seinem Erfinder beherrschte Konzept eher Anlaß, um ein deprimierendes Resümee der solcherart durchgeführten Analysen zu ziehen? Setzt ein Analytiker wie Morgenthaler an die Stelle des Begehrens das Agieren, und war er selbst fasziniert von seinen Deutungen, in dem Sinne, in dem Maurice Blanchot einmal gesagt hat, Schreiben heiße, die Sprache unter das Walten der Faszination zu stellen? Hat gerade die faszinierende Deutung keinen Platz in der Analyse?

Ist also der mediokre Analytiker der bessere Analytiker? Gibt es eine unüberbrückbare Kluft zwischen dem Therapeuten, dem Heiler und seiner Heil-Kunst einerseits, und dem Psycho-Analytiker andererseits, der sich bis zur Unsichtbarkeit zurücknimmt, diese Selbstreduktion zum Maßstab der von Deutungen weitgehend gereinigten Analyse macht und dem Patienten die Antwort auch da verweigert, wo er direkt angesprochen, ja angegriffen wird? Der Analytiker kann sich niemals aus dem emotionalen Austausch, aus dem kommunikativen und existentiellen Wechselspiel herausnehmen. Er ist stets auch (charismatisch-suggestiver) Heiler und Heilkundiger, einer, der nicht nur der Analyse, sondern auch der Deutung, der *Kunst* des Deutens (Kunst als »ars«, »scientia« und »mäeutiké techné«)[17] verpflichtet ist. Auf dieser Ebene verringert sich der Unterschied zwischen der Kunst – »die den Menschen vor sich selbst bringt« (Hegel) und eine Welt mit »Allgemeinheitsanspruch« (Kant) aufgehen läßt – und der neugewonnenen Wahrheit (als innerer Freiheit) im individuellen psychotherapeutischen Prozeß. Selbst wenn Jacques Lacans Formel »Dort, wo ich denke, bin ich nicht«, Maßstab der Analyse ist und in diesem Sinn von Jean Laplanche als Argument gegen die Synthese (unausgesprochen) benutzt wird, bin ich doch gerade *dort*, wo ich denke, wenn Denken nicht im europäisch eingeengten Verständnis als »Ich denke«, vielmehr als Ereignis des Denkens, als »Es denkt«, »Es spricht« begriffen wird.

Bleibt der Analytiker jedoch nicht immer – trotz seiner Distanzierungen – *fasziniert* vom Besonderen, Symbolischen und Metaphorischen, und muß er diese Faszination gegebenenfalls nicht in die Analyse einbringen? Einmal erzählte ein Analytiker, der zutiefst überzeugt war von der Notwendigkeit extremer Zurückhaltung in der Deutung, er habe gerade eine Stunde gehabt, die »beste«, die »verrückteste«; es sei dabei um das Licht und das Leuchten gegangen. Welchen Preis muß er zahlen, wenn er die ganze Metaphorik und Symbolik nicht deutet, und ist er wirklich abstinent gewesen? Wenn es die »verrückteste« Stunde war – was immer das heißen mag –, gab es darüber einen intensiven Austausch zwischen ihm und dem Patienten, ein belebtes Resonanzverhältnis, das nicht außerhalb von Auslegung stattfand.

»Gewinnt oder verliert das Imaginäre an Kraft, wenn es mit dem Realen konfrontiert wird?« hatte zu Beginn dieses Jahrhunderts der Dichter und Ethnologe Victor Segalen gefragt. Das Imaginäre gewinnt an Kraft, wenn es mit dem Realen konfrontiert wird und sich dieser Konfrontation stellt. Das Imaginäre und Visionäre bleiben die treibenden Kräfte jeder tiefen Begegnung mit einem anderen Menschen – sei es in einer Liebesbeziehung oder bei einem psychoanalytischen »Paar« auf Zeit.

Man sollte die Analyse und die Technik nicht zu neuen Fetischen und Allheilmitteln stilisieren und ihnen eine Bürde aufladen, der sie nicht gewachsen sind. Statt der Abspaltung des Analytischen sollte die Zulassung und teilweise Wiedereinführung der verfemten Teile der Psychoanalyse, der Psychoanalyse als Therapie, als Kulturtheorie und als Theorie des künstlerischen Schaffens, der Literatur und Mythologie erwogen werden.

Die Psychoanalyse scheint heute geradezu paralysiert von den beständigen Zweifeln, die von innen und von außen an ihren Status als Wissenschaft herangetragen wurden und werden; und von der Gewißheit, daß die Vorstellung, sie könne, indem sie einzelne Menschen »heile«, die Gesellschaft im ganzen heilen, zumindest verbessern, nicht einlösbar ist. Heute muß man sagen, daß alle Versuche, die Psychoanalyse zu einer Wissenschaft unter anderen, einer »Normalwissenschaft« zu machen, genauso gescheitert sind wie die missionarische, die gesellschafts-verändernde Idee, die ihren extremsten Ausdruck in Trotzkis Traum fand, mit der Psychoanalyse die ganze Gesellschaft zu verändern und den »neuen Menschen« zu schaffen. Immerhin hatte dieser Versuch, Marxismus und Psychoanalyse zu vereinen, das erste und einzige »Psychoanalytische Kinderheim« (bis 1925) hervorgebracht, dessen Erziehung von großer Freiheit geprägt war. Angesichts der späteren »Menschenzucht«-Idee von Gorkij (und der sich anschließenden Ersetzung der Psychoanalyse durch Psychotechnik und naturwissenschaftliche Tests) begegnet man diesem Projekt einer gesellschaftlich prägenden Psychoanalyse sogar mit einer gewissen Sympathie.

Die Psychoanalyse behält als »Psychologie des Unbewußten« ihre Sonderstellung im Rahmen der Wissenschaften. Sie war einmal angetreten mit der Vorstellung, die Menschheit in eine bessere Zukunft zu führen (indem sie das Vergangene erhellt); heute leidet sie darunter und versucht, die Bürde loszuwerden, sie zumindest abzudrängen in theoretische Begründungsversuche, wie exemplarisch in denjenigen einer Seins- (statt Sollens-) Ethik. Oft wehleidig blickt eine neue Generation von Analytikern zurück auf die Ideale und Illusionen der Väter – und traut der Psychoanalyse als einer Kulturtheorie und einer kulturrevolutionären Begleitmusik fast nichts mehr zu. Verteidigt und stark gemacht wird sie nun von außen, zum Beispiel von der Ethnologie, der Literaturwissenschaft oder auch der Geschichtswissenschaft und sogar der Rechtswissenschaft, wenn diese den gemeinsamen Bezug auf die Instanz des Gesetzes erkennt.[18] Erscheint es den Außenstehenden eher so, daß die Psychoanalytiker besonders viel vom Leben und der Möglichkeit, es zum Guten zu verändern, verstanden haben, so sind sie selbst eher stolz darauf, daß sie das, was sie im Leben und vom Leben verstanden haben, gerade nicht in die Analyse einbringen und sind zudem überzeugt davon, daß eine gute Analyse nichts mit dem eigenen Leben, ob gelungen oder mißlungen, zu tun habe.

Den heutigen Psychoanalytikern scheint diese Haltung Grundlage einer Selbständigkeit, ja der Zukunft der Psychoanalyse überhaupt zu sein – in der Abgrenzung zum Therapienmarkt und dessen Favorisierung von Körperlichkeit, von Nähe, Subjektivität und energetischen Austauschprozessen. Liegt die Zukunft der Psychoanalyse tatsächlich in der Selbstbeschränkung, oder ist diese in allererster Linie Ausdruck von Trotz und Abwehr, auch von Ignoranz gegenüber der Kraft der Synthese? Kann sich die Psychoanalyse einzig und allein durch sich selbst begründen?

Selbst wenn man die tradierten Ideale der Psychoanalyse weitgehend relativiert – also an die Stelle der Vorstellung, sie könne den Menschen andere Ziele weisen, die Idee der viel weniger gesellschaftlich angepaßten *Wandlung* setzt; wenn an die Stelle des Ideals der Erklärung und Veränderung der Gesellschaft partikulare Deutungsmuster und ergänzende Konzepte wie dasjenige vom »Unbewußten der Gesellschaft« treten –, wenn man sich also mit einem solcherart eingeschränkten Anspruch zufriedengibt, hat man dann den visionären Horizont und die Kraft der Synthese und der Integration ganz unterschiedlicher therapeutischer Ansätze aufgegeben?

Diese Konsequenz muß nicht mit Notwendigkeit gezogen werden. Die Abwehr von Synthese und Integration hängt mit der starken Angst der Psychoanalytiker zusammen, man könne ihnen noch mehr wegnehmen: die Besonderheit ihrer Praxis, die Strenge ihrer Konzepte; vor allem angesichts der Tatsache, daß sich die Psychoanalyse selbst – durch die Abspaltungen der Entwicklungspsychologie und Kinderpsychologie, der stärker biologisch und anthropologisch orientierten Richtungen, der mehr naturwissenschaftlich fixierten Traumforschung[19], der Gehirnforschung und der sozialwissenschaftlichen Traumataforschung – zu beschneiden scheint.

Dies könnte durchaus als eine Bereicherung aufgefaßt werden, wenn man auf kooperative Kompetenz setzt.[20] Vom gleichen Schicksal sind Wissenschaften wie die Geschichtswissenschaft, die Linguistik oder die Physik betroffen, die, überdies, mit der Psychoanalyse eine vergleichbare Erschütterung ihres Fundaments, das heißt, der tradierten Vorstellung von Wirklichkeit, Realität und Wahrheit, teilen. Allerdings mit dem Unterschied, daß diese Erschütterung die *Basis* der Psychoanalyse ist, sie ihr Gebäude von Anfang an auf einer ganz und gar schwebenden Grundlage gebaut hat, dem, wie es Freud in seiner *Neuen Folge* ... nennt, »dunklen, unzugänglichen Teil unserer Persönlichkeit«, dem Unsichtbaren und Ungreifbaren par excellence – und dieses als das realste ausgegeben hat. Sie war also seit ihrem Beginn da, wo die anderen Wissenschaften erst hinkommen mußten, bei der Erkenntnis, daß – in Freuds Worten – das Reale immer unerkennbar bleiben wird.

So läßt sich letztlich die Abwehr des Synthetischen und Integrativen wie des Geistigen (in seiner starken metaphysischen Form) nicht anders deuten denn als eine Weigerung, sich dem ureigensten, immateriellen Focus der Psychoanalyse, ihrem von Grund auf ungegenständlichen Zentrum *vorbehaltlos* zu stellen. Wenn man vollständig von dieser Tatsache durchdrungen wäre – sich der Einzigartigkeit und innovatorischen Kraft des psychoanalytischen Wirklichkeits- und Wahrheitsbegriffs, des schöpferischen Moments in der Kur und dieser ganz und gar singulären Verbindung von

Sprechen und Schweigen, von Unsichtbarem und Sichtbarem (Repräsentiertem), von seelisch Zerklüftetem und scharf Konturiertem bewußt wäre –, würden sich dann nicht die scheinbaren Polaritäten wie etwa diejenige von analytisch und synthetisch in ganz neuem Licht zeigen?

Ihren wissenschaftlichen Status kann die Psychoanalyse nicht im Schielen auf scheinbare Normalität und scheinbar szientifischere Begriffe von Wahrheit und Realität begründen, sondern nur in bewußter Insistenz auf der Immaterialität ihres Gegenstandes. Keine Erweiterung ihrer Disziplin kann ihr dabei wirklich etwas wegnehmen, sie stützender Bausteine und Pfeiler berauben.

Und dennoch: trotz der hier von mir vehement verteidigten Position der Synthese und der Integration gibt es eine von Lacan vorgetragene, bedenkenswerte Evidenz des Analytischen, die einzig und allein aus der psychoanalytischen Praxis erwächst. Sie bleibt offensichtlich unvermittelbar mit den theoretisch legitimierbaren Ansprüchen auf Deutung und Zusammenschau. Lacan anerkennt für den Psychoanalytiker einzig das Gesetz der Signifikantenkette (des Analysanden) und wie sich im Verlauf der Signifikation einzelne Signifikanten herausbilden. Den Psychoanalytiker im Sinne Lacans zeichnet die »Begeisterung« im tragischen Sinn der Antigone aus: die Grenzen des Gesetzes auf den Tod hin zu überschreiten und ein »reines« Verhältnis zum Anderen zu finden. Alles stößt er, wie Antigone, von sich ab:

> *»Antigone beruft sich auf kein anderes Recht als das, das in der Sprache auftaucht aus der Unauslöschlichkeit dessen, was ist – unauslöschlich von dem Augenblick an, in dem der Signifikant, der auftaucht, es festhält als eine Sache, die den ganzen Fluß möglicher Transformationen hindurch unverrückbar bleibt. Was ist, ist...«*[21]

Auch vergleichbar einem Zen-Meister löscht der Analytiker das »Ich« aus, stellt sich der Leere, dem Jenseits des Gesetzes. In dieser Lacanschen Radikalisierung der *Praxis* des Analytikers werden die Ausklammerungen, von denen viele der heutigen Psychoanalytiker in ihrem *Bewußtsein* beherrscht sind, neu lesbar; die Ausklammerungen von Welt oder gar Kosmos, von Kultur und Mythologie, von Zuwachs an Erfahrung und Geistigkeit oder gar Spiritualität oder Vision[22] von Individualität, persönlicher Stellungnahme und Deutung. Der weitgehend abgestorbene Wunsch des nachmodernen

Psychoanalytikers, sich weiterzuentwickeln im Wechselspiel von Individualität und analytisch-dualer Erfahrung trennen seine Praxis radikal und wohl letztlich auch unüberbrückbar vom Therapeuten.[23] Aber angesichts eines Versagens der Psychoanalyse (wie sie etwa Fritz Morgenthaler in der Behandlung einer Perversion thematisiert hat) wäre diese Frage erneut und differenziert zu stellen: Kann die Psychoanalyse eine »Plombe« auflösen, ohne eine Synthese anzubieten?[24]

Die Ortung der Psychoanalyse

André Béjin[25] stellte vor etlichen Jahren fest, daß an der Behauptung, Sigmund Freud habe die Sexualität (namentlich die kindliche) *entdeckt* und die Sexualwissenschaft *erfunden,* nur eines als interessant gelten könne, nämlich daß sie »widerlegbar« sei. Er verweist auf die Vorgänger Freuds, die dieser keineswegs verschwieg, in erster Linie auf Krafft-Ebing, aber auch Havelock Ellis und Magnus Hirschfeld. »Es scheint«, so stellt, darüber hinausgehend, André Green nüchtern fest, »wenig übriggeblieben zu sein vom Sinn und von der Funktion, die Freud der Sexualität in seinem Werk beimaß. ... Die heutige Sexualität ist nicht die Sexualität Freuds.« Hat man nicht auf vergleichbare Weise darauf hingewiesen, daß Freud nur sehr eingeschränkt als der Erfinder der »Traumdeutung« bezeichnet werden könne, wenn man bedenke, wie ihm hier bereits die Romantiker vorgearbeitet haben? Und hat nicht Freud auch in der Beschreibung des triebhaft Bösen, der Destruktivität und des Abgründigen im Menschen geniale Vordenker und Vorgestalter gehabt, erinnert man nur an Nietzsche, William Blake, Hieronymus Bosch und Goya? Ja, ist »das Unbewußte« nicht schon in der Literatur der Jahrhunderte zuvor so umfassend dargestellt worden, wie dies der Psychoanalyse niemals gelingen kann? Und gibt es nicht auch in den Wissenschaften Vorläufer, wie etwa den Physiker Hermann Helmholtz, der das Konzept »unbewußter Schlüsse« in die Theorie der Wahrnehmung einführte?[26]

Was also bleibt – nach solcher Kritik – von der Wissenschaft und der Praxis der Psychoanalyse, und worin könnte ihre zukünftige Bedeutung bestehen? Mit Sicherheit wird es in Zukunft nicht darauf ankommen, daß sich eine Wissenschaft als vorbildhaft und paradigmatisch zu behaupten versucht, so, wie man diese Rolle mal der Philosophie, mal der modernen Linguistik und mal der Ethnologie und Psychoanalyse zuzuspielen versuchte. Es ist mehr, wie bemerkt, die *Einheit* des Wissens, die kooperative Kompetenz, die heute gefordert wird.

Im Zuge dieses sich verbindenden und vernetzenden Wissens verliert die Psychoanalyse wie selbstverständlich die absoluten Analyse-Hoheitsrechte über das Unbewußte, die Triebe und die Träume. So hat der amerikanische Biologe Edward O. Wilson[27] davon gesprochen, daß sich die Naturwissenschaften längst in den Gebieten bewegen würden, die lange Zeit von den Philosophen, den Künstlern und Psychoanalytikern besetzt gehalten wurden. Das Recht auf die Bestimmung des *Wesens* des Menschen und seiner Rolle in der Entwicklung von Kultur und Gesellschaft müßten neu formuliert werden. Und Slavoj Zizek[28] meint, es seien am ehesten noch die Bereiche der Ethik, der Philosophie und Politik, in denen die Psychoanalyse eine Begründungsarbeit leisten könne; als Therapie habe sie sehr viel an Terrain verloren, seit ihre Deutungsmuster und ihre Begrifflichkeit Bestandteil alltäglicher selbstkritischer und selbsttherapeutischer Verhaltensformen geworden seien. Auch wenn man dagegen halten mag, daß ja das Aufarbeiten seelischer Konflikte in psychoanalytischen Übertragungsprozessen etwas ganz anderes als Selbstkritik darstellt, so geht es doch auch in diesem Punkt zu Recht um eine Selbsteingrenzung der Psychoanalyse.

Das *Unbehagen in der Psychoanalyse* und die *Psychoanalyse auf der Couch*[29] – so verkündeten vor Jahren zwei Streitschriften das neue Programm einer kritischen Selbstreflexion und Neueinschätzung der psychoanalytischen Theorie und Behandlungsform. Die Psychoanalyse als Patient, dessen Krankheit es zu thematisieren gelte. »Psychoanalyse ist jene Geisteskrankheit, für deren Therapie sie sich hält«.[30] Diese von Karl Kraus 1913 ins Spiel gebrachte Kritik und Geringschätzung durchzieht die gesamte Rezeption der Psychoanalyse, gewinnt manchmal an Terrain und wird dann wieder verdrängt von Versuchen, den Wirkungsbereich der Psychoanalyse zu erweitern und sie fester in den Universitätsbetrieb, in die Klinik oder in andere Therapieformen zu integrieren.

Zur Zeit werden das Selbstverständnis der Psychoanalyse, ihre Geschichte, ihre Zukunft und ihr Stellenwert in unserer Gesellschaft präziser und umfassender dargestellt als je zuvor.

Wenn ich gleichwohl noch einmal die Formulierung von der Psychoanalyse als Krankheit, für deren Therapie sie sich hält, aufgreife, dann deswegen, um nicht die stark ausgebildeten Anpassungs- und Unterwerfungsrituale aus dem Auge zu verlieren, die schon die psychoanalytische Ausbildung mit bestimmen und sich in der Therapie auch zu Teilen weiter manifestieren. Man hat in diesem Sinn von den Fesseln einer »eingeschüchterten« und »selbstrestriktiv« gewordenen Psychoanalyse gesprochen und gefordert, die »bürokratische Selbstverstümmelung« und die Enge des »Medicozentrismus« aufzubrechen.[31] Die »Konventionalisierung« der Psychoanalyse bewirke ihre eigene Kastration, hatte Adorno geschrieben. Eine solche »revidierte« und »abgestumpfte« »Park-Avenue-Psychoanalyse« (wie sie Ulrich Sonnemann nannte) hat die »lebendigsten Begriffe ihrer Erfahrung, der des Unbewußten und der Sexualität, so weit verfinstert, daß es den Anschein hat, als müßten sie bald nicht einmal mehr Erwähnung finden« (Lacan).[32]

Zentrale Fragen nach dem eigenen Verständnis und nach dem möglichen Wirkungsbereich stehen auch weiterhin zur Diskussion: Ist die Psychoanalyse in der theoretischen Selbstbestimmung, in der Traumdeutung und in der praktischen Behandlung der Psychosen, der Perversionen und der psychosomatischen Störungen entscheidend vorangekommen seit der Gründergeneration oder wirken deren Vorbehalte und Einschränkungen weiter?[33] Haben sich nicht die rebellischen Auffassungen etwa Georg Groddecks und Wilhelm Reichs ein neues Wirkungsfeld in anderen Therapieformen (wie zum Beispiel der Bioenergetik) gesucht?[34] Muß sich die Psychoanalyse nicht wieder – jenseits dogmatischer Einengungen und im Lichte außerpsychoanalytischer Forschungen – auf von Freud abweichende Positionen, wie etwa diejenigen Otto Ranks, Sandor Ferenczis und Béla Grunbergers, rückbesinnen, also gerade nicht der eingangs zitierten Empfehlung von Pontalis folgen? Am Beispiel dieser Psychoanalytiker (verschiedener Generationen) wird besonders deutlich, wie eine Selbstzensurierung Fortschritte in einem weiten und offenen Verständnis unbewußter Vorgänge behindert.

Potentiale der Psychoanalyse

Ranks Schrift *Das Trauma der Geburt* – Sigmund Freud gewidmet und ihm vom Verfasser im Mai 1923 zu dessen 67. Geburtstag überreicht – erschien in jenen Jahren als eine tragende Säule der psychoanalytischen »Sache«, wie es damals hieß. Wiederholte Male nannte Freud Rank den »wichtigsten psychoanalytischen Autor«, ohne den er sich »praktisch hilflos und verkrüppelt« vorkomme, eine Art Doppelgänger, mit dem er sich gerne ineins sah, dessen Ausnahmestellung er in seinem Leben uneingeschränkt akzeptierte, ein brillanter und scharfsichtiger Wissenschaftler, der unersetzlich bei der Neufassung der *Traumdeutung* wurde: 1914 übertrug ihm Freud die Aufgabe, die *Traumdeutung* um zwei Kapitel zur Literatur und zum Mythos zu erweitern. Ranks Name stand nun mit auf der Titelseite von Freuds epochaler Studie. 1919 schrieb Freud an Ernest Jones: »Er macht die ganze Arbeit, tut das Mögliche und Unmögliche, ich darf wohl sagen, daß Sie ihn als den kennen, der er ist, den treuesten, zuverlässigsten, angesehensten Helfer, die Säule, die das Ganze trägt.«

Wann schlägt diese Begeisterung in Distanzierung und Ablehnung um? Es war vor allem Karl Abraham, der Freud vor Ranks neuen Gedanken warnte, die eine »tödliche Gefahr für die wissenschaftliche Grundlage der Psychoanalyse«[35] darstellten. Er nutzte dabei Freuds persönlich äußerst schwierige Situation: Nach Meinung der Ärzte hatte er nur noch ein paar Jahre zu leben. Geschwächt von zahlreichen Operationen, sah er seine »Sache« bedroht, befürchtete, daß sich, nach einer Aussage von Jones, »sein ganzes Lebenswerk über die Ätiologie der Neurosen in nichts auflösen würde«. Konnte die von Rank vorgenommene Verlagerung des Schwerpunkts in der Psychoanalyse vom Vater auf die Mutter das Fundament der Theorie erschüttern und die Bedeutung des Ödipuskomplexes einschneidend relativieren?[36]

Dieselbe Problematik wird sich noch einmal, vergleichbar signifikant, aber dieses Mal ohne die Anwesenheit des Übervaters Freud (also von der psychoanalytischen Gesellschaft internalisiert) am Beispiel von Béla Grunbergers Arbeit *Narcissisme* von 1971 wiederholen. Grunberger – ich lasse hier seine politischen Auffassungen außer acht – geht in seinen Begründungsversuchen auf Kräfte und Energiequellen zurück, die die Triebentwicklung einleiten: Narzißmus nicht als ursprüngliche Libidobesetzung des Ich, sondern als ein energetisches Zentrum, das seinen Ursprung in der pränatalen Koenästhesie des Fötus hat. An die Stelle des als dominant angesehenen Kampfes zwischen Lebens- und Todestrieb tritt der Kampf »zwischen der Suche nach einem Zustand der Harmonie und Ganzheit einerseits sowie den Triebkräften andererseits«.[37]

Ilona Kaminer hat die Narzißmus-Forschung rekonstruiert und dargelegt, wie und auf welche Weise, sie Grunbergers Studie (die 1971 im Original und 1976 auf Deutsch erschien) sowie seine weiteren Aufsätze, die 1988 in einem Band unter dem Titel *Narziß und Anubis* herausgekommen sind, systematisch ignoriert oder seine Veröffentlichungen mit Argumenten beiseite geschoben hat, die sonst von den oberflächlichsten Kritikern benutzt wurden, um die Psychoanalyse in Mißkredit zu bringen. Es ist da von einem »vagen« Begriff, der krypto-religiös und pseudomythisch sei, die Rede, von nicht nachweisbaren und spekulativen Thesen, von Abwehrphantasien (gegen die allmächtige Mutter bzw. gegen den eigenen Gebärneid). Unberücksichtigt bleibt, daß Freud selbst in *Hemmung, Symptom und Angst* vom »narzißtischen Fötus« und in seinen *Vorlesungen zur Einführung in die Psychoanalyse* von der »seligen Isolierung im Intrauterinleben« spricht, »welche uns der Schlafende allmählich wieder heraufbeschwört« als Zustand des vollen Narzißmus. Und in der *Traumdeutung* bekannte er, daß er die »Bedeutung der Phantasien und unbewußten Gedanken über das Leben im Mutterleib ... erst spät würdigen gelernt« habe.[38]

Wenn nun also die Tatsache, daß Grunbergers Narzißmus-Theorie als Möglichkeit in Freuds »Sache« angelegt war, bewußt ignoriert wird, so setzt auch hier (wie bei Rank und Ferenczi) eine Selbstbeschneidung ein, die den grassierenden Vorurteilen gegenüber den Psychoanalytikern, die selbst ihre besten Patienten wären, viel Stoff liefert.

Die Zukunft der Psychoanalyse wird sowohl im Rahmen ihrer institutionellen Entwicklung als Therapie als auch in ihrer geistesgeschichtlichen und philosophischen Dimension und in ihrer kritischen Selbstaufklärung entschieden werden. Solange die Integration nicht als die stärkere Kraft erkannt wird, unterliegt die Psychoanalyse selbst den Mechanismen der Ausschließung, die sie auf exemplarische Weise als krankmachend erkannt und denen sie wie keine andere Wissenschaft den Kampf angesagt hat.

Es liegt eine gewisse Brisanz in der Frage nach der Zukunft der Psychoanalyse: ist sie doch ihrem Wesen nach Vergangenheitswissenschaft, eine Art Archäologie, die »die architektonische Schichtung« der Erinnerungen aufdecken will.[39] Freud aber war sich, das ist die der Psychoanalyse zugrundeliegende Überzeugung, sicher: »... je weniger einer vom Vergangenen weiß, desto unsicherer muß sein Urteil über das Zukünftige ausfallen«. Nicht weniger komplex die Idee, die Psychoanalyse (die von dem handelt, was *nicht* bewußt ist) als ein *Wissen* vom Unbewußten (Ungewußten)[40] zu begreifen. Gerade dies macht die Psychoanalyse aus: den Weg in die Zukunft weisen zu wollen, indem sie ihr Augenmerk auf die Vergangenheit lenkt; sich mit dem zu beschäftigen, was nicht bewußt ist, und dieses Wissen zu systematisieren, ihm die Form einer Lehre, ja vielleicht sogar einer Institution zu geben; es mit dem Dunkeln, dem, wie man gesagt hat, »wahren inneren Afrika« aufzunehmen, und doch zielgerichtet und ehrgeizig den Status einer Wissenschaft anzustreben.

Cremerius etwa wünscht sich für die Psychoanalyse »eine Zukunft im Verbund mit den anderen Wissenschaften vom Menschen« und versucht, aus ihrer Geschichte wesentliche Aufschlüsse für die weitere Entwicklung zu gewinnen. Seine Ausführungen laufen auf das hinaus, was er mit dem merkwürdigen Begriff der »Normalwissenschaft« bezeichnet. Sie solle sich institutionell an die Universität binden, also einen »öffentlichen Ort« besetzen.[41] Eine solche Festschreibung und die ihr korrespondierende Vorstellung von einer pragmatischen und rationalen Berufsausübung steht in krassem Gegensatz zu einigen, vor allem in Frankreich entwickelten Ideen einer institutionell ungebundenen Wissenschaft, die sich weder von der Bürokratie noch von herrschenden Wissenschaftsideologien vereinnahmen läßt.

Die Psychoanalyse ist, so viel kann man schon jetzt sagen, ein eigenartiges Amalgam aus Realität und Metaphysik, Wissen und Spekulation. Psychoanalyse ist ein exemplarisches Verfahren der Annäherung an etwas, von dem fast alle Europäer eine wenn auch noch so vage Vorstellung haben, ohne es je gesehen zu haben. Vielleicht kann man sich das Unbewußte noch am ehesten als einen Bildschirm vorstellen, auf den innere Bilder geworfen werden; als eine Art Relaisstation.

Zu welchen Verzerrungen dieser Bildschirm und die Zuschauer in der Lage sind, zeigt etwa Thomas Manns Festrede auf den achtzigjährigen Freud. Er spricht von der Psychoanalyse als einer »Heilmethode großen

Stils«, dank derer die Menschheit in ein »keckeres, freieres und heiteres« Verhältnis zu den »Mächten der Unterwelt«, des Unbewußten, des Es treten solle. So erschließe sich eine »heiter ernüchterte Friedenswelt«, eine vom Humanismus erfüllte Gesellschaft. Die Barbarei hat sich gerade etabliert – die Rede wird 1936 gehalten –, die Zeit der Illusionen ist vorbei, während Thomas Mann im Namen der Psychoanalyse heiter-humane Schleier über die Wirklichkeit legt.[42] Man kann aber, über solche Widersprüche hinausgehend, noch weiter fragen: Vermag die Psychoanalyse der Wirklichkeit überhaupt gerecht zu werden im Zeitalter der Medien und Technologien, also in einer Welt, in der das Unbewußte ganz anderen Beeinflussungen ausgesetzt ist und es vor lauter Programmen vielleicht immer weniger Unbewußtes, Unterschwelliges, sondern vielmehr »Überschwelliges« (Lütkehaus) gibt? Zugleich offenbaren politische Entscheidungen, wie etwa zeitweilig diejenigen, die neue Atomtests oder die Einsetzung von Waffen befürworten, deren Kraft, Reichweite und auch Benennung die Grenzen des Rationalen überschreiten, den hohen Anteil unbewußter Prozesse, verknotet mit hochtechnischen Vorgängen. Die Psychoanalyse wird spezifische, kooperative Verbindungen mit anderen Bereichen des Wissens und der gesellschaftlichen Praxis eingehen müssen, um dieser veränderten Situation gerecht zu werden.

Dann werden auch die abstrakten Erwartungen an sie (daß sie die Menschheit beglückt und zur kulturellen und gesellschaftlichen Freiheit beiträgt) konkreter und bescheidener gefaßt werden: als Engagement im Alltag, als Argumentationshilfe bei der Aufklärung scheinbar rationaler politischer und gesellschaftlicher Prozesse und bei der Neuformulierung ethischer Grundsätze.[43] Die Psychoanalyse ist dazu in der Lage, weil sie sich der offenen und der verdeckten, unbewußten Faszination versagt, einer Faszination, die das gesellschaftliche Leben zur Herrschaft, zur Gewalt und Unterdrückung unterhält. Im Zentrum ihrer praktischen Arbeit steht die schrittweise Auflösung des an eine neurotische Identität fixierten Subjekts[44] des Idealisierten und der Fehlentwicklungen, die zur Zerstörung und Selbstzerstörung führen. Kann es aber – so muß man dennoch fragen – Kultur, Gesellschaft und Politik ohne die Etablierung von Idealen, wie etwa der totalitären Setzung einer »Nation«, geben? Stehen sie nicht immer im Bannkreis von Herrschaft und Gewalt, von Unterdrückung und Verleugnung individueller Freiheit und individuellen Begehrens? Psychoanalyse stellt also weniger ein Handlungsmodell als vielmehr eine Utopie dar, die das Politische und Ethische aus Distanz neu anschaubar macht und zum scheinbar Unvermeidlichen eine wenn auch (auf das Ganze der Gesellschaft gesehen) *theoretische* Alternative bietet.

Nach Jacques Lacan[45] besteht die eigentliche Sünde darin, »sein Begehren aufzugeben« und sich dem Anspruch des Über-Ich zu unterwerfen, denn so könne das Subjekt nicht »ankommen«, nicht existieren. Es gelte, die Bastionen von Schein und Lüge aufzubrechen; der einzelne müsse die Wahrheit wagen und diese sei unlösbar an sein Begehren gebunden. Die Wahrheit etabliere einen »Pakt«, schaffe eine neue Wirklichkeit, nicht weniger wirklich als die der Lüge. In der Aufforderung »Kommen wir überein, die Wahrheit zu sagen«, werde der *eigentliche* soziale Vertrag geschlossen. Gleichgültig, ob sich die Wahrheit als solche behaupten könne oder nicht, gleichgültig, was sich an ihr als real und was als fiktional erweist, das Entscheidende sei, sich zu ihr zu bekennen, in ihrem Sinn den sozialen Vertrag zu schließen. Dennoch bleibt die Frage, ob und wie ein solcher Anspruch realisierbar ist und ob er nicht mit Notwendigkeit in einem Dogmatismus endet. Und fraglich bleibt auch, ob Wahrheit in diesem Sinn nicht wieder ein Faszinationsverhältnis voller Idealisierungen begründet, aus dem man doch gerade, am Leitfaden der Psychoanalyse, ausscheren wollte.

Jede Diskussion über die Verwirklichung des Ethos (das jeder Kultur innewohnt) und der »Rechtsgesellschaft« steht und fällt mit der Auffassung dessen, was »wirklich« genannt wird. Erkennt man in den gegenwärtigen Wirklichkeitskonstruktionen nicht die offenen und verdeckten symbolischen und imaginären Bildungen, entziehen sich die der Gesellschaft eigenen Mechanismen der Kontrolle.

Die Psychoanalyse, die es in der Praxis immer mit dem Singulären zu tun hat, bedarf der Philosophie – so das Postulat der Lacan-Schule –, um sich ethisch begründen zu können. Tut sie diesen Schritt, so muß man zugleich weiterfragen: Kann sie dann ihrerseits auf die Ethik einwirken, ihr neue Impulse geben? Ethik gründet immer auf Vorstellungen, wie etwas sein *soll* und was der Einzelne zu tun habe, wie er sich verhalten solle, damit ein besserer und idealerer Zustand erreicht wird. Der psychoanalytische Prozeß dagegen zielt darauf, alle Sollens- und Müssensvorschriften zu unterlaufen, um den zugedeckten und verengten individuellen Raum zu öffnen und von innen heraus zu beleben. So revoltiert die

Psychoanalyse gegen eine Ethik, die den Einzelnen einzuschränken versucht, die die Dynamik des Unbewußten nicht zur Entfaltung kommen läßt und Verdrängungen fördert. Und dies ist dann auch die der Psychoanalyse eigene Ethik: das Sein über das Sollen zu stellen.

Die Sprache dient dabei als eine sinnstiftende und realitätserzeugende Instanz. Der Einzelne müsse sich jedoch nicht als *Herr* all seiner Gedanken, Sätze und Setzungen fühlen. So wie der Analysand lernt, *es* sprechen zu lassen, frei zu assoziieren und Zensurierungen abzubauen, so könne auch die von der Psychoanalyse inspirierte Ethik lernen, sich tiefer als in bewußten Handlungsanweisungen zu begründen: also in einer im eigenen Sein verankerten Wahrheit. Die von der Psychoanalyse angestrebte Ichwerdung ist aufs engste an die Zerstörung von Idealen, Autoritäten, äußerlichen Gesetzen und Vorschriften gebunden. Das scheinbar Festgefügte und Determinierte wird gelockert, in seiner Macht gebrochen. Die *Aristotelische* Ethik orientiert sich an einem *höchsten Gut*, an der Glückseligkeit als einem Objekt. *Kants* Ethik geht davon aus, daß es unmöglich ist, den Willen und das Gesetz in Übereinstimmung zu bringen. Es ist eine Ethik des Zwiegespaltenseins des Subjekts, eine Ethik, in der die Dominanz des Gesetzes das Begehren verweigert, so wie sich bei Marquis de Sade das Genießen nur außerhalb des Gesetzes entfalten kann. Darin besteht die »Nähe« zwischen Kant und de Sade.

Dagegen entwickelt Lacan eine Ethik außerhalb der Sollens-Vorschriften und des Genießens-Imperativs. Zur Erläuterung zieht Lacan Sophokles' *Antigone* heran, in der Kreon Kants Gesetzes-Terror verkörpert, während in Antigone eine psychoanalytische Repräsentationsfigur gesehen werden kann, die in ihrem Handeln nicht vom Gesetz und nicht vom Genießen, sondern vom *Realen* und von der Unmöglichkeit, es letztlich zu erreichen, geleitet wird. Das *Reale* nennt Lacan auch das *Ding*, so etwas wie eine stumme, sich der Symbolisierung entziehende Realität: »Das Reale ist das Unmögliche.« Damit erhält *das Reale* – ähnlich wie Tugend, Pflicht oder Genießen – etwas Normatives.[46]

Die auf die Freisetzung des eigenen Begehrens gründende Ethik steht sowohl einer Ethik wie derjenigen Martin Bubers (die auf eine ausgeglichene und umkehrbare Ich-Du-Beziehung zielt) als auch der Position Emmanuel Lévinas' entgegen, die die Priorität des Anderen behauptet.

Nimmt man solche Potentiale der Psychoanalyse ernst, wird eine Aufgabe erkennbar, die weit über die Rolle als medizinische Disziplin hinausgeht. Der Tendenz zur Medizinalisierung und zum Szientismus in der Psychoanalyse wird jedoch viel zu wenig widersprochen. Als eingeengte *Therapie* ist sie, wie schon Freud sagte, nur eine von vielen. Die Psychoanalytiker kommen nicht um die Ausbildung eines gesellschaftskritischen, eines politischen und ethischen Selbstverständnisses herum, das sich dann auch in Theorie und Praxis niederschlägt.

Horst-Eberhard Richter erinnert an Freuds Ausspruch, wonach diejenigen, die die Psychoanalyse als Teil der Medizin betrachten, einen Widerstand gegen sie haben:

> *»Wir halten es nämlich gar nicht für wünschenswert, daß die Psychoanalyse als Teil der Medizin verschluckt werde und dann ihre endgültige Ablagerung im Lehrbuch der Psychiatrie fände. Als ›Tiefenpsychologie‹, Lehre vom Unbewußten, kann sie all den Wissenschaften unentbehrlich werden, die sich mit der Entstehungsgeschichte der menschlichen Kultur und ihrer großen Institutionen wie Kunst, Religion und Gesellschaftsordnung beschäftigen.«*[47]

Man müsse die Psychoanalyse vor der Vereinnahmung durch die Psychiater und Ärzte schützen.

Psychoanalyse im Sog gesellschaftlicher Anpassung – scheinbar ein Gegensatz in sich und doch eine die Psychoanalyse beherrschende Tendenz. Man kann jedoch unterscheiden zwischen einer »Unterwerfung in äußerster Bedrängnis« (wie sie etwa in dem 1934 formulierten Verdikt von Ernest Jones, damals Präsident der Internationalen Vereinigung, zum Ausdruck kommt, wonach Psychoanalyse mit Politik so wenig zu mischen sei wie Öl mit Wasser) und (wie sie etwa Heinz Hartmann und die Ich-Psychologie vertreten haben) einer rein biologisch orientierten, apolitischen Theorie und Praxis. Wenn die Psychoanalyse in dieser Hinsicht an die Tradition von Wilhelm Reich, Siegfried Bernfeld und anderen engagierten Pionieren anknüpft, kann sie dazu beitragen, gesellschaftliche Entwicklungen besser zu verstehen, anstatt sie zu verdrängen. So wächst ein neues Widerstandspotential und Engagement, deren Versagen im Nationalsozialismus bekanntermaßen viel Unheil verschuldet hat.[48]

Die Sprache Freuds läßt sich im Lichte jenes Verdrängten analysieren, das im Nationalsozialismus wirksam wurde. War vielleicht

»der deutsche Sprachbereich nicht von ungefähr das Terrain für die Entstehung und Ausarbeitung der Psychoanalyse gerade zur Zeit des Sichausbreitens der absoluten Barbarei und der Hinrichtung der Völker. Der Gebrauch der deutschen Sprache hat, aus der Perspektive der historischen Entwicklung, den Zugang zu den überdeckten Bereichen des Seelenlebens vielleicht erleichtert, wenn nicht gefördert.«[49]

In dem heute sehr verbreiteten Wunsch nach psychologischen Erklärungen für rätselhafte Phänomene kann man die Hoffnung ausgedrückt sehen, das Unvernünftige zu verstehen und, darüber hinaus, die Erwartung, mehr über die Selbstheilungskräfte unserer Gesellschaft zu erfahren.[50] Aber man sollte weder die Psychologie und die Psychoanalyse als Wissenschaften noch die Psychologen und die Psychoanalytiker als Heiler überschätzen. Wie könnte man den Psychoanalytiker neu bestimmen? Um diese Frage zu beantworten, ist es sinnvoll, sich noch einmal der Grundzüge von Freuds *Traumdeutung* als eines »Paradigmas« und als eines »Gründungstextes« einer neuen Wissenschaft[51] zu vergewissern.

Der Königsweg zum Unbewußten und Freuds eigene Ausblendungen

»In der Ablehnung des Konzepts des Unbewußten spiegelt sich eine Gesellschaft, die in grundlegender Weise das Vertrauen in die Zukunft verloren hat.« Diese Diagnose des amerikanischen Historikers Eli Zaretsky[52] mag auf den ersten Blick erstaunen: Was haben Zukunft und das Vertrauen in die Zukunft mit dem Unbewußten zu tun, dessen Terrain doch das Vergangene, das in früher Kindheit Erlebte und Verdrängte ist?

Bereits die alltägliche Erfahrung lehrt, daß sich Vertrauen in die Zukunft nur dann entwickelt, wenn ein Fundament dafür in der Bearbeitung und Bewältigung von Problemen der Vergangenheit geschaffen wurde, wenn die neurotischen Verzerrungen und Abspaltungen vom Bewußtsein (zumindest annäherungsweise) durchschaubar wurden. Ohne eine Freiheit im Umgang mit der Vergangenheit ist keine Freiheit im

Entwerfen des Zukünftigen möglich. Und die Traumdeutung sollte dabei, das war Sigmund Freuds Idee, als »Königsweg zum Unbewußten« dienen.

»Hier enthüllte sich am 24. Juli 1895 dem Dr. Sigm. Freud das Geheimnis des Traumes.« Ob wohl dereinst dieser Satz auf einer Marmortafel am Hause Bellevue in der Himmelstraße in Wien zu lesen sein würde, das fragte sich Freud, nachdem er die Bedeutung eines für ihn zentralen Traums (von Irmas Injektion) erkannt und den Trauminhalt als Wunscherfüllung gedeutet hatte..[53]

Der Traum besteht, so Freuds Grundannahme, aus dem manifesten Anteil, ausgedrückt im Wortlaut, und dem latenten Anteil, den Traumgedanken und den darin zum Ausdruck kommenden Wünschen. Die stärksten traumbildenden Gedanken stammen aus der Kindheit. Später wurden sie verdrängt und fortan vom Bewußtsein abgespalten. Ihre Existenz offenbart sich in neurotischen Verhaltensweisen. Obwohl der Traum gleichsam das Agitationsfeld des Verdrängten ist, unterliegt er dem biologisch höherrangigen Schlafwunsch. Der Traum ist Hüter des Schlafs. Indem er als Wunscherfüllung agiert, Wünsche also halluzinativ in Erfüllung gehen, wird die nächtliche Beschäftigung mit dem Verdrängten möglich.[54]

Träume seien niemals, so Freuds entscheidende Erkenntnis, harmlos; stets gründeten sie in einer, wie er das nannte, »ehrlichen, aber brutalen Wunschphantasie« der infantilen Zeit. Durch Selbst-Zensur werde die Botschaft des Traums entstellt, er werde unverständlich. Die im Traum erfahrbaren fremden Anteile im eigenen Erleben erschließen sich aber nicht von allein, sondern bedürfen der Deutung. Die *Traumzensur* hat »das Anstößigste beseitigt, anderes bis zur Unkenntlichkeit abgeändert, echte Zusammenhänge aufgelöst, falsche Verknüpfungen eingeführt, bis aus der ehrlichen, aber brutalen Wunschphantasie des Traumes der manifeste, von uns erinnerte Traum geworden ist, mehr oder weniger verworren, fast immer fremdartig und unverständlich. Der Traum, die Traumentstellung, ist also der Ausdruck eines Kompromisses, das Zeugnis des Konflikts zwischen den miteinander unverträglichen Regungen und Bestrebungen unseres Seelenlebens. Und vergessen wir es nicht, derselbe Vorgang, das nämliche Kräftespiel, das uns den Traum des normalen Schläfers erklärt, gibt uns den Schlüssel zum Verständnis aller neurotischen und psychotischen Phänomene«[55] schreibt Freud in seinem letzten, der Traumdeutung explizit gewidmeten Aufsatz von 1932 (*Meine Berührung mit Josef Popper-*

Lynkeus). In der *Traumdeutung* hatte er notiert: »Was nach allgemeiner Ansicht eine willkürliche, in der Verlegenheit eilig zusammengebaute Improvisation sein soll, das haben wir behandelt wie einen heiligen Text.«.[56]

Diese Formulierung kann als einer der Schlüsselsätze in Freuds *Traumdeutung* gelten. Dort, wo scheinbar der Zufall und die Beliebigkeit walten, Gesetzmäßigkeiten und Strukturen zu entdecken, dort, wo andere achtlos ihren Blick weiterschweifen lassen, zu verharren und einen Text, einen heiligen gar, wahrzunehmen und ihm seine ganze forschende Aufmerksamkeit zu schenken – das stand von Anfang an im Mittelpunkt einer Theorie und Praxis, die sich den Namen Psychoanalyse gab und sich außer als Heilkunde und Seelenwissenschaft auch als Text-Analyse zu etablieren versuchte. Die Traumdeutung sollte der Königsweg zum Unbewußten, das Tor zum Verständnis des Verborgenen und Unheimlichen, des Verdeckten Verdrängten und vielleicht sogar des Verworfenen sein und *Erzählungen* von Träumen deuten.[57]

Der Traumdeuter in der Rolle des Archäologen, der Ausschau nach tieferen Schichten hält, und des Linguisten und Ethnolinguisten, der Zeichen, *fremde* Zeichen, und Sprachen aushorcht und zu entziffern versucht. Im Alter erinnerte sich Freud an die enorme Schwierigkeit, die *Traumdeutung* durchzusetzen:

> *»Ich stand völlig isoliert. In Wien wurde ich gemieden, das Ausland nahm von mir keine Kenntnis. Die Traumdeutung wurde in den Fachzeitschriften kaum referiert. Im Aufsatz ›Zur Geschichte der psychoanalytischen Bewegung‹ habe ich als Beispiel für die Einstellung der psychiatrischen Kreise in Wien ein Gespräch mit einem Assistenten mitgeteilt, der ein Buch gegen meine Lehren geschrieben, aber die Traumdeutung nicht gelesen hatte.«*[58]

Diese Selbststilisierung als eines verkannten Genies und die darauf aufbauende Mythisierung von Seiten seiner Anhänger und ersten Biographen sind in den letzten Jahren wiederholte Male untersucht und korrigiert worden: Freuds Frühwerk und vor allem die *Traumdeutung* haben eine weitaus breitere und positivere Zustimmung erfahren als von Freud behauptet. In der Folge der Recherchen von Bry und Riefkin (1962) und Kiell (1988) wagt Ruhs die Behauptung,

»daß Freuds Wahrnehmung einer neidvollen und entwertenden Atmosphäre Wiens, seine Vorstellungen und Gefühle der Zurückweisung und der Verfolgung durch eine feindselige Umgebung teilweise als der Ausdruck einer Projektion eigener böser und aggressiver Regungen zu betrachten sind, offensichtlich mitentfacht durch Neidreaktionen gegenüber den Erfolgen seiner ihn umgebenden Nebenmenschen. Demnach hat Freud selbst auch einiges beigetragen zur Klimavergiftung des kakanischen Wien ...«[59]

Solche von Freud und seinen Biographen vorgenommenen Ausblendungen haben noch weitreichendere Folgen, wenn man sich die mangelnde Reflexion und Selbstreflexion von Freuds zahlreichen Krankheiten, vor allem seinem Mundkrebs, vergegenwärtigt.

Einmal, im Augenblick großen Leids, kann er diese Zusammenhänge auch selbst erkennen und sieht seine Krebserkrankung mit unbewußtem Haß verbunden. 1933, drei Jahre nach dem Tod seiner Mutter und genau an ihrem Geburtstag, schreibt er in einem Brief an Arnold Zweig: »Ich füge mich der Natur, die mich altern läßt, in Eile jetzt, in den letzten drei Monaten mehr als in den letzten drei Jahren. Alles herum ist trüb und zum Ersticken dumpf. Die Wut speichert sich auf und zehrt am Gehäuse. Wenn man etwas Befreiendes tun könnte.«[60] Neuere Studien verdichten das Bild eines kranken, leidenden und früh gealterten Mannes, der die Psychoanalyse nicht als Seelenheilkunde auf sich selbst anwenden konnte, der weitgehend hilflos seinen eigenen Krankheiten ausgeliefert war: ständiger Migräne, chronischen Darmstörungen, Depressionen, Phobien, spektakulären Ohnmachtsanfällen, Herzbeschwerden, Todesängsten, Mundhöhlenkarzinom etc.[61]

1925/27 spricht Freud von einem »innerlichen Frieren« und einer »Kruste von Unempfindlichkeit«, die ihn langsam umziehe und ihm den Beginn anzeige, »anorganisch zu werden«; seine »Herzaffektion« eröffne ihm Aussichten auf einen »nicht zu verzögerten und nicht zu kläglichen Abschluß«. Dann im Mai 1929: »Das Leben ist mir keine Freude – ich bin in mancherlei Hinsicht nicht mehr als ein Wrack –, aber ... ich bin im Besitz meiner geistigen Kräfte.«[62] Die zahlreichen Operationen aber, die folgen, zermürben ihn immer mehr: Er habe, so notiert er, keinen erträglichen Tag mehr gehabt, und ein plötzlicher Herztod sei wahrscheinlich geworden; man gäbe ihm Radium »ins Maul«, und er reagiere auf das »Teufelszeug«

mit den greulichsten Beschwerden. Und schließlich in den zwei Jahren vor seinem Tod 1938: »...ich sehe dem Übergang ins Nichtsein mit einer Art Sehnsucht entgegen ... Das Radium hat wieder etwas aufzufressen begonnen ... meine Welt ist ... eine kleine Insel Schmerz schwimmend auf einem Ozean von Indifferenz.«[63] Über seinem Backenknochen löste sich die Haut auf, es entstand ein stinkendes Loch, das die Fliegen anzog und seinen geliebten Hund vertrieb.

Sigmund Freuds Tabuisierung seines Privatlebens, seine lebenslange Abneigung gegen Biographen, die zu viel aufdecken könnten, seine Zurückweisung einer zu engen Beziehung zwischen Leben und Werk und seine großen Vernichtungsaktionen persönlicher Dokumente sind die maßgeblichen Eckpunkte seines Desinteresses an einer eigenen oder von anderen[64] unternommenen Psychoanalyse seiner Krebserkrankung. Er versteht sich selbst nicht als ein Patient, der durch eine Analyse den lebensgeschichtlichen Ursachen seiner Krankheit auf die Spur kommen könnte. Daß er sich weitgehend einer introspektiven Erforschung verschloß und seine engsten Freunde und Kollegen auch nur sehr sporadisch über seinen katastrophalen Zustand informierte, lag nicht an mangelnder Kenntnis der schon damals aufkommenden psychosomatisch orientierten Krebstherapie, sondern an einer massiven Abwehr und dem Wunsch, daß Krankheit, unabhängig von seelischen Faktoren, repariert werden könne; begründet auch in dem »Vorurteil, daß Krankheit überflüssig ist«, wie er selbst einmal sagt.[65]

Freuds Furcht vor der Auseinandersetzung mit bestimmten Kindheitserfahrungen und vor der Anwendung psychosomatischer Erkenntnisse auf sich selbst führten ihn zu teils ironischen, zynischen und teils distanzierenden, anthropomorphisierenden Kennzeichnungen des Krebs als »Neoplasma«, »mein liebes altes Carzinom«, »meine lieben Neugebilde« und als einer »partiellen Herausverleibung«. Einer solchen Darstellung schlossen sich die Psychoanalytiker entweder in bedingungsloser Treue der »unberührbaren Ikone« Freud gegenüber an, malten das Bild eines »niemals ernstlich kranken Mannes« und überboten sich in Verblendung und Verzerrung oder aber steigerten sich in eine negative Idealisierung hinein, in der Freud nur als verabscheuungswürdiger Wüstling und Psychopath erschien.[66]

Man muß sich erneut fragen, wieviel mißlungenes Leben notwendig ist, um ein zukunftsweisendes Denken zur Entfaltung zu bringen; welches

Ausmaß an Abspaltung und Verdrängung ein Forscher zu erbringen hat, der dem Zwang unterliegt, seine radikal neuen Gedanken als objektive Wissenschaft auszugeben und sich dabei letztlich doch bloß als Abenteurer oder verhinderten Literaten versteht; wie groß die Gefühle des Verkanntwerdens und der Feindseligkeit und das Maß an Selbstverkennung eigener Aggressionen sein müssen, um eine psycho*analytische* Denkrichtung in einem der Analyse gegenüber zutiefst skeptischen Umfeld (in Österreich) durchzusetzen.

Freuds Bekenntnis[67] von 1900, also unmittelbar nach Beendigung seiner *Traumdeutung* – »Ich bin nämlich gar kein Mann der Wissenschaft, kein Beobachter, kein Experimentator, kein Denker. Ich bin nichts als ein Conquistadorentemperament , ein Abenteurer« –, offenbart die Fragilität und Brüchigkeit seiner Selbstinszenierung und Selbststilisierung als Genius und als Begründer einer ganz und gar neuartigen *objektiven* Wissenschaft. Ein derart auf Abgrenzung des Eigenen und Unterwerfung des Anderen ausgerichtetes Lebenswerk wie dasjenige Sigmund Freuds, das die stärksten Impulse von dem geistig umgepolten Machtstreben eines Mannes, der eigentlich Politiker werden wollte – er selbst spricht von seiner »Suche nach Ruhm und Ehre«[68] – und von dem (trotz aller Bedenken sich durchhaltenden) Beharren auf Objektivität bezog, ist beständig in Gefahr, statt des Helden eine jämmerliche Gestalt abzugeben, sobald das innere Chaos, die tiefen Zweifel an sich selbst, die Gefühle der Machtlosigkeit und Kränklichkeit die Oberhand gewinnen. Ganz im Sinne der Aufspaltung von Leben und Werk, von persönlich erfahrenem körperlichen Leid und einer sich davon unabhängig darstellenden, souveränen wissenschaftlichen Analyse hat er und haben seine Biographen Ernest Jones, Max Schur und später Peter Gay seine Krebserkrankung nicht psychoanalytisch gedeutet.[69]

Freuds Neigung, andere auf Distanz zu halten und zu kontrollieren und sich selbst gegenüber ähnlich zu verfahren, der Wechsel von Gefühlen eigener Grandiosität und Geringschätzung – »Nach wie vor fühle ich mich unsicher angesichts meiner eigenen Arbeit, vermisse ich das Bewußtsein der Einheit und Zusammengehörigkeit, das zwischen dem Autor und seinem Werk bestehen soll«[70] – konturieren das Bild eines Übervaters und eines Glücksspielers, eines strengen Forschers und eines Hasardeurs, eines Abenteurers.[71] Er selbst behinderte die freie Entfaltung der Psychoanalyse: durch Zwang und Kontrolle, die Bildung Geheimer Komitees und die zahlreichen Ausschlüsse: »Der erste Preis, den die Abwehr der mit der frühen Mutterbeziehung verbundenen Phantasien und Schuldgefühle von der Psychoanalyse fordert, besteht somit in einer nicht unerheblichen Behinderung und Verdrehung der Theoriebildung.«[72]

In den Jahren nach 1906 ändert sich die von Freud beklagte Mißachtung und Randstellung der Psychoanalyse maßgeblich: erste Versammlungen finden statt, und das *Jahrbuch für psychoanalytische und psychopathologische Forschungen* wird gegründet. Aber die »Verkennungen« und »Geschmacklosigkeiten« in der Kritik und, wie Freud schreibt, »das Ausmaß von Hochmut und gewissenloser Verschmähung« werden ihn ein Leben lang schmerzen. Solche Angriffe betrafen vor allem die Aufmerksamkeit, die Freud der Sexualität widmete, der sexuellen Symbolik, wie er sie in den Träumen besonders aussagekräftig ausgedrückt fand. Erst einmal, so Freuds These, sei der Traum unverständlich und locke den Träumer, wenn er versuche, seinen Traum zu deuten, auf eine falsche Fährte. Die Selbst-Zensur des Träumers sei dafür verantwortlich.

> *»Die allgemeine Funktion des Träumens ist leicht aufzufinden. Es dient dazu, um äußere oder innere Reize, welche zum Erwachen auffordern würden, durch eine Art von Beschwichtigung abzuwehren und so den Schlaf gegen Störung zu versichern. Der äußere Reiz wird abgewehrt, indem er umgedeutet und in irgendeine harmlose Situation verwoben wird; den inneren Reiz des Triebanspruchs läßt der Schläfer gewähren und gestattet ihm die Befriedigung durch die Traumbildung, solange sich die latenten Traumgedanken der Bändigung durch die Zensur nicht entziehen. Droht aber diese Gefahr und wird der Traum allzu deutlich, so bricht der Schläfer den Traum ab und wacht erschreckt auf (Angsttraum).«*[73]

Das läßt sich etwa an dem folgenden Beispiel verdeutlichen: Ein Kind liegt tot in seinem Bett. Ein alter Mann sitzt als Wache bei ihm, und im Nebenraum schläft der Vater des Kindes. Auch der alte Mann schläft ein und bemerkt nicht die herabfallende Kerze, die das Bettchen und den Arm des toten Kindes zu verbrennen beginnt. Der Vater träumt nun, daß das Kind an sein Bett tritt und ihm den Vorwurf macht: »Vater, siehst du denn nicht, daß ich verbrenne.«

Dieser von Freud in der *Traumdeutung*[74] erörterte Traum kann auf besonders anschauliche Weise zeigen, wie eingeengt der alltägliche

Gebrauch des Wortes »real« ist. Was ist, nimmt man diesen Traum als Beispiel, real: die herabfallende Kerze, also die Gefahr des äußerlichen Feuers, oder das innere Feuer im Herzen und in der Seele des Vaters, das Geräusch der Kerze oder die (phantasmatische) Stimme des Kindes, die der Vater im Traum hört?

Ist das tote Kind nicht, auf einer tieferen Ebene des seelischen Geschehens, ganz außerordentlich real? Ja, ist in gewisser Weise nicht einzig und allein der Nachklang der Kinderstimme im Inneren des Vaters wirklich und hörbar, während die scheinbar ganz und gar realen Personen aus der Realität weggetreten sind und schlummern? Zu einem neuen Verständnis des Realen, das an der Innen- und Außenwelt, am Bewußten und Unbewußten, teilhat, weist uns die Psychoanalyse (und die Traumdeutung im besonderen) den Weg. Wenn Freud sagt, der wichtigste Wunsch eines Schlafenden bestehe darin weiterzuschlafen, dann läßt sich im Lichte dieses Traums fragen, welche Art des »Realen« stark genug ist, um den Träumenden aufzuwecken. Es ist das tote Kind, die Traumstimme, ein »nicht weiter auflösbares Fragment des Realen, das von einem unwiederbringlichen Verlust spricht, ein Zusammentreffen, das endgültig und brutal ist und das nun nie mehr, außerhalb des Traums, stattfinden kann.«[75] In Jacques Lacans Wiederaufnahme dieser Traumerzählung bleibt die »Unentscheidbarkeit« des Begriffs des *Realen* genau erhalten. Dem Realen könne in der Analyse nicht ausgewichen werden. »Zu ihm weist uns die Psychoanalyse den Weg.«[76]

Aber kehren wir noch einmal zu den Anfängen der *Traumdeutung* zurück.

Nach einer vier- bis fünfjährigen Arbeit, so resümiert Freud in seiner »*Selbstdarstellung*«, habe er eine neue Technik gefunden:

> *»daß ich die Kranken aufforderte, mir kritiklos mitzuteilen, was immer durch ihren Sinn ging, auch solche Einfälle, deren Berechtigung sie nicht verstanden, deren Mitteilung ihnen peinlich war. Wenn sie meinem Verlangen nachgaben, erzählten sie mir auch ihre Träume, als ob diese von derselben Art wären wie ihre anderen Gedanken. Es war ein deutlicher Wink, diese Träume zu werten wie andere verständliche Produktionen.«*[77]

Die Psychoanalyse – von Anfang an im Widerstreit zwischen Therapie und Kulturkritik, zwischen Praxis und Theorie – ist eine Entzifferungsarbeit auf vielen Ebenen: auf der Ebene bewußter Handlungen und Fehlhandlungen, auf derjenigen des Unbewußten und dessen Repräsentationen, der Symbole und der Träume. Psychoanalyse erweist sich als sprach- und textvergleichende Arbeit – wenn man die Kulturen und Träume als Texte und »Umschriften« auffaßt. In diesem Sinne hatte Freud im Dezember 1896 an seinen Freund Wilhelm Fließ geschrieben: »Du weißt, ich arbeite mit der Annahme, daß unser psychischer Mechanismus durch Aufeinanderschichtung entstanden ist, indem von Zeit zu Zeit das vorhandene Material von Erinnerungsspuren eine *Umordnung* nach neuen Beziehungen, eine *Umschrift* erfährt.«[78]

In bezug auf die *Traumdeutung* hat sich immer wieder die Frage gestellt, wie weitgehend diese »Umschriften« kulturell, interkulturell und symbolisch festgelegt sind und worin ihr individueller Anteil besteht, der in »freier Assoziation« offengelegt wird. Freud selbst argumentiert hier oft sehr widersprüchlich, legt mal das Schwergewicht auf feststehende Bedeutungen, mal auf die Einzigartigkeit einer Deutung, wie sie in der Analyse ausgehandelt wird.

Der heutige Leser der *Traumdeutung* hat das Ergebnis von insgesamt acht (sich durch zahlreiche »intime Revisionen« des Autors und Erkenntnisfortschritte von Rank, Stekel, Sachs, Ferenczi u. a. ergebende) Auflagen vor sich. Der 1911 sich »formierende Kollektivcharakter des Buches«[79] wird von Freud vierzehn Jahre später in einer »Wiederaneignung« rückgängig gemacht. Die unter Mitarbeit von Otto Rank[80] in den zwanziger Jahren entstandenen Auflagen beziehen sehr viel stärker die Literatur und den Mythos mit ein. Aber sowohl durch diese scheinbar unzerbrüchliche Freundschaft und Kooperation als auch durch das Gebäude der *Traumdeutung* zogen sich tiefe Risse – dies haben einige grundlegende Arbeiten gerade in den letzten Jahren gezeigt. Rank und die von ihm 1923 publizierte Arbeit *Das Trauma der Geburt* erschien – es wurde schon darauf hingewiesen – auf einmal als elementare Bedrohung der auf dem Ödipuskomplex basierenden Neurosenlehre. Und was die *Traumdeutung* betrifft, so ist zunehmend ein möglicher Widerspruch deutlich geworden. Nicholas Rand und Maria Torok haben die *Traumdeutung* einer kritischen und werkvergleichenden Analyse unterzogen und kommen dabei zu dem Schluß:

> *»Freud versucht Träume aufgrund der freien Assoziationen des Träumers zu verstehen und stellt in Konkurrenz dazu einen Katalog von*

festen und allgemein anwendbaren Bedeutungen oder symbolischen Gleichungen zusammen, der die persönlichen Assoziationen des Träumers völlig überflüssig macht. Die Freudsche Theorie der Traumdeutung verbindet den Versuch, persönliche Bedeutungen zu vernehmen, mit der Anwendung einer allgemeinen Symbolik. Die offene Suche nach der einmaligen Poetik individueller Träume kollidiert mit den Einschränkungen, die durch vorgängig festgelegte Ausdrucksweisen ihrer Bedeutung auferlegt werden.«[81]

Vor allem der Vergleich zwischen der *Traumdeutung*, den *Vorlesungen zur Einführung in die Psychoanalyse* (1916–1917) und Freuds letzter, 1939 erschienenen Studie *Der Mann Moses und die monotheistische Religion* offenbart die Schwerpunktverlagerung: weg von der ursprünglichen Betonung der in freier Assoziation vom Träumer erbrachten Informationen hin zur Ausarbeitung einer Theorie der allgemeinen Traumsymbolik. Einerseits also verlangt die Traumdeutung nach der Beteiligung des Träumers; andererseits erscheint eine solche Aktivität als periphere Zugabe. (Dieser Widerspruch scheint sich mit den weiteren Auflagen der *Traumdeutung* eher noch zu verschärfen.)[82]

Eine solche Kritik versucht das »innere Potential der Psychoanalyse besser auszuschöpfen«. Darin unterscheidet sie sich von wissenschaftstheoretischen und kulturanthropologischen Infragestellungen der Psychoanalyse, die sich weitgehend von den Bedingungen und Zielsetzungen des Freudschen Werkes ablösen und die von außen fremde Maßstäbe und Kriterien an die Psychoanalyse und Traumdeutung herantragen.

Freud als Diskursivitätsbegründer

In dem Zeitraum von 1899 bis 1932 publizierte Sigmund Freud seine Arbeiten, die sich mit Träumen und deren Deutung beschäftigten. Von dem Aufsatz *Eine erfüllte Traumahnung* (der Ende 1899 kurz nach Erscheinen der auf 1900 vordatierten *Traumdeutung* verfaßt wurde) bis zu den Nachträgen zur *Traumdeutung* und einem stark persönlich gefärbten Text in den zwanziger und dreißiger Jahren manifestiert sich Freuds Wunsch, die

»Via regia zum Unbewußten« stets aufs neue zu begehen, praktisch zu erproben und theoretisch zu festigen. Dabei standen von Anfang an Sexualität und Erotik im Zentrum:

> *»Wer an dem Gesichtspunkte der Zensur als dem Hauptmotiv der Traumentstellung festhält, der wird nicht befremdet sein, aus den Ergebnissen der Traumdeutung zu erfahren, daß die meisten Träume der Erwachsenen durch die Analyse auf erotische Wünsche zurückgeführt werden. Diese Behauptung zielt nicht auf die Träume von unverhüllt sexuellem Inhalt, die wohl allen Träumern aus eigenem Erleben bekannt sind und gewöhnlich allein als ›sexuelle Träume‹beschrieben werden. Solche Träume bieten noch immer des Befremdenden genug durch die Auswahl der Personen, die sie zu Sexualobjekten machen, durch die Wegräumung aller Schranken, an denen der Träumer im wachen Leben seine geschlechtlichen Bedürfnisse haltmachen läßt, durch viele sonderbare an das sogenannt Perverse mahnende Einzelheiten. Die Analyse zeigt, daß sehr viele andere Träume, die in ihrem manifesten Inhalt nichts Erotisches erkennen lassen, durch die Deutungsarbeit als sexuelle Wunscherfüllungen entlarvt werden und daß andererseits sehr viele von der Denkarbeit des Wachens als ›Tagesreste‹ erübrigte Gedanken zu ihrer Darstellung im Traum nur durch die Zuhilfenahme verdrängter erotischer Wünsche gelangen.«*[83]

Hatte man lange Zeit den Hauptakzent (sowohl in der positiven als auch in der kritischen Rezeption der Psychoanalyse) auf die neu entdeckte Bedeutung der Sexualität gelegt, ist man sich seit einigen Jahren einig in der Überzeugung, daß die heutige Sexualität nicht mehr diejenige ist, die Freud beschrieb, und die Sexualität in eine *Vielfalt* der Faktoren, die zu einer Neurose führen, eingegliedert werden muß. Damit verliert auch der Vorwurf an Bedeutung, Freud habe die Rolle der weiblichen Sexualität verzerrt und überhaupt sei die Psychoanalyse durchsetzt von Projektionen und Verzerrungen ihres Erfinders.

»Meine wissenschaftliche Arbeit«, resümierte Freud gegen Ende seines Lebens, »hatte sich das Ziel gesetzt, ungewöhnliche, abnorme, pathologische Erscheinungen des Seelenlebens aufzuklären, das heißt, sie auf die hinter ihnen wirkenden Kräfte zurückzuführen und die dabei tätigen

Mechanismen aufzuzeigen. Ich versuchte dies zunächst an der eigenen Person.«[84] Dieser introspektive Aspekt der Psychoanalyse war über die Jahrzehnte hinweg immer wieder Anlaß für Mißverständnisse und ein Stein des Anstoßes: Ist die ganze Psychoanalyse nicht in erster Linie das Dokument einer zeit- und epochengebundenen und zudem fragmentarischen und von Ausblendungen mitbestimmten Selbstanalyse *eines* Mannes? Und wie kann die Psychoanalyse eine allgemeingültige Wissenschaft sein, wenn ihr Begründer selbst nicht analysiert war und damit den neurotischen Mechanismen unterlag, die im Sinne der Psychoanalyse die Wahrnehmung und Erkenntnis einengen und verzerren: »Wie kann autobiographisches Schreiben, im Abgrund einer unbeendeten Selbstanalyse, einer weltweiten Institution *ihre* Geburt geben?«[85] Ist die Transzendierung einer bruchstückhaften Selbstanalyse (die »Reaktion auf den Tod meines Vaters« nach Freuds eigenen Worten), der Beichte »einer ungefähr normalen Person« (so Freud über sich selbst), in die Sphäre einer sich objektiv gebenden Theorie möglich?[86] Ein vergleichender Blick auf die Entstehung der Wissenschaften zeigt jedoch, daß eine neue Wissenschaft immer mit einem Augenblick der Selbstgeburt, die die bis dahin gültigen Bedingungen sprengt, beginnt, mit einem Augenblick, in dem schon vieles von dem vorhanden und wirksam ist, was erst im Laufe der Entwicklung sichtbar wird.

Es geht darum, Sigmund Freud als einen »Diskursivitätsbegründer« zu erkennen, der, wie dies Michel Foucault sagte, »die Möglichkeit und die Bildungsgesetze für andere Texte« schuf, die sich gerade auch zu denen des Vaters und Begründers in Distanz und Widerspruch setzen können.[87] Dieser Widerspruch kann von seiten neuer Therapien und Praktiken und von seiten anderer psychoanalytischer, philosophischer, soziologischer und ethnologischer Theorien kommen.

Freud war das Durchgangstor, durch das etwas noch zu Entfaltendes hindurchgegangen ist. Er selbst hat den biographischen Aspekt stets äußerst gering veranschlagt. Man dürfe aus der Bedeutung der Selbstanalyse für die Psychoanalyse keine kurzschlüssigen Folgerungen ziehen und die Wissenschaft der Psychoanalyse nicht auf die Psyche und die Analyse ihres Erfinders reduzieren: Beide stünden in »innigster Verbindung« zueinander, aber was seine persönlichen Verhältnisse, seine Kämpfe, Enttäuschungen und Erfolge betreffe, so habe die Öffentlichkeit kein Recht, mehr davon zu erfahren.[88]

Freud hat nach und nach Strukturen und Gesetzmäßigkeiten im bewußten Handeln sowie im Unbewußten und in den Träumen freigelegt, die sich bei Menschen der unterschiedlichsten Herkunft und Bildung, ja aus ganz verschiedenen Kulturen und Gesellschaften über weite Zeiträume hinweg wiederfinden. Solche Überlegungen sind vor allem von den Psychoanalytikern weitergeführt worden, die sich für außereuropäische Kulturen interessierten und diese Forschungen zur Ethnopsychoanalyse weiterentwickelten. Andere Erweiterungen der psychoanalytischen Traumdeutung stellen die von der Gestalttheorie und einer aktiven Traumdeutung herkommenden Versuche dar, die dem spielerischen und inszenierenden, dem in-Szene-setzenden Anteil in der Deutung eine viel größere Rolle beimessen; außerdem medizinisch, biologisch und neuro-physiologisch orientierte Theorien, die von der Traumsymbolik so gut wie nichts halten und auf die Stärkung der Ich-Autonomie (die die Psychoanalyse ja geradezu erschüttert hatte) hinauslaufen.[89] Von besonderer Bedeutung ist noch die knapp 100 Jahre nach Freuds *Traumdeutung* institutionalisierte *Psychotraumatologie*[90], die traumatische Erlebnissen, etwa in Kriegen und bei Folterungen, analytisch und therapeutisch zu erforschen versucht und sich dabei auf die in den Träumen wieder zugänglich werdenden katastrophalen Erfahrungen und »Wunden« konzentriert.

Freuds *Traumdeutung* enthüllt erstmals eine Art der Wahrheit, die wir bis dahin von keiner anderen Wissenschaft kannten: einer Wahrheit, die nicht im Gegensatz zu Irrtum und Mißlingen steht, sondern sich im Verbund mit diesen zeigt. Der Wahrheitsbegriff der Psychoanalyse ist von solch einer eigenen Gestalt, daß eine ständige Distanzierung von der Praxis nötig ist, um sich ihrer zu vergewissern. Gesagtes und Gemeintes, Verschlüsseltes und Entschlüsseltes bilden auf immer ein Netz von Verbindungen und Überschneidungen, in das die Deutung nur Fährten legen kann. Beides ist wahr: das Sich-Zeigende und das Sich-Verhüllende, das Erkannte und das Unerkannte. Traumbilder sagen, in sich widersprechenden und verschlüsselten Formen, die Wahrheit – eine Wahrheit, die sich erst entfaltet im *Sprechen und Schweigen*, im kommunikativen und symboldeutenden Austausch mit einem Gegenüber. Im Traum – genauso wie im Lapsus, im Witz, in der Fehlhandlung und im Symptom – ist immer beides: das Verschobene, Verzerrte, Verdrängte und das Andere, die Wahrheit, die erfahren und gelebt werden will. Und beides ist wahr: das sich

Zeigende und Gesagte und das, was erst noch zur Aussprache und zum Leben drängt.

Dabei ist es ein vom Wissenschaftsideal aufgedrängter Irrtum zu meinen, die Psychoanalyse sei in der Lage, alles zu erklären, alles zu deuten und zu therapieren. Stets bleiben unauflösbare und unerklärliche Reste, Ebenen, die sich der Deutung widersetzen. Freud selbst hat in der *Traumdeutung* einerseits von einem Prozeß der gleichsam archäologischen Bedeutungsaufdeckung, andererseits auch – fasziniert von der Undurchdringlichkeit und Fremdartigkeit, ja Grenzenlosigkeit der Träume – von einer bleibenden Geheimnishaftigkeit gesprochen. In dieser Perspektive wird der Deuter auch zum Bedeutungs-Erschaffer, der »Archäologe« zum Ausgräber von etwas, das so nicht vor der Arbeit des Abtragens existiert hat, von etwas, das gefunden wird, indem es deutend erschaffen wird[91]

> *»In den bestgedeuteten Träumen muß man oft eine Stelle im Dunkel lassen, weil man bei der Deutung merkt, daß dort ein Knäuel von Traumgedanken anhebt, der sich nicht entwirren will, aber auch zum Trauminhalt keine weiteren Beiträge geliefert hat. Dies ist dann der Nabel des Traums, die Stelle, an der er dem Unerkannten aufsitzt. Die Traumgedanken, auf die man bei der Deutung gerät, müssen ja ganz allgemein ohne Abschluß bleiben und nach allen Seiten hin in die netzartige Verstrickung unserer Gedankenwelt auslaufen. Aus einer dichteren Stelle dieses Geflechts erhebt sich dann der Traumwunsch wie der Pilz aus seinem Mycelium.«*[92]

Vieles, was von der eigenen Erlebbarkeit abgespalten war, kann wieder in die Welt symbolisierter Realitätserfahrung integriert werden. Die Symbolisierung ist eine einzigartige menschliche Fähigkeit, die in neurotischer und vor allem in psychotischer Verzerrung der Wahrnehmung stark eingeschränkt ist. So mag etwa ein Patient furchtbar darüber erschrecken, daß sein Analytiker in seinem Traum auftaucht, weil er die darin vorgenommene Symbolisierung nicht erkennt und glaubt, der Analytiker sei nun in ihm, er habe ihn real verschlungen. Auch verwischt sich in solchen Fällen häufig die Grenze zwischen Halluzinationen und Träumen.[93]

Aber derartige Erfahrungen in der psychoanalytischen Traumdeutung beweisen noch etwas Anderes, sehr Entscheidendes: Der Traum und das

Träumen stellen selbst ein schöpferisches Denken dar, das Bedeutungen hervorbringt. Die Traumarbeit, nach Freud das »allerwunderbarste und allergeheimnisvollste Instrument«, kann also eine problemlösende Arbeit vollbringen und die Fähigkeit zur Symbolisierung stärken, das heißt, schöpferische Denkarbeit leisten.[94] Dem »Unerkannten« wird ein Stück seines Terrains abgerungen – zugleich entsteht ein neues Unerkanntes. Nimmt man aber zur Freudschen Traumdeutung die von C. G. Jung so reich entfaltete Traumsymbolik und die Welt der archetypischen Urbilder des menschlichen Seelenlebens hinzu, muß man anerkennen, daß die Seelenlandschaften sehr viel zerklüfteter, wilder und unzugänglicher sind, als dies so mancher sich rationalistisch gebende Analytiker meint.

Der Psychoanalytiker als Sprachkundiger, die deutsche Sprache und das Unbewußte

Man dürfe, so warnte einmal Jacques Lacan, den Psychoanalytiker nicht mit einem »Seeleningenieur« verwechseln; seine Wissenschaft bestehe vielmehr in einem *Lesen*, einem *Lesen des Sinns*.[95] Beim Unbewußten, beim Traum, ja bei der Kultur insgesamt handle es sich um Texte, die es zu entziffern gelte. Auf diese *Lesart* haben sich in den letzten Jahren die Psychoanalyse und auch die ihr, in der Erforschung des Fremden, verwandte Ethnologie in ihren progressiven Strömungen weitgehend geeinigt. Im Hören mit dem Dritten Ohr – Roland Barthes hat in Anspielung auf Odysseus vom »Seefahrer-Psychoanalytiker«[96] gesprochen – entziffert der Analytiker die Subtexte, die den ihm entgegengebrachten Erzählungen zugrunde liegen; er wird zum Archäologen eines latenten Sinns, eines Sinns allerdings, der niemals ein für alle Mal feststeht, sondern provisorisch und experimentell ist, stets aufs neue aufgelöst werden muß und auch weitgehend an die spezifische Übertragungssituation gebunden bleibt. Auch hier präzisiert Lacan:

> *»Der Psychoanalytiker ist kein Entdecker unbekannter Kontinente oder großer Tiefen, er ist Linguist: Er lernt die Schrift zu entziffern ... Nehmen Sie die ägyptischen Hieroglyphen: Solange man versuchte, die unmittelbare Bedeutung der Geier, der Hühner, der sitzenden, stehenden und sich bewegenden Männlein herauszufinden, war die Schrift*

nicht zu entziffern. Und zwar deshalb, weil das kleine Zeichen ›Geier‹ für sich allein nichts bedeutet; es enthält seinen Bedeutungswert erst im Gesamtsystem, dem es angehört. Nun, die Phänomene, mit denen wir es in der Psychoanalyse zu tun haben, sind genau von dieser Art, sie sind sprachlicher Natur.«[97]

In einer nicht sonderlich beachteten Passage seines Michelangelo-Aufsatzes spricht Freud von der »Morelli-Methode«, die von richtungsweisender Bedeutung für die Psychoanalyse gewesen sei, und meint damit die Arbeit des Entzifferns von scheinbar Nebensächlichem, wie sie der Kunsthistoriker Morelli propagierte.[98] Psychoanalytiker und Kunsthistoriker auf den Spuren des »Originals«, in der Rolle des Archäologen und Detektivs, aufmerksam auf Symptome und Indizien, wobei sich für den Analytiker alles in der emotionalen Dynamik und in deren symbolischen Ausdrucksformen abspielt. Der Psychoanalytiker fühlt sich nur dann im Übertragungsgeschehen lebendig, wenn darin ganz eigene Lebensentwürfe und Kulturen zur Geltung kommen. Alle Analytiker haben Schwierigkeiten, mit ihren Analysanden eine entspannte, stimmige Beziehung herzustellen. Die Aktualisierung des Übertragungskonflikts gestaltet sich durch die »Erlebnisweise« des Analytikers und des Analysanden. Die konventionelle Psychoanalyse besteht darauf – wir werden diesen Punkt noch in Frage stellen –, daß der Übertragungskonflikt nicht so verstanden werden dürfe, als sollten beide miteinander im Gefühl verfließen. Übereinkünfte darüber, »wie alles war«, und Verbrüderungen stünden dem analytischen Prozeß entgegen. *Fortschritte* können – kaum einer hat diese Position so vehement wie Fritz Morgenthaler vertreten – mit der Psychoanalyse *nicht* erzielt werden, es gebe nur *Wandlungen*.[99]

Offen bleibt dabei die Frage der sprachlichen Darstellung. Kennzeichnend ist, daß die sogenannten Fallgeschichten in der Psychoanalyse in der Regel steif und begrifflich überstrapaziert sind und sich sehr oft psychiatrischen Kategorisierungen und dem, was als normal und was als anormal zu gelten habe, annähern. Dabei würde es gerade der Dynamik und Emotionalität der Übertragung entsprechen, der Tendenz zur Erstarrung entgegenzuwirken, den Text als deutende Erzählung zu gestalten, die im Erzählen den Spuren des Verstehens folgt, die also Falldarstellung ist, ohne den Menschen und sein Leben zum Fall zu abstrahieren.

Freud hat schon sehr früh, in seinen *Studien über Hysterie*, darauf verwiesen: Ihn selbst berühre es eigentümlich, daß die Krankengeschichten, die er schreibe, wie Novellen zu lesen seien. Und einer der Vertreter der heutigen Ethnopsychoanalyse, Mario Erdheim, meint, die Aussage, der Mensch sei ein in Geschichten verstricktes Wesen, könne »in ihrer Reichweite eigentlich nur durch die Psychoanalyse aufgezeigt werden«. In der Analyse gehe es um Geschichten, die man erzählen *müsse*, erzählen *solle*, erzählen *möchte* und erzählen *könne*. Sind nicht aber, so muß man fragen, die moderne Geschichtswissenschaft in der Tradition eines Jules Michelet, der vom »Exzeß der Wörter« sprach, und die Literatur insgesamt, ja auch die Philosophie, gleichwertige Medien des Ausdrucks?[100]

Freud notierte in seinem Aufsatz *Der Dichter und das Phantasieren*, der Held werde im psychologischen Roman von innen geschildert; in seiner Seele sitze gleichsam der Dichter und schaue die anderen Personen von außen an. Für Freud war es höchst erstaunlich, »wieviel von den Dingen so ein Dichter weiß«. Dichter können also auch als »wertvolle Bundesgenossen« gelten.[101]

Georges-Arthur Goldschmidt sieht im Zentrum dieser Affinität die Besonderheiten der deutschen Sprache: »Die Bedeutung des Freudschen Werks rührt daher, daß es dem Deutschen nicht verfällt, daß es sich nicht von dessen Fluten fortreißen läßt.« Zwar treffe, was man über die Griechen sagte, auch für das Deutsche zu: Die deutsche Sprache wisse alles vom Unbewußten; sie habe es Freud gleichsam vorgesagt. Freud aber habe gezeigt, was die Sprache sagen wollte, wenn sie sprach. »Auch Goethe und Nietzsche haben ähnliches versucht; darum sind ihre Werke so universell gültig und oft übersetzt.«[102] Das Unbewußte ist, im linguistischen Sinn, in der Zone des ganz und gar Vertrauten angesiedelt; denn seine Form ist eine Variation des Perfekts »ungewußt«. Im Deutschen *werde* man durch die Sprache, sie *komme* einem ganz natürlich. Das Deutsche sei wie ein Meer, dessen Tiefen noch nie ermessen wurden – und es sei, allen Legenden zum Trotz, der Abstraktion nahezu unfähig. Sprachen seien »wie das Meer, weit und grenzenlos«, unzählbar seien ihre Gestade, das Wasser bleibe stets dasselbe und ändere sich doch ständig. Ende des letzten Jahrhunderts begann man damit, sowohl den Grund des Meeres als auch die Seelengründe des Menschen zu erforschen. In der deutschen Sprache könne man, bemerkt Goldschmidt, die Entsprechungen zwischen der

Dynamik des Meeres und derjenigen der Seele deutlicher als im Französischen erkennen:

> *»Es ist, als berge die deutsche Sprache die ursprüngliche Brandung der See, bewahre ihr Wiegen, Ebbe und Flut. Wie der Spaziergänger am Strand mit dem Wellenschlag atmet (und das nicht weiß), ist das Deutsche durchdrungen von der Bewegung der Lunge. Die ganze Sprache ist auf dem Wechsel von Hebung und Senkung des Brustkorbs aufgebaut, auf An- und Abstieg.«*[103]

Die deutsche Sprache gründe auf der Stimme, auf dem Hin und Her im Raum, wie es im Spiel des Kindes, wie es Freud anführt, seinen exemplarischen Ausdruck findet.

Wenn wir Freuds *Traumdeutung* noch einmal vor diesem Hintergrund lesen, dann werden wir den weiten Raum der Phantasie, des Mythischen, Dichterischen und Poetischen spüren, den der Psychoanalytiker, als »Bundesgenosse« des Dichters, bewohnen kann, wenn er sich von den Verführungen einer vermeintlich »strengen« Wissenschaft lossagt.

> *»Wovon redet Freud wirklich, wenn er vom Seelenleben spricht oder vom seelischen Apparat? Redet er tatsächlich vom Psychischen, von dem, was auf Französisch psychisme oder psychique heißt? Ist da nicht plötzlich von etwas ganz anderem die Rede, das Freud bis an die Grenzen des Organischen treibt, in diesen kaum bestimmbaren Bereich, der sich auch als Ursprung des Unbewußten begreifen ließe? Vielleicht ist dieser bei Freud stets gegenwärtige vage Biologismus eine Sache der Sprache. Aber um keine Mißverständnisse aufkommen zu lassen: Es geht hier keineswegs um die natürliche Naivität, die für Schiller so große Bedeutung hatte, nicht um einen ursprünglichen Zustand, sondern vielmehr um die Verwirrung durch etwas, das ohne Grenzen ist. Der seelische Apparat könnte schlicht das Produkt der Sprachverwirrung sein: Weil sich nämlich alles darin vermischt, hört man, wenn man die Ohren spitzt, im Meer nichts mehr.«*[104]

Die Ausweitung des Wortes »Seele«, die Freud vornimmt (was ihm die deutsche Sprache gestattet, während das Französische solche Ausweitungen zumeist verweigert), ist vielleicht ein Verwirrspiel der Sprache.

Die von Freud erkannte Nähe des psychoanalytischen Textes zu dem der dichtenden »Bundesgenossen« konnte sich nicht behaupten gegen die Tendenzen zur Medizinalisierung und begrifflichen Erstarrung. In jüngster Zeit haben unter diesem Gesichtspunkt Thomas Macho und Peter Sloterdijk eine grundlegende Kritik an der psychoanalytischen Triebtheorie geübt. Läßt sich, so fragen sie, Freuds Flucht zur Objektlehre und deren versachlichter Sprache rückgängig machen? Sloterdijk ist skeptisch, ob dies innerhalb der Psychoanalyse gelingen könne, da sie durch eine massive Abwehr von Nähe-Erfahrungen geprägt sei: Die Ethik der Psychoanalyse fördere nicht Verschmelzungen, vielmehr Trennungen, nicht die »intime Fusion«, vielmehr die »Diskretion des Subjekts«. Die der Psychoanalyse vorgängigen und zugrundeliegenden Lehren einer sympathetischen und magnetischen Nähe- und Resonanz-Beziehung und auch die der romantischen Medizin eigene Stärkung des sogenannten Kranken (als Sprecher seiner Des-Organisation und Turbulenz) wird von Sloterdijk immens aufgewertet.[105]

Eine solche Korrektur findet sich bereits in den Schriften Georges Batailles. Die Tendenz der Psychoanalyse zur systematischen Abtötung der triebhaften Turbulenzen, zum Reduktionismus der Maßlosigkeiten und Unbegreiflichkeiten hatte auch ihn in seiner Skepsis bestärkt. In Goya, Blake, de Sade, Nietzsche und Proust sah er die souveräneren Denker. Zu schwerfällig erschienen ihm Freuds wissenschaftliche Konstruktionen, und als etwas geradezu Trauriges empfand er die Hartnäckigkeit, mit der in der Psychoanalyse Entsprechungen für die Libido, für das Unheimliche und Heilige gesucht werden. Die Poesie – ein »einziger souveräner Schrei« – zersetze dagegen auf exemplarische Weise die »motivierte Schlichtheit der geistigen Tatsachen«, gehe, »ohne Modus«, über die Begriffe hinaus. Bataille spricht einmal davon, daß man die »Ergebnisse der Psychoanalyse« hinter sich lassen müsse, »ohne sie zu vernachlässigen»; denn man könne heute die Bedeutung der Erotik auf einer Ebene wiederfinden, »die einst von der Religion (als ›Suche nach der verlorenen Intimität‹) eingenommen wurde«. Hier könne man zu den »letzten Konsequenzen« der sexuellen Revolution gelangen. Der Erotik sei das Göttliche eigen, und das Göttliche partizipiere an dem der Erotik eigenen Gewaltsamen. »Die tiefe Menschlichkeit«, notiert Bataille, »offenbart sich uns nur, wenn wir die Einheit des gottseligen Gefühls, des heiligen Schauders und der Erotik erkennen, einer Erotik, die sich von dem gemeinen Bild gelöst hat, das die herkömmliche Prüderie ihr auferlegte.« Man müsse erkennen, daß man, wenn man von Erotik spreche, die schwerste Frage aufwerfe.[106]

Die Frage nach der Erotik richtet sich auf das Begehren. In den Nischen zwischen dem Symbolisierten und dem Unsymbolisierten (dem Spukhaften), dem Abgespaltenen und Zerstörten bilden sich die dem Menschen eigenen Phantasien und Praktiken aus.

Batailles Heterologie ist, anders als Freuds Psychoanalyse, eine Theorie des Unvereinnahmbaren, des *anderen Schauplatzes*, die sich nicht in einer korrespondierenden Praxis bewahrheiten will.[107] Der Mensch gehe notwendig über sich selbst hinaus, und die Regung des Seins in ihm könne nur durch plötzliche Ergießungen unwiderstehlicher Energie erfaßt werden: die des irren Gelächters, der religiösen Ekstase, des Schluchzens, die unbegreiflich seien ohne das Licht, das der menschliche Sinn für *unnennbare* Exzesse uns mitgibt. Der Tod entzieht sich zwar dem Bewußtsein (von dem er nur schwer und selten ein flüchtiges Einverständnis empfangen kann), ist aber zugleich die bedeutsamste und unfaßbarste dieser Ergießungen, in denen die unpersönlichen Bewegungen der Energie über uns hinweggehen.[108]

Es ist Freuds Idee vom Todestrieb, die ganz am Anfang von Batailles Interesse für die Psychoanalyse steht. Für Bataille, der 1925/26 eine Psychoanalyse bei Adrien Borel gemacht und auch davor bereits mit der Lektüre der Schriften Freuds begonnen hatte, war die Psychoanalyse, wie auch für Michel Leiris (ebenfalls Analysand bei Borel von 1929 an), ein intellektuelles Abenteuer, allerdings eines, das im Rahmen der psychoanalytischen Kur, teilweise von einer ungewöhnlichen Direktheit, Intimität und Experimentierlust geprägt war. So zeigte Borel Bataille gleich beim zweiten Treffen eine Photographie aus dem Jahre 1905, die das Martyrium eines des Mordes an einem Prinzen für schuldig befundenen Chinesen zeigt. Dazu verurteilt, in hundert Stücke zerschnitten zu werden, mit Opium vollgepumpt, um die Qualen verlängern zu können, näherte sich seine Haltung derjenigen von Mystikern in der Ekstase an, ähnelte einer (von göttlicher Heimsuchung verklärten) Jungfrau Berninis. »Was ich plötzlich sah«, bemerkt Bataille, »war die Identität dieser vollkommenen Gegensätze: der göttlichen Ekstase und des äußersten Grauens.« In einer Mischung aus »intellektuellem Wüten« und emotionaler Befreiung habe er, mit Hilfe der Psychoanalyse, zum Schreiben gefunden, habe er die

Histoire de l'oeil (Geschichte des Auges) verfaßt und den Text im Verlauf einer jeden Sitzung kommentiert und korrigiert.[109]

Auch in Leiris' Schreiben spielt die Analyse eine große Rolle, ermöglicht ihm vielleicht auf vergleichbare Weise die Veröffentlichung seines skandalösen Afrika-Tagebuchs *Afrique fantôme.* Zugleich spielt er die Rolle, die die Kur in seinem Leben einnahm, herunter und meint, man könne die Psychoanalyse wie ein Medikament handhaben, sie wie Aspirin einnehmen. Es war nicht die Technik der Psychoanalyse, nicht die Metapsychologie und nicht die Erfahrung des Durcharbeitens in der Kur, was diese Intellektuellen und Künstler interessierte, sondern der exzessive und literarisch vermittelte Umgang mit Freuds Entdeckung eines Subtextes, einer unterirdischen Spur (unterhalb der Phänomene und bewußten Ausdrucksformen). So ermutigte Bataille den vier Jahre jüngeren Jacques Lacan zu schreiben und zu publizieren; Lacans Arbeiten ließen ihn dann aber gleichgültig, sie hinterlassen keine Spuren in seinem eigenen Werk.[110] Der Punkt, in dem beide einander sehr nahe sind, ist der Wunsch nach einer offenen, akademisch nicht erstarrten Schreibweise, nach einem Stil, der das zum Ausdruck bringen kann, was das Denken und das ihm zugrunde liegende (nicht reduzierbare) Unbewußte ihrem Wesen nach sind. Bei Bataille heißt dies: »l'hétérogène« (das Heterogene); bei Lacan »l'inassimilable« (das Nichtassimilierbare).

Das vom Bewußten Ausgeschlossene, das Abgespaltene wurde in jenen zwanziger Jahren, in denen sich Bataille mit der Psychoanalyse beschäftigte, auch von den Künstlern im Umfeld der Surrealisten besonders stark empfunden und ins Zentrum der Kunst (*écriture automatique* sowie assoziative und collagierende Verfahren) gerückt. Bataille begegnete diesen Aktivitäten viel distanzierter als der Psychoanalyse, ja, in seiner Konzeption der Heterologie entwickelte er sogar eine mit Freuds Entwurf konkurrierende Wissenschaft, die Wissenschaft vom Heterogenen.[111] Ihm erschien ein Begriff wie »das Unbewußte« zu ungesichert, und er hielt – darin ja durchaus Freud und vielen Nachfolgern vergleichbar – Ausschau nach naturwissenschaftlich abgesicherten Modellen.[112]

Freuds Literaturverständnis

»Die Grenze aber zwischen den normal und krankhaft benannten Seelenzuständen ist zum Teil eine konventionelle, zum anderen eine so fließende, daß wahrscheinlich jeder von uns sie im Laufe des Tages mehrmals überschreitet.«[113] Diese von Sigmund Freud in seinen *Schriften zur Bildenden Kunst und Literatur* getroffene Aussage beinhaltet eine kleine Verbeugung vor der klassifizierenden Medizin, die er, getrieben von »Wißbegierde«, 1873 in Wien zu studieren begann[114], bevor er sich seinem eigentlichen Interesse zuwandte: den fließenden Übergängen, mithin der Aufhebung scharfgezogener Grenzen zwischen »normal« und »krankhaft«. Mit nie nachlassender Neugier widmete er sich den »leiseren und ausgleichsfähigen Abweichungen vom Gesunden« in literarischen Texten. Er begreift die Abweichungen als *sprachliche* Operationen, als ein »aufgespaltenes Sprachspiel«[115], das auf die Handlungszusammenhänge und deren unbewußten Subtext zu beziehen ist. Dabei verkürzt der psychoanalytische Zugriff zunächst die *literarische* Konstruktion und orientiert sich an Normiertem und scheinbar Normalem; so werden Abweichungen von der Grammatik der Umgangssprache als »fehlerhaft«, »unverständlich« oder als »Selbsttäuschungen des Autors« bezeichnet, und die Bedeutung der Kunst wird zu sehr auf »Lustquelle«, »Lebensströstung«, »milde Narkose« (um reales Elend vergessen zu machen) eingeengt.[116]

Das Nicht-Psychische gerät in den Hintergrund einer stark biographisch orientierten Forschung. Nach Adorno gelingt es zwar der psychoanalytischen Kunsttheorie, Kunst »aus dem Bann des absoluten Geistes herauszuholen«, aber sie verbreite selbst »einen dem Idealismus verwandten Bann, den eines absolut subjektiven Zeichensystems für subjektive Triebregungen. Sie entschlüsselt Phänomene, aber reicht nicht an das Phänomen Kunst heran.«[117] Alle Aufmerksamkeit gilt dem Verhältnis der dichterischen Stoffwahl zur Erlebniswelt des Dichters (besonders der Kindheitserinnerungen), der Beziehung der Dichtung zum Traum, der Deutung beider als »Fortsetzung und Ersatz des einstigen kindlichen Spielens« und der Anwendung des verbindenden Begriffs der Phantasiewelt – als Gegensatz zur Wirklichkeit.

In Freuds Verständnis »mildert« der Dichter seine ichbezogenen Tagträume durch Verhüllungen und besticht durch einen ästhetischen

Lustgewinn, eine »*Vorlust*«. »Ich bin der Meinung, daß alle ästhetische Lust, die uns der Dichter verschafft, den Charakter solcher Vorlust trägt und daß der eigentliche Genuß des Dichtwerks aus der Befreiung von Spannungen in unserer Seele hervorgeht.«[118] Die Vorstellung von Literatur als »Schilderung des menschlichen Seelenlebens« und als Aufforderung, die »psychische Konstellation« (»welche beim Künstler die Triebkraft zur Schöpfung gab«) beim Leser wieder hervorzurufen,[119] konzentriert sich auf solche Werke, in denen ungewöhnliche Charaktere durchgängig gezeichnet und in einen (weltanschaulich verhältnismäßig genau bestimmten bzw. bestimmbaren) Handlungskonsensus gestellt sind. Der Aufbau dieser Charaktere (Helden, Psychopathen) wird als ein Analogon zur Persönlichkeit des Dichters gewertet.

Freuds erster größerer Versuch, ein literarisches Werk gesondert zu behandeln, befaßt sich mit dem heute vergessenen und für die Entwicklung der Literatur wenig bedeutsamen Text von W. Jensen: *Gradiva*. Freud ist von C. G. Jung auf dieses Buch aufmerksam gemacht worden, hat anfänglich kein großes Interesse gezeigt und auch von einer »an sich nicht besonders wertvollen Novelle« gesprochen; wichtig war ihm die Analogie zwischen der thematisierten Verschüttung sowie Ausgrabung Pompejis und der Verschüttung im Seelischen sowie der psychoanalytischen »Ausgrabung«. Aus dem späteren Nachtrag zur zweiten Auflage geht hervor, daß es der Psychoanalyse damals (um 1906) darum ging, »bloße Bestätigungen ihrer Funde am unpoetischen, neurotischen Menschen« zu finden. *Gradiva*, ein »pompejanisches Phantasiestück«, soll bestätigen, daß abnorme seelische Vorgänge in ihren Gesetzmäßigkeiten auch in unmittelbarer (nicht durch ein System, eine Methode und eine Terminologie vermittelter) Beobachtung erfahren und dann sprachlich dargestellt werden können. Beide Zugänge seien einem gemeinsamen Vermögen untergeordnet: »Wir schöpfen wahrscheinlich aus der gleichen Quelle, bearbeiten das nämliche Objekt, ein jeder von uns mit einer anderen Methode, und die Übereinstimmung im Ergebnis scheint dafür zu bürgen, daß beide richtig gearbeitet haben«.[120]

Die Grenze psychoanalytischer Literatur- und Kunstbetrachtung hat Adorno in dem »Kultus« festgemacht, den die Psychoanalyse mit dem Realitätsprinzip treibe: was diesem nicht gehorche, werde immer nur als Flucht gesehen, Realitätsanpassung sei oberstes Kriterium, der Künstler erscheine nur als ein in die Gesellschaft eingegliederter Neurotiker. Dagegen hätte die *Psychologie der Kunst* das Kunstwerk nicht nur »als das dem Künstler Gleiche zu dechiffrieren, sondern als Ungleiches, als Arbeit an einem Widerstehenden«.[121] Trifft diese Kritik zu? Ist nicht das Reale das der Psychoanalyse Ungewisseste? Sucht Freud nicht gerade das Reale zu entkräften und, in seinem eigenen Stil, dem Fließenden neuen Raum zu eröffnen, Psychoanalyse als Literatur zu erproben?

Einerseits hat man Freuds Stärke mehr in den Arbeiten verwirklicht gesehen, die er, leichthändig, »unter impulshaftem Drängen«, geschrieben hat: eine persönlich gefärbte, essayistische Prosa. Andererseits sah man alle seine Gedanken konzentriert aufgenommen in die großen theoretischen Entwürfe, bis hin zu seinem letzten Buch *Der Mann Moses und die monotheistische Religion*. Ilse Grubrich-Simitis hat ihre Analyse dieses Textes auf die erhaltenen handschriftlichen Versionen gestützt und die Differenz zu Freuds sonstigen Reinschriften, die sich durch ihre kalligraphische Klarheit auszeichneten, betont. In diesem Fall sehen wir uns einem »zerklüfteten Steinbruch« gegenüber. Grubrich-Simitis schließt von der äußeren Textgestalt und der in ihr offenbar werdenden Organisationsschwächen auf Freuds eigene psychische Situation; sie liest den Text als Protokoll eines Tagtraums, als radikal autobiographisches Werk.[122]

Freuds Spätwerk schränkt entschieden Grubrich-Simitis' eigene generelle Einschätzung von Freuds Stil ein, den sie einmal als »Kopier-Stil« bezeichnete. Erst wenn ein neues Theoriekonzept in seiner Vorstellung bis zur definitiven sprachlichen Fassung gediehen und eine ästhetische Vollkommenheit antizipiert worden sei, habe er sich an den Schreibtisch gesetzt. Es sei, in Anlehnung an einen von Freud selbst gebrauchten Vergleich, so gewesen, als habe man, gleich einem Archäologen, einen Papierabklatsch von einer Inschrift genommen: Das nasse Papier schmiegt sich an die Vertiefungen der Schriftoberfläche.

> *»Die Hauptarbeit war demnach getan, ehe Freud wirklich zur Feder griff. Seine Manuskripte imponieren als Endprodukte, verraten wenig vom kreativen Prozeß der Formulierung, Verwerfung oder Verifizierung von Hypothesen. ... Es muß gewesen sein, als kopierte er eine vollständig durchgearbeitete, ganz und gar fertig, in seinem Gedächtnis aufbewahrte Inschrift.«*[123]

Dagegen hat Freud wiederholte Male die Unangemessenheit seiner Darstellung betont und sich in der Formulierung »Wir Laien« vor dem Dichter verbeugt. Dann wieder findet er an seinen eigenen Wendungen und dem Rhythmus seiner Sätze Gefallen und schlägt sich dabei manchmal auf die Seite derer, die im Schreiben selbst »komponieren« – »Ich wußte bei keinem Absatzanfang, wo ich landen werde« –, oder auf die Seite derer, die alles im voraus planen und strukturieren. Dominierend ist Freuds Bewußtsein von der Sprachlichkeit der Psychoanalyse und einer nicht nur vom Autor, sondern auch vom Text ausgehenden Kraft: »...das Werk gerät, wie es kann, und stellt sich dem Verfasser oft wie unabhängig, ja wie fremd, gegenüber.«[124]

Die hier anvisierte Verlagerung von einer Schöpfer-Ästhetik und Künstler-Psycho(patho)logie hin zu einer Betrachtung der Dynamik des Werks wird später vor allem von Lacan radikalisiert: der Autor ist Produkt seines Werks, oder, wie es Roland Barthes und andere Schriftsteller formulierten: Es gibt einen Rückstoß vom Werk auf den Autor.[125] Der Analytiker versucht, seinen Erfahrungen und Erkenntnissen einen angemessenen Ausdruck zu verschaffen und erlebt sich dabei als abhängig: die Sprache spricht zu ihm. Da Freuds Augenmerk vor allem den Entwicklungen und Verläufen des psychischen Geschehens gilt, muß der eigene Stil selbst auch von diesem »Prozessualen« und »Genetischen« Kunde geben.[126] Nicht weniger komplex und in der Wechselwirkung dynamisch ist das Verhältnis zwischen Analytiker und Analysand, die das Wort aneinander richten. Das war ja für die Patientinnen Freuds und Breuers das *Unerhörte*: der Arzt hörte ihnen zu![127]

Der »Seefahrer-Psychoanalytiker« (wie ihn Roland Barthes, wir haben ihn bereits mit dieser anschaulichen Metapher zitiert, in Anspielung auf Odysseus nennt) kann das Schauspiel der Sirenen nicht gefahrlos genießen. Ihr »Gesang«, der an *sein* Ohr dringt, verlangt von ihm dieses ganz spezifische Zuhören: kein unmittelbares, sondern ein abgerücktes, in den Raum der Erzählung versetztes, auf »akustische Bilder« verwiesenes Zuhören.[128]

Dem Element des Narrativen und der Form der Erzählung in der Psychoanalyse ist immer nur sporadisch Aufmerksamkeit geschenkt worden – und dies sehr fachspezifisch im Sinne von Freuds Verständnis seiner Fallgeschichten als Novellen[129] –, so daß eine erneute Lektüre Freuds, so bruchstückhaft sie auch ausfallen mag, lohnend sein dürfte.[130]

Die Lust am Freudschen Text rührt dabei nicht nur vom narrativen Charakter der behandelten Inhalte und der sie formenden Charaktere und Figuren (Dora, Wolfsmann usw.) her, sondern vor allem von seiner Fähigkeit, das dem psychoanalytischen Prozeß eigene Verfahren der freischwebenden Aufmerksamkeit und des Assoziierens auch auf der Ebene des Textes zu praktizieren.[131] Freuds Entdeckungen scheinen – und dies stellt ihn mehr auf die Seite der Schriftsteller als auf die der Wissenschaftler – zu einem großen Teil vom Prozeß des Schreibens und von dem *offenen* Umgang mit Worten und Begriffen abhängig zu sein. Er warnt verschiedentlich – immer im Widerstreit mit seinem Wunsch, ein logisches und fehlerfreies wissenschaftliches System zu entwickeln – vor Konzepten und Definitionen, betont die Elastizität und den Blick für das Virtuelle, das »Zwischen«, das Mehrdeutige.[132] Eine solche Flexibilität und Unentschiedenheit prägt aber nicht nur über weite Strecken seinen Stil; sie finden sich auch, zumindest in einem exemplarischen Fall, als Charakteristikum eines seiner »Helden« in der Kunst wieder, bei Leonardo da Vinci: in der »Idylle einer absolut uneindeutigen geschlechtlichen Identität«.[133]

Vom Umspielen der Wörter

Schreiben heißt, die Sprache unter das Walten der Faszination stellen...

Maurice Blanchot

Im Akt des Schreibens liegt der Versuch, das Leben aus dem zu befreien, was es einkerkert.

Gilles Deleuze[134]

An Freuds Texten ist in der Regel von Anfang an deutlich abzulesen, wie er gesehen werden möchte. »Vor einiger Zeit machte ich in Gesellschaft eines schweigsamen Freundes und eines jungen, bereits rühmlich bekannten Dichters einen Spaziergang durch eine blühende Sommerlandschaft. Der Dichter bewunderte die Schönheit der Natur um uns, aber ohne sich ihrer zu erfreuen ...« In der von Freud erstmals 1916 veröffentlichten Skizze über die »Vergänglichkeit« bringt sich der Autor bereits mit den ersten Worten selbst ins Spiel, führt sich als Garant für die Authentizität der folgenden Geschichte ein und versucht, mit dem Leser durch das gegen Ende geradezu penetrant verwendete »uns« einen geistigen Pakt zu schließen. Es ist eine Geschichte, mit der er beginnt, um sich dem Thema der Vergänglichkeit als Psychoanalytiker zu nähern und um sodann das Verhältnis von Vergänglichkeit und Trauer bzw. Freude zu thematisieren.[135]

Er wechselt dabei, fast unmerklich, die Ebenen: von der Sicht des Dichters, dem alles, was er hätte lieben und bewundern können, durch das dominante Schicksal der Vergänglichkeit entwertet schien, und seiner eigenen Sicht, wonach eine Zeit kommen könne, »in der alles Lebende auf der Erde verstummt« sein werde und man die »Werke unserer Dichter und Denker nicht mehr« verstehe. Während der »weltüberdrüssige« Dichter schon *jetzt*, vorwegnehmend, den Untergang bedauert, fordert Freud dazu auf, *jetzt* noch die Werke der Kunst und Literatur zu *genießen*. Er funktionalisiert dabei besonders stark das Moment der Empfindung, macht es zum Kriterium der Kunst schlechthin und manifestiert auf diese Weise die Vergänglichkeit nicht weniger als der Dichter, dessen Haltung er nicht zu verstehen vorgibt. Von Freud selbst nicht erkannt, macht er die Vergänglichkeit zu einem Mittler zwischen sich und dem Kunstwerk und läßt solche Ästhetik übergehen in psychoanalytische Theorie.

Das Konventionelle seiner Kunstauffassung – der Wert alles Schönen werde nur durch seine »Bedeutung für unser Empfindungsleben« bestimmt – findet auch Eingang in seine Theorie der Trauer. Er war ja bereits, etwa in der *Traumdeutung*, weit über eine Theorie der Einfühlung hinausgegangen und hatte eine Deutung der Träume als Rebus, als Schrift, als Text ausgearbeitet. Was Freud bei seiner Verknüpfung von konventioneller Ästhetik und Trauer entgehe, sei nicht nur, dies hat Michael Turnheim überzeugend dargelegt, wieviel konventionelle Ästhetik in seine Trauertheorie einfließe, sondern auch,

> *»wieviel Trauer und Melancholie die Entstehung und das Lesen von Werken impliziert. Daß er diese wechselseitige Beziehung nicht ›eingesehen‹ hat, kann allerdings nicht überraschen, weil sie ja, trotz der langen Vorgeschichte ihrer literarischen Behandlung, erst in Walter Benjamins Werk theoretisch offensichtlich geworden ist.«*[136]

Der Wert von Werken bestimmt sich demnach nicht durch seine »Bedeutung für unser Empfindungsleben« (wie bei Freud), sondern durch die *Kritik*. In Frage steht jetzt weniger, wieviel Trauer der Leser empfindet, als vielmehr, wieviel Trauer er bei der Lektüre braucht, um jenseits der unmittelbaren Empfindung des Schönen zum »schmerzhaften« Genuß des fremden Buchstabens und Wortes, der fremden Schrift vorzudringen. Das »Lesbarwerden des Buchstabens« erfordert das »Schwinden der Erinnerung (ans Schöne)«. In diesem Sinn könnte man auch Freuds Metapher von der Vergänglichkeit lesen: als »in Freuds Text sich einschreibende Allegorie des (Un)lesbarwerdens von Werken«.[137] Schließlich hat er ja sein ganzes Augenmerk auf die Prozesse des Lesens und Verlesens, des Sprechens und Versprechens, der Lesbarkeit und Unlesbarkeit, der Verzifferung und Entzifferung gelegt.

Ähnlich wie in der Skizze über die »Vergänglichkeit« ist auch in vielen anderen Texten Freuds der Einstieg anekdotisch: Walter Muschg spricht von einem »warmen Strom der Anschaulichkeit« und von einem »Hauch von Heiterkeit, von unbesorgter Überfülle« und »improvisatorischer Leichtigkeit« in Freuds *Vorlesungen*. Das Improvisatorische ist bei ihm stets eine von der eigenen Konzeption *und* Mission durchdrungene Darstellungsweise und nur graduell unterschieden von den durchgefeilten, geschriebenen Texten. Man könnte auch sagen, daß sich das *Fluidum* in den Vorlesungen und in den Texten unterscheidet: es ist ein anderer Grad an Leichtigkeit, Offenheit und Lückenhaftigkeit in der Darstellung.[138] Die Frage bleibt, ob das wissenschaftliche Werk allgemein ein größeres Maß an Abgeschlossenheit und Abschließbarkeit als das literarische Werk aufweist oder ob nicht letztlich das Entscheidende, was man von ihnen sagen kann, ist: *Sie sind.*[139] Sie sind Erzählungen, Fall-Geschichten (Darstellungen dessen, was der Fall ist oder »wie ich es sehe«, in Peter Altenbergs schöner Formulierung). Freud suchte dabei einen zwischen Literatur und Wissenschaft vermittelnden Weg, vermittelnd zwischen der Mehrdeutigkeit des Literarischen, dem »Überschwang des Signifikanten« (Barthes über Michelet) und der angestrebten Eindeutigkeit in Begrifflichkeit und Konzeption, der Rationalität im Verstehen und Artikulieren, dem Erklären des »Rätselhaften«.

Wenden wir uns noch am Beispiel weiterer Texte Freuds der Selbstdarstellung des Autors und dem Moment des Anekdotischen zu. Einmal bereitet der Ich-Erzähler (in *Die Feinheit einer Fehlhandlung*) ein Geburtstagsgeschenk für eine Freundin vor – eine kleine Gemme, die zu einem Ring verarbeitet werden soll –, ein andermal (in *Das Motiv der Kästchenwahl*) berichtet er von der Wahl eines Mannes zwischen drei Kästchen, die die Entscheidung zwischen drei Frauen symbolisiert. Anekdotisch wiederum nicht im Erzählen einer Geschichte, sondern in der Selbstdarstellung sind andere Texte (etwa *Der Realitätsverlust bei Neurose und Psychose*), wenn der Autor den Leser damit vertraut macht, wie er früher ein Sujet (zum Beispiel die Neurose und die Psychose) bestimmt habe, dies jedoch offensichtlich im Gegensatz zu dem stehe, wie er es heute sehe. »Dieser Widerspruch erscheint bedenklich, allein er ist leicht zu beseitigen ...« – mit solch einer eleganten Geste hat er den Leser für sich gewonnen: der Autor wird es schon »richten«, er wird uns des Rätsels Lösung mitteilen, wir müssen uns nur einfach auf seine Darstellung (auf das Umspielen des Realitätsbezugs) einlassen, uns ihm anvertrauen, der vorgegebenen Fährte folgen.

Nachdem der Autor sich als Theoretiker mit zwei Auffassungen vorgestellt hat, die sich zu widersprechen scheinen, greift er auf seine Praxis zurück und führt ein sehr markantes Beispiel ein, das den Leser sofort mit dem Unterschied zwischen einer neurotischen und einer psychotischen Reaktionsform vertraut macht. Fortan ist es für den Autor ein Leichtes, den Leser bei seinem eigenen Gedankenweg zu führen, die Verschiedenheiten und Gemeinsamkeiten zwischen Neurose und Psychose (die beide durch einen Realitätsverlust und einen Realitätsersatz gekennzeichnet sind) zu explizieren.[140]

Ganz ähnlich verfährt Freud in *Die Feinheit einer Fehlhandlung*, wenn er damit beginnt, eine »Verschiebung« auf der Ebene der Sprache zu erforschen, dann aber nahelegt, daß diese doch noch tiefer verstanden werden kann: »Ich will diese kleine Gemme überhaupt nicht verschenken, sie gefällt mir selbst sehr gut.« Der Autor springt gleich mit den ersten Worten mitten in die Geschichte hinein, die er uns durch die Form des Präsens als aktuell suggeriert und die er in der Art der Selbstdarstellung als eine authentische vorgeben und transparent machen möchte. Aber schon die weitere, nur als »eine Freundin« vorgestellte Person erzeugt ein Fluidum von Geheimnis und Fremdheit, was fortan den ganzen weiteren Verlauf bestimmen wird: »Ich bereite ein Geburtstagsgeschenk für eine Freundin vor, eine kleine Gemme, die zu einem Ring verarbeitet werden soll. Auf eine steife Karte, in deren Mitte das Steinchen befestigt ist, schreibe ich: ›Bon‹ für einen Goldring bei Uhrmacher L. anzufertigen ... für beigelegten Stein, der ein Schiff mit Segel und Rudern zeigt. An der Stelle, die im Druck freigeblieben ist, zwischen ›anzufertigen‹ und ›für‹, stand aber ein Wort, das ich dann als völlig unzugehörig durchstreichen mußte, das kleine Wort ›bis‹. Ja, warum habe ich das überhaupt geschrieben?«

»Bon« (das rückwärts gelesen an »No« erinnert und damit schon die versteckte Botschaft der Verweigerung enthält) und »Bis« (das auch eine Anspielung auf die [Bi-] Sexualität ist[141]) sind die tragenden Pfeiler dieser Geschichte und ihres psychoanalytischen Sinns. Im Umspielen dieser beiden Wörter versucht sich der Autor den sexuellen Phantasien zu nähern und sich die verdrängten Anteile zugänglich zu machen. Der Text, der ohne Fachausdrücke auskommt und geradezu populärpsychologisch wirkt, hat etwas von einem großen Wurf, aber auch von einer Impression (ohne abgeschlossene Deutung) an sich. Warum schreibt Freud noch einmal 1935 in einer solch tastenden Art und Weise über eine Fehlhandlung, so, als würde er sie erst jetzt entdecken und aus den Zeichen herauslesen? Was verbirgt der Autor dem Leser, weiß er nicht bereits viel mehr, als er vorgibt? Und ist die Entzifferung des Textes auf eine Kenntnis biographischer Details angewiesen? Wieweit darf der Leser in der sprachanalytischen Deutung (über Freud hinaus) gehen: einen Ton der Peinlichkeit und Scham in der ganzen Angelegenheit heraushören, die mit Onaniephantasien zusammenhängt (die Rede von der »Wiederholung« und davon, daß er die kleine Gemme überhaupt nicht verschenken wolle, sie gefalle ihm sehr gut; und die »steife Karte, in deren Mitte das Steinchen befestigt ist«: wäre das »eigentliche« Geschenk nicht der erigierte Phallus?).

In *Das Motiv der Kästchenwahl* sind es literarische und mythische Motive und Anspielungen, die den Leser mit dem Vorgang der Symbolisierung vertraut machen. Und schließlich führt der Autor auch noch, ähnlich wie in der Skizze über die »Vergänglichkeit«, eine Person aus dem eigenen Leben ein: »Vor mehr als zehn Jahren teilte mir ein hochintelligenter Mann einen Traum mit ...« Und wieder wechselt der Autor auf die Ebene der Literatur und des Mythos. Schließlich die erlösende Formulierung »Und nun ist es Zeit, zu dem der Deutung unterliegenden Motiv der Wahl zwischen drei Schwestern zurückzukehren.«[142]

Kaum hat der Leser dieser Texte die Anekdote, die Selbstdarstellung, die Legende oder den Mythos vernommen, hat er sich schon ein ungefähres Bild von dem entlegenen Geschehen oder dem individuellen Widerspruch gemacht. Fast unmerklich hat der Autor die Richtung seiner Interpretation in die Erzählung verwoben, ja, das scheinbar so einfache und unbekümmerte Rekonstruieren eines Geschehens ist bereits durch und durch konstruiert, komponiert und begrifflich festgelegt. Tragende Pfeiler der Psychoanalyse – Verdrängung, Verleugnung, Realitätsverlust, Lustprinzip, Es – sind auch die Stützen der Erzählung, ohne daß man bemerkt, wo, wann und wie sie in den Text gekommen sind; sie scheinen so natürlich, so selbstverständlich wie all die anderen uns vertrauten Wörter. Selbst bei den Klassifikationsschemata Neurose oder Psychose sind wir bereit, dem Autor (zum Beispiel in dem Text *Der Realitätsverlust bei Neurose und Psychose*) ohne allzu große Widerstände zu folgen, darauf vertrauend, daß er alle notwendigen Erklärungen noch liefern wird.

Vom Weg des Begehrens

Walter Muschg hat in seinem Aufsatz *Freud als Schriftsteller*[143] betont, »daß eine Sache auch an ihrer Form erkannt« werde. Ein Stil, der sich unter dieser Probe als »gut« erweise, die gewählte Ausdrucksweise also rechtfertige, ein solcher Stil könne nur der Wahrheit eigen sein.

Im Fall der Psychoanalyse ist es evident, daß sie (in besonderem Maße?) auf eine adäquate Darstellungsweise angewiesen ist, die die Komplexität eines »Falls«, die Dynamik des Übertragungsgeschehens, die Fragilität der Traumerinnerung und deren sprachliche Form, ja, die den unsicheren, schwankenden Boden jeder Deutung und Abstraktion erfahrbar, anschaulich und *nachvollziehbar* macht. Die Heterogenität und Mehrschichtigkeit ist ein Merkmal des Textes, der sich auf die der Psychoanalyse eigenen Dynamik und Bewegtheit – die manche als »Orientierungslosigkeit« empfinden mögen[144] – einläßt. (Lacan, Bataille, Derrida haben dieser »Orientierungslosigkeit«, der Heterogenität und dem Nichtwissen einen Nachdruck verliehen, der ohne Freud nicht denkbar wäre.)

Bei Freuds Texten fällt auf, daß oft nicht nur der Einstieg anekdotisch gehalten ist, sondern daß der Autor auch *im Verlauf* der Argumentation die Ebenen hin zu literarischen und mythologischen Darstellungsweisen und Anspielungen wechselt. So bemerkt Christian Kläui zu Recht:

> *»Indem der Freudsche Text eine Textur um eine Leerstelle herum webt, die er das ›Verlorene‹ nennt, umkreist er es in einer ständigen Suchbewegung und verfehlt es notwendigerweise doch. Weil er den ›Kern‹ nirgends finden konnte, hat Freud in seinen Schriften einen Weg des Begehrens beschritten, der ihn zu all seinen wichtigen Erkenntnissen führte.«*[145]

Und hierzu gehört natürlich an allererster Stelle der Begriff der Verdrängung, der von ihm in einem seiner kürzesten (und neben demjenigen über *Vergänglichkeit* und die *Feinheit einer Fehlhandlung* literarisch subtilsten) Essays, *Die Verneinung* (1925), auf eine unnachahmlich spielerische und dabei ungemein konzise Art und Weise noch einmal neu beleuchtet wird.

Die Verneinung, die ja offensichtlich dem Negativen und der Destruktion zugehörig ist und mit dem Verdrängten geschwisterliche Beziehungen aufrechterhält – »Die Verneinung ist eine Art, das Verdrängte zur Kenntnis zu nehmen«[146] –, sie glänzt am Ende dieser Archäologie des Verlorenen als *Schöpfung*: in ihrer Form des Symbols. Im Stil eher beiläufiger Beobachtungen, die er bei seinen[147] Patienten gemacht hat, beginnt Freud ein verführerisches und suggestives Sprachspiel, das, indem es sich auf scheinbar alltägliche Beispiele einläßt, einen philosophischen und anthropologischen Diskurs von großer Tragweite anzettelt und das, auch wenn es philosophisch und psychoanalytisch argumentiert, doch nie das Alltägliche und die Lust am Metaphorischen aus dem Blick verliert. Ein wenig wie Nippes nehmen sich in diesem ausgeklügelten Hin und Her die Füllsel und Adjektive zu Anfang aus, die eine vergnügliche, unbeschwerte Atmosphäre suggerieren:

> *»Gelegentlich kann man sich eine gesuchte Aufklärung über das unbewußte Verdrängte auf eine sehr bequeme Weise verschaffen. Man fragt: ›Was halten Sie wohl für das Allerwahrscheinlichste in jener Situation? Was, meinen Sie, ist Ihnen damals am fernsten gelegen?‹ Geht der Patient in die Falle und nennt das, woran er am wenigsten glauben kann, so hat er damit fast immer das Richtige zugestanden. Ein hübsches Gegenstück ...«*[148]

Und doch hat Freud den Leser bereits unmerklich in eine andere Dimension hineingezogen, in der der Übergang von der Verneinung zum Verneinungssymbol – ein mythischer Augenblick![149] – vorbereitet und der Begriff der Aufhebung eingeführt wird. Um diesen Schritt zu verstehen, ist es unabdingbar, die Vernetzungen von Verdrängung, Verwerfung, Aufhebung und Widerstand[150] vor Augen zu haben. Diese philosophischen und psychoanalytischen Termini werden von Freud hier nicht noch einmal entwickelt, sondern als seit längerem gesicherte und ausgewiesene Stützpfeiler des psychoanalytischen Diskurses benutzt. Er geht statt dessen mit unglaublicher Vehemenz einen entscheidenden Schritt weiter, im psychoanalytischen Begreifen des Urteils: der symbolischen Schöpfung der Negation in Relation zur Bejahung.

Am deutlichsten wird dies an Freuds bekanntestem Beispiel, das geradezu simpel wirkt: »Der Patient sagt, ›Die Mutter ist es nicht‹ ...« Dies ist ein Urteil. Es bringt, in der Form der Ver-Urteilung (oder: Negation, die dem *Urteil* innewohnt), eine potentielle Akzeptanz (= Negation der Negation) zum Ausdruck. Der Psychoanalytiker zwingt den Patienten, intellektuell das Verdrängte anzuerkennen. Die Negation ist nicht bloß ein Verneinen, eine Haltung und Handlung, ein situatives Nein-Sagen; sie wohnt, als Symbol, diesem Urteil selbst inne. Die Verdrängung ist freilich noch da, auch wenn sie anerkannt wird. Das Intellektuelle scheidet sich vom Affektiven.

Bei Lacan – der wie vor ihm kein anderer so viel Wert auf eine buchstabengetreue Lektüre Freuds gelegt hat, um den Sinn und die Gebrauchsweise seiner Wörter und Wortverbindungen möglichst authentisch zu rekonstituieren – ist der *Kommentar* des Essays über die Verneinung bezeichnenderweise eingebettet in einleitende Reflexionen zum Begriff des Widerstands und dessen Verunstaltung in der Ich-Psychologie (also Überlegungen zu Freuds Technik) und philosophischen Gedanken, die er, unterstützt von Jean Hyppolite, zum Hegelschen[151] Begriff der »Aufhebung«, zur Negation der Negation (der intellektuellen Bejahung) und der Urteilsfunktion anstellt. Es ist genau das durch diese Begriffe abgesteckte Feld, und es sind die sich psychoanalytisch und philosophisch gegenseitig befruchtenden Überlegungen, die hinführen zu dem, was Freud über die Verneinung sagen will: »Die Verneinung ist eine Art, das Verdrängte zur Kenntnis zu nehmen, eigentlich schon eine Aufhebung der Verdrängung, aber freilich keine Annahme des Verdrängten. Man sieht, wie sich hier die intellektuelle Funktion vom affektiven Vorgang scheidet.«[152]

Etwas im Urteil verneinen – es also zu ver-urteilen – heißt, einen Hinweis auf das zu geben, was man verdrängen möchte. Dieses urteilende Nein ist ein Ersatz der Verdrängung auf der intellektuellen Ebene. Dieses Nein symbolisiert den Wunsch einer *Befreiung*! »Die Leistung der Urteilsfunktion«, so schließt Freud, »wird aber erst dadurch ermöglicht, daß die Schöpfung des Verneinungssymbols dem Denken einen ersten Grad von Unabhängigkeit von den Erfolgen der Verdrängung und somit auch vom Zwang des Lustprinzips gestattet hat.«[153]

So wie in Freuds Essay *Das Unheimliche* das Unheimliche am Vertrauten seine Kontur gewinnt – Hélène Cixous hat vom Phänomen der Verdoppelung gesprochen –, so erhält in diesem Fall auch die Bejahung ihre Signifikanz nur über die Verneinung, das Lustprinzip die Möglichkeit der Erweiterung durch den Destruktionstrieb.

Der »nie erschöpfte Reichtum an Bedeutungen« lasse, so Lacan, diesen Text als geradezu vorherbestimmt für die Disziplin des Kommentars erscheinen: der Text als »Vehikel eines Sprechens, das ein neues Auftauchen der Wahrheit konstituiert«. Und Hyppolite hat die Textkonstruktion »äußerst subtil« genannt und damit vor allem die Verwobenheit mehrerer Stränge auf engstem Raum gemeint: die Analyse konkreter Handlungen, die Scheidung des Intellektuellen vom Affektiven und wie das Urteil durch die Vermittlung der Verneinung begriffen wird.

Die Anerkennung des Unbewußten von seiten des Ich, so hat Freud seinen Aufsatz beschlossen, drücke sich in einer negativen Formel aus: »Kein stärkerer Beweis für die gelungene Aufdeckung des Unbewußten, als wenn der Analysierte mit dem Satze ›Das habe ich nicht gedacht‹, oder: ›Daran habe ich nicht (nie) gedacht‹ darauf reagiert.«

Hat man auf diese Weise den Blick für die Erscheinungsformen des »Nicht« und »Nie« geschärft, wird man die Aussagen, die Schriftsteller ihren Figuren in den Mund legen, mit ganz neuen Augen und mit einer völlig veränderten Aufmerksamkeit wahrnehmen – und mit ihnen spielen. Die Kunst ist – offensichtlicher und ästhetisch bewußter – eine Form der Organisation des Mangels des Verlorenen und der »Leerstelle«.[154]

Man kommt nicht umhin, den Zusammenhang von Verneinung, Mangel[155] und Begehren zu thematisieren. Das Begehren, als das *Begehren des anderen*, konstituiert sich ja durch einen Mangel, ein Negatives. Zugleich ist der Entwurf auf den anderen hin positiv. Auch wenn das Begehren auf seiten des Analytikers nicht frei von Faszination ist, besteht doch seine Aufgabe darin, diese in den Dienst des anderen zu stellen: sein Begehren sprechend zu machen, es zu deuten, an die Stelle der Verdrängung die Symbolisierung, den Sinn zu setzen. Auf diese Weise kommt dort, wo das *Andere* der Vernunft ausgehandelt wird, doch wieder die Vernunft – als Gespräch, als Diskurs, als Deutung, als Anerkennung des anderen – ins Spiel. So verstanden ist Psychoanalyse rationalistisch (Lacan nennt die Sinnwirkung des analytischen Diskurses *real*), freilich auf dem Boden eines Subjekts, das nicht mehr auf vertraute Art und Weise von sich als autonomem Ich sprechen kann (»niemand mehr, um ›ich‹ zu sagen«, Lacan). Dies ist die existentielle Ebene des Daseins, das von Anfang an mit Verfehlen, Verletzen, Spaltung und Mangel zu tun hat.

Das Dasein ist ursächlich an ein Seinsverfehlen (»manque-à-être«, Lacan) gebunden – vielleicht sollte man die in dieser Formel eingeschlossene Ideologie des Verfehlens auch offenlegen. Freuds und Lacans Interesse am *Nicht* und an der *Verneinung* ist also sowohl philosophisch (existentialontologisch) als auch psychoanalytisch (vor allem auf den psychoanalytischen Prozeß bezogen) begründet. Für Sigmund Freuds Stil, für seine Arbeit als Schriftsteller – und darum geht es ja hier – bedeutet dies: ein Text, der vom Wissen um die Unabschließbarkeit des psychoanalytischen Prozesses und des beidseitigen Begehrens sowie der vom Mangel besetzten Wahrheitssuche durchdrungen ist, kann nicht anders, als sich auf einen literarischen Text zu zubewegen. Die psychoanalytische Wahrheit ist nicht anders denn als eine narrative Wahrheit zu denken und zu artikulieren. Alles Konstruierte wird selbst wieder zum Material und Gerüst für einen neuen Bau. Dennoch hat Freud es nie aufgegeben, nach einem »Wahrheitskern« *jenseits* der narrativen Wahrheit zu suchen.[156]

Der Text über die Verneinung schreibt sich in dieser Suche auf exemplarische Weise ein: in die Abenteuer des Analysierens und Sezierens, Zerlegens und Benennens von Polaritäten und Dualismen. Und doch verstärkt sich am Ende das Gefühl, einer Sisyphusarbeit[157] zugeschaut zu haben, einem heillosen Unterfangen, das, nachdem es versucht hat, einiges auseinanderzufalten, wieder darangehen müßte, es aufs neue zu verknoten: das Ja und das Nein, die Destruktion und den Eros, das Innen und das Außen, die Verdrängung und die Verwerfung, das Neurotische und das Psychotische, das Intellektuelle und das Affektive, das Genetische und das Strukturale. Stimmt das denn alles so, fragt man sich während der wiederholten Lektüre, auf Kosten welcher Komplexität und Heterogenität geht diese oder jene Zu- und Festschreibung? Ist es am Ende nicht so wie mit der Rose, deren Zauber man nicht erfährt, wenn man sie Blatt für Blatt zerlegt, zerrupft?

Das Andere der Vernunft

Ohne ver- hätte Freud vielleicht niemals den grundlegenden Einfall gehabt, der ihn zur Entdeckung der Psychoanalyse führte; was wäre wohl ohne ver-, ohne un-, ohne über- überhaupt aus Freud geworden?

Georges-Arthur Goldschmidt

Die in gewissen Abständen immer wieder vorgebrachte These vom »Veralten der Psychoanalyse« impliziert, daß der neue Typus der »postmodernen«, »multiplen« und »plurikulturellen« Persönlichkeit nicht mit einem Modell und Instrumentarium zu erfassen und zu deuten ist, welche unter ganz anderen gesellschaftlichen Bedingungen entstanden sind und sich am Ideal einer eher linearen Identitätsentwicklung orientieren. Die psychoanalytischen Objektbeziehungstheorien haben ihr Persönlichkeitsideal auf die innere »Pluralisierung der Subjekte«, die »innere Dialogfähigkeit« und »kommunikative Verflüssigung der Selbstbeziehung« hin verändert. An die Stelle der Vorstellung von Ich-Stärke ist das Ideal »innerer Lebendigkeit« getreten[158], das allerdings allzu oft keine sprachlich adäquate Darstellung in den psychoanalytischen Texten findet.

Zuerst aus der Notwendigkeit geboren, eine noch nicht etablierte Wissenschaft so anschaulich wie möglich zu gestalten, den Leser über die Sinnlichkeit, die Anschauung und die Assoziation zu verführen, da ja die Methode der Psychoanalyse darin besteht, das »Andere der Vernunft« vorstellbar und handhabbar zu machen, hatte Freud mehr und mehr einen eigenen Stil wissenschaftlicher Prosa entwickelt und sich konzentriert der ästhetischen Darstellung, der Komposition, dem *Erzählen* der Wissenschaft gewidmet.

Das von ihm selbst zuweilen als Mangel an seinen Texten vermerkte Fragmentarische, Sporadische und Unsystematische rührt von seinem Schwanken zwischen den Idealen der Literatur und der Wissenschaft her. Die Freudsche Wissenschaft hat niemals darauf verzichtet, »eine Wissenschaft zu sein, aber eine Wissenschaft für sich«, die feinfühlig und bewußt mit theoretischen *Fiktionen* operiert.[159] Im Schreiben, im Erzählen selbst erweist sich das

Schwanken als Stärke, als Produktivkraft. Wenn Schaffen »widerstehen« heißt, wie Deleuze gesagt hat – d. h. der Leichtigkeit zu widerstehen, sich an das Geläufige anzupassen –, dann ist es das Nicht-Abgeschlossene und Nicht-Fixierte, das Schwebende und die Sprache Befragende, das das Schöpferische im Werk des Schriftstellers Sigmund Freud ausmacht.[160]

Die Nichtabgeschlossenheit hat ihren psychoanalytischen Grund in dem Wechselspiel von Aufhellung und Rationalisierung. Das abgewehrte Irrationale und Antirationale bleiben aber nicht stumm und regungslos; sie untergraben die scheinbar so stabilen Gebäude der Vernunft.

Denkend und sprechend bewegen wir uns auf Zentren, »Wesentliches«, zu, geraten wieder an die Peripherie – und erkennen gerade im scheinbar Unwesentlichen und Beiläufigen das Entscheidende: Momente einer Verdrängung, die zu einer individuellen oder kollektiven neurotischen Symptomatik geführt haben. Hat man dies einmal eingesehen, kann man nie mehr Geschichts- und Sozialwissenschaft an der Psychoanalyse vorbei betreiben und die unbewußten Prozesse außer acht lassen, die zu Faschismus und Totalitarismus, zu Rassenhaß und alltäglicher Fremdenfeindlichkeit geführt haben und weiterhin führen.

Sich als aufgeklärt verstehende Wissenschaften und Gesellschaften tragen so viel pathogenes Material mit sich herum, daß sie einer kontinuierlichen tiefenpsychologischen Entsorgung bedürfen, um sich wirklich nach vorne hin, in die Zukunft, entwerfen zu können. Dies ist der Sinn von Erinnerung: das vorstellbar werdende Unerledigte durchzuarbeiten und abzutragen, statt es nur zu monumentalisieren.

Psychoanalyse steht zwar auch im Bann konventioneller Wissenschaftsideale, will die in der Rationalität sich verbergenden irrationalen Anteile bloßlegen und arbeitet auch mit Begriffen und Systemen; sie ist aber darauf bedacht, diese nicht zu idealisieren und definitorisch zu verengen. Die fragwürdigen, von den Wissenschaften fetischhaft und monomanisch hochgehaltenen Vorstellungen von Kontinuität und Konzentration auf Wesentliches, auf Substantialität und System werden durch die Theorie und Praxis eines schweifenden, dialogischen Denkens korrigiert. Das Potential der Psychoanalyse bestand und besteht darin, sich nicht einer anderen Disziplin unterzuordnen, sondern einen Weg zu beschreiten, der anderen Denkformen dabei behilflich sein kann, ihre Ver- (und Aus-) blendungen zu erkennen und zu ihrer eigenen Aufklärung und Bewußtseinserweiterung beizutragen.[161]

Der »andere Schauplatz«, an dem Freuds Stücke spielen, sind von dem Unbewußten als einem Co-Autor mitentworfen worden, und zwar so, daß dieser Schauplatz in seiner Vielschichtigkeit und Heterogenität, in seiner Andersheit erfahrbar – sinnlich und ästhetisch erfaßbar – wird.[162] Eine solche Erfahrbarkeit ist nicht allein im analytischen Zugriff möglich. Wenn die Psychoanalyse die Integration und Synthese nicht als die stärkeren Kräfte erkennt, unterliegt sie selbst den Mechanismen der Ausschließung, die sie auf exemplarische Weise als krankmachend erkannt, als therapiebedürftig und therapiefähig verstanden hat.

Der andere Schauplatz und das Theatralische

Auf exemplarische und initiatorische Weise hat Freud mit der *Traumdeutung* diesen Weg zur Erfahrbarkeit des bedeutungsvoll Theatralischen am »anderen Schauplatz« beschritten. Der »Schauplatz der psychophysischen Tätigkeit«[163] während des Träumens – also nach der »Umsiedlung der Seelentätigkeit« in die Welt der Bilder und »ungewollten Vorstellungen«[164] – ist, wegen seiner *szenischen* Qualitäten, auch ein Ort der sich ereignenden Sprache. Das Szenische im Traum ist Teil einer »Bilderschrift« mit »signifikantem Material«, das den Mechanismen der Verdichtung und Verschiebung unterliegt.

Geleitet von der Dominanz sprachlicher Prozesse wechseln wir von der Rolle des Zuschauers in die Rolle des Zuhörers, vom Betrachter eines Schauspiels zu demjenigen, der durch das Szenische (des Schauspiels) vordringt zum sinnvollen und mythischen Stoff der Tragödie. Diesen Schritt hat Jacques Lacan in seiner Lektüre von Sophokles' *Antigone* – in der Folge von Aristoteles' *Poetik*-Vorlesungen und Freuds *Traumdeutung* – konsequent und in äußerster Sprachbewußtheit vollzogen. Das Szenische, auf die Tragödie verweisende Sprachspiel, die Bilderschrift und der andere Schauplatz sind prägende Insignien der auf die Theatralik verwiesenen Psychoanalyse.

Den Ethnologen kam das an der Psychoanalyse erkannte Moment des Theatralischen vor allem bei der Deutung der schamanistischen Praxis zugute. Im Gegensatz zu Forschern, die die theatralischen Aspekte entweder übersahen oder voreilig als Anzeichen der Hysterie (und zuweilen der schizophrenen Psychose)[165] abtaten, hat Claude Lévi-Strauss die verbindenden und trennenden Momente der beiden Praxisformen deutlich konturiert: Schamane und Psychoanalytiker »zielen darauf ab, ein Erlebnis hervorzurufen, und beiden gelingt das, indem sie einen Mythos rekonstruieren, den der Kranke erleben oder wiedererleben muß«; während jedoch bei dem Heilverfahren eines Schamanen der Zauberer spricht – er gibt dem Kranken gleichsam eine Sprache – und die »Abreaktion« für den Patienten vollzieht, spricht in der Psychoanalyse der Kranke und »reagiert gegen den Arzt sich ab«.[166]

Die szenische Inszenierung, das Arrangement, die Performance und das Ritual, die Momente der Verstellung und Maskierung sind ganz offensichtlich von anderer Art, je nachdem, ob sie am anderen Schauplatz der schamanistischen *séance* oder aber im Rahmen des psychoanalytischen *setting*, des Traums und seiner Besprechung stattfinden. Auf den ersten Blick fällt die Askese im psychoanalytischen Raum sowie die formelle Distanziertheit und der Rückhalt in einer intellektuellen Ritualisierung auf; dann das fein nuancierte Wechselspiel von Reden und Schweigen sowie die verbale und körpersprachliche Zurückhaltung des Analytikers. Trotz aller Intimität im psychoanalytischen *setting* scheint alles ganz geordnet, nüchtern und im Sinne einer extrem geregelten, von Direktheit und Zurückhaltung geprägten *Aussprache* zu verlaufen. Die Theatralik des psychoanalytischen Austausches wird getragen vom Wunsch, Rätselhaftes, scheinbar Sinnloses und sich Widersprechendes in der Sprache, der Schrift, der Bilderschrift zu lösen, die »Inhaltsbrocken«, die »Farbtupfen« und »versteckten Dramen« des Traums[167] lebensgeschichtlich neu zusammenzusetzen, zu deuten: zu *inszenieren*.[168]

Die rituelle Inszenierung setzt, wie auch die psychoanalytische, auf Wiederholung, während die Tragödie in Griechenland nur jeweils eine einmalige Aufführung kannte. Allen drei Inszenierungen ist eigen, daß es nicht um Fragen der Schuld geht, die einer auf sich geladen und für die er zu büßen habe, vielmehr darum, sich von »Leidenschaften« zu purgieren, zu reinigen. Die Katharsis und die Besessenheit (als eine ihrer Elementarformen) sind seelische, aber auch physiologische, körpersprachliche Prozesse der Abfuhr von Emotionen, der Eliminierung »übler Säfte«.

Die an einem Ritual, wie etwa *Zâr* oder *Voudou*, partizipierenden Personen sind Teil eines kollektiven, inszenierten Mythos; die Menschen der griechischen Tragödie sind Repräsentanten der (in ihren Entscheidungen eigenmächtig handelnden) Götter; die Menschen, die sich einem psychoanalytischen Ritual unterworfen haben, lernen, in den Zeichen des Unbewußten wie in einem rätselhaften mehr oder weniger universalen Gesetzbuch zu lesen. Während der Besessene und die Helden der Tragödie ihre Mitwirkung am Spiel anbieten, damit Gottwesen durch ihren Mund sprechen und sich manifestieren können, ist der Analysand auf ein *Jenseits* seines individuellen und bewußten Lebens verwiesen, das dennoch »sein« Unbewußtes ist. Die Rolle des »emotionalen Kommentars«, die im Ritual die Teilnehmenden und in der griechischen Tragödie der Chor (die Alten von Theben, ein Ratgebergremium; »das sind die Leute, die Rührung« empfinden) übernehmen[169], verbleibt der emotionale Kommentar in der psychoanalytischen Situation ganz im Raum der dualen Übertragung/ Gegenübertragung. Rhythmus, Exaltation und Enthusiasmierung können folglich hier nicht zur Entfaltung kommen. Und dennoch: Die »Begeisterung« einer Antigone ist auch auf den Psychoanalytiker übertragbar.

Annotation: Mit Freud über Freud hinaus
Der Analytiker als Antigone

Freud überwindet man nicht.

Lacan

In einer *tour de force* hat Lacan Sophokles' *Antigone* einer exemplarischen psychoanalytischen Lesart unterzogen: im Sinne eines Wort-für-Wort-Kommentars[170], der sich von der dem Stück eigenen Dynamik, seinen »treibenden Kräften«, führen läßt. Zugleich offenbart sich in dieser Aneignung der Götterdienst der Tragödie als ein Agitationsfeld des Begehrens. Die Dialektik des Begehrens (des Begehrens als *Begehren des Anderen*) und ihre Wechselwirkung mit dem Schönen werden so lange vorgeführt und durchexerziert, bis am Ende der Analytiker – und um seine Bestimmung kreisten ja viele der vorstehenden und der im Kapitel über Fritz Morgenthaler folgenden Ausführungen – als eine Art Antigone erscheint: eine tragische Figur, im »Saugzentrum des Begehrens«, im »Strahl des Begehrens«.[171]

Das Begehren hat man sich, losgelöst vom Subjekt (von subjektiven Besitzansprüchen), als »Beweger aller Signifikationsvorgänge«, als »flottierend« wie die Zeichen selbst, vorzustellen. (Lacan spricht von einem »unaufhörlichen Gleiten des Signifizierten unter dem Signifikanten« und einer »Flut (*flot*) der Signifikanten«.) Das Lacansche Begehren meint also nicht die bleierne, biologisch gelenkte Triebhaftigkeit, sondern eher so etwas wie Quecksilber; es ist auch vom »Rinnsal des Begehrens« und, auf der Ebene des Signifikanten, vom »signifikanten Fluß« die Rede. Lacan spricht vom »paradoxen, abweichenden, erratischen, exzentrischen, ja sogar skandalösen Charakter des Begehrens«, wodurch es sich vom »Bedürfnis« absetze. Das sich vom selbstbezogenen Genießen und inneren Drängen unterscheidende Begehren (Begierde, Begierden) ist nicht auf ein Objekt gerichtet, sondern eher auf einen Raum, auf die ontologische Dimension des Seins, des Seinsverfehlens, des Todes und des Nichts – ein Ort der »permanenten Katastrophe«.[172] In dieser Dimension treffen sich der tragische Held der Tragödie, Antigone, und der Analytiker (als einer professionalisierten Instanz des Begehrens).[173]

»Freud überwindet man nicht« – steht leitmotivisch über diesem letzten Kapitel der Überlegungen zur Freudschen Psychoanalyse. Weiter heißt es bei Lacan: »Man läßt sich führen von dem, was er uns an Ausrichtungen gegeben hat.« In bezug auf das Begehren, wie es Lacan versteht, heißt dies: es ist nicht so weit zu reduzieren, daß man seine Funktion aus der Dimension des *Bedürfnisses* hervorgehen lassen könnte. Das Begehren ist, nach Lacan, nicht ohne die Bezogenheit auf die *Spaltung* zu denken, konstitutiv für den Menschen (der *ursprünglich* im logisch organisierten Feld des Unbewußten »gefangen« ist).[174]

Eine auf das Begehren gründende Ethik grenzt sich ab von einer Ethik, die – etwa repräsentiert von Kreon – ganz auf Sollensvorschriften (innerhalb von Gesetzen) oder aber auf einen Genießens-Imperativ (in der Überschreitung von Gesetzen) setzt. Lacans Ethik und der ihr entsprechende Analytiker können in Antigone eine Repräsentationsfigur sehen, da sie sich in ihrem Handeln jenseits des Gesetzes und jenseits des Genießens situiert. Diesen Bereich nennt Lacan das »Reale«. Oder um mit Antigone zu sprechen: »Kein Sklave fand den Tod, sondern mein Bruder.« Der Blick auf den *Bruder* und nicht die abstrakte Sichtweise des »Feindes des Staates« ist *real*.[175] »Nicht um Feind, nein, um Freund zu sein, ward ich geboren.«[176]

Anders als in den tradierten Deutungen – daß hier die zwei Prinzipien des Staates und der Familie *gleichberechtigt* gegenüberstehen[177], oder aber Mutterrecht gegen Vaterrecht[178], oder aber fünf große Determinanten von »Kollision« prägend seien: zwischen Mann und Frau, Alt und Jung, Gesellschaft und Individuum, Lebenden und Toten, Göttern und Sterblichen[179] – radikalisiert Lacan das im Menschen aufklaffende (und von Freud so eindringlich thematisierte) Ungeheure/Unheimliche, so wie es der Chor zum Ausdruck bringt: »Vielgestaltig ist das Ungeheure, und nichts ist ungeheurer / als der Mensch«, oder in Heideggers Übersetzung: »Vielfältig das Unheimliche, nichts doch / über den Menschen hinaus Unheimlicheres ragend sich regt«.[180]

Antigones Ort ist gleichzeitig in der Bewußtheit ihrer individuellen Entscheidung gegen das Gesetz *und* des Einsseins mit ihrem Gott. Deswegen deutet Lacan ihre Aussage gegenüber Kreon »...es ist so, weil es so ist« als

»Vergegenwärtigung absoluter Individualität«. Das Unheimliche ihrer Handlung besteht in der Verschiebung der Grenzen (des Nomos, des Gesetzes) und in der partiellen Lossagung von den Göttern. Was auch immer gegen sie vorgebracht wird – vor allem der Bruch der absoluten Gesetzestreue und die Mißachtung des als unverrückbar geltenden Feindbildes – empfindet sie als sekundär gegenüber der Treue zu dem Bruder als *dem, der er ist.*

> *»Antigone beruft sich auf kein anderes Recht als das, das in der Sprache auftaucht aus der Unauslöschlichkeit dessen, was ist – unauslöschlich von dem Augenblick an, in dem der Signifikant, der auftaucht, es festhält als eine Sache, die den ganzen Fluß möglicher Transformationen hindurch unverrückbar bleibt. Was ist, ist, und an dieser Oberfläche macht sich die unverbrüchliche, nicht überschreitbare Position Antigones fest. Alles übrige stößt sie von sich.«*[181]

Hierin ist sie dem Analytiker ein Vorbild, der alles von sich stößt, was sich an Deutungen, Meinungen und Gesetzen vor das Hinhören stellt und ihn davon abhält, nur dem Signifikanten zu folgen. Das Reale, auf das Antigone und der Analytiker verwiesen sind, ist das *Unmögliche.* Lacans Topographie des Unmöglichen – das, was das Begehren konstelliert – übersteigt Freuds Objektwelt. An der Grenze stehen, jenseits des Genießens, alles (wie Antigone) von sich stoßend, in einer tragischen Art von »Begeisterung«, einzig dem Gesetz der Signifikantenkette des Analysanden folgend: das ist der Analytiker im Zeichen der Antigone.

Literatur

ADORNO, Theodor W. (1969): *Minima Moralia.* Frankfurt am Main.

ADORNO, Theodor W. (1970): *Ästhetische Theorie. Gesammelte Schriften, Bd.* 7. Frankfurt am Main.

ANZIEU, Didier (1990): *Freuds Selbstanalyse und die Entdeckung der Psychoanalyse.* 2 Bde. Stuttgart.

ARGELANDER, Hermann (1970): »Die szenische Funktion des Ichs und ihr Anteil an der Symptom- und Charakterbildung«. *Psyche*, 24, 1970, S. 325–345.

ASSMANN, Jan (1999): »*Tagtraumdeutung*«. FAZ, 1.7.

BARTHES, Roland (1973): *Michelet.* Frankfurt am Main.

BARTHES, Roland (1981): *Das Reich der Zeichen.* Frankfurt am Main.

BARTHES, Roland (1985): *Die helle Kammer. Bemerkung zur Photographie.* Frankfurt am Main.

BARTHES, Roland (1990): *Der entgegenkommende und der stumpfe Sinn.* Frankfurt am Main.

BATAILLE, Georges (1994b): *La Part maudite.* Paris.

BÉJIN, André (1986): »Niedergang der Psychoanalytiker, Aufstieg der Sexologen«. In: Philippe Ariès u. a.: *Die Masken des Begehrens und die Metamorphosen der Sinnlichkeit.* Frankfurt am Main.

BENJAMIN, Walter (1980): *Gesammelte Schriften*, Bd. II, 2. Frankfurt am Main.

BLANCHOT, Maurice (1984): *Die wesentliche Einsamkeit.* Berlin.

BOHLEBER, Werner (Hg.) (2000): »Trauma, Gewalt und kollektives Gedächtnis«. Themenheft der Zeitschrift *Psyche.* Heft 9/10, Sept./Okt.

BORCH-JACOBSEN, Mikkel (1997): *Anna O. zum Gedächtnis. Eine hundertjährige Irreführung.* Nachwort von Martin Stingelin. München.

BORENS, Raymond (1993): »Fragmentarische Überlegungen zur Psychose«. In: Widmer, Peter (Hg.) (1993, S. 40–48).

BORENS, Raymond (1998): »Widerstände der Psychoanalyse – Widerstände gegen die Psychoanalyse«. *RISS.* 41, S. 23–31.

BOWIE, Malcolm (1994): *Lacan.* Göttingen.

BRUMETZ, Wolfgang / August RUHS (2000): »Über Traum*bild*ung«. *RISS* 48, 2000, S. 149–167.

BRY, J. / A.H. RIEFKIN (1962): »Freud and the History of Ideas: Primary Sources 1886–1910«. *Science and Psychoanalysis* 5, 1962, S. 6–36.

CHANGEUX, Jean Pierre (1984): *Der neuronale Mensch.* Hamburg.

CHAPSAL, Madeleine (1989): *Französische Schriftsteller intim.* München.

CIXOUS, Hélène (1976): »Fiction and Its Phantoms«. *New Literary History* 1976, Heft 3.

CLARK, Ronald W. (1981): *Sigmund Freud.* Frankfurt am Main.

CREMERIUS, Johannes (Hg.) (1995): *Die Zukunft der Psychoanalyse.* Frankfurt am Main.

CREMONINI, Andreas (1998): »Von Widerständen, der Kunst des guten Kochs und falschen Knechten«. RISS 43, S. 31–48.

DALAI LAMA (1995): *In die Herzen ein Feuer. Aufbruch zu einem tieferen Verständnis von Geist, Mensch und Natur.* München.

DANCKWARDT, Joachim F. (2000): »Traum ohne Ende«. *Psyche*, 12, 2000, S. 1283–1296.

DELEUZE, Gilles (1993): *Unterhandlungen 1972–1990*. Frankfurt am Main.

DERRIDA, Jacques (1980): *La Carte Postale*. Paris. (Deutsch: 1982).

DERRIDA, Jacques (1998): *Vergessen wir nicht – die Psychoanalyse*! Nachwort von Hans-Dieter Gondek. Frankfurt am Main.

DERRIDA, Jacques (2002): *Seelenstände der Psychoanalyse*. Frankfurt am Main.

DESERNO, Heinrich (Hg.) (1999): *Das Jahrhundert der Traumdeutung*. Stuttgart.

DEVEREUX, Georges (1970): *Normal und Anormal*. Frankfurt am Main.

EISSLER, K. R. (1995): »Freud und sein 20. Jahrhundert«, *Psyche*, 12, Dezember 1995, S. 1196–1210.

EISSLER, K. R. (1998): »Erwiderung auf J. Ph. Reemtsmas Kritik an Eisslers ›Leonardo‹«. *Psyche*, 5, 1998.

ERDHEIM, Mario (1982): *Die gesellschaftliche Produktion von Unbewußtheit. Eine Einführung in den ethnopsychoanalytischen Prozeß*. Frankfurt am Main.

ERDHEIM, Mario (1990): »Sinngebung und Kulturwandel«. In: *Ethnopsychoanalyse 1*. (»Glaube, Magie, Religion«) (1990, S. 9–31). Frankfurt am Main.

FENICHEL, Otto (1998): *119 Rundbriefe (1934–1945). Bd. I: Europa. Bd. II: Amerika*. Hg. Von Johannes Reichmayr und Elke Mühlleitner. Frankfurt am Main/Basel.

FISCHER, Gottfried / Peter RIEDESSER (1998): *Lehrbuch der Psychotraumatologie*. München.

FLASHAR, Hellmut (2000): *Sophokles. Dichter im demokratischen Athen*. München.

FOUCAULT, Michel (1988): »Was ist ein Autor?«, *Schriften zur Literatur*. Frankfurt am Main.

FREEMAN, Mark (2000): »Zwischen ›Wissenschaft‹ und ›Kunst‹ der Interpretation: Freuds Methode der Traumdeutung«. *Psyche*, 8, 2000, S. 721–741.

FREUD, Ernst und Lucie (Hg.) (1968): *Sigmund Freud. Briefe 1873–1939*. Frankfurt am Main.

FREUD, Sigmund (1895): »Studien über Hysterie«. In: GW I.

FREUD, Sigmund (1900): *Die Traumdeutung*. In: GW II/III. (*Studienausgabe*, Bd. II). Vgl. auch 1997 und 1999.

FREUD, Sigmund (1910): »Eine Kindheitserinnerung des Leonardo da Vinci«. In: GW VIII.

FREUD, Sigmund (1911): »Formulierungen über die zwei Prinzipien des psychischen

Geschehens«. In: GW VIII, 1909–1913, S. 230–238. (*Studienausgabe*, Bd. III).
FREUD, Sigmund (1913): »Das Motiv der Kästchenwahl«. In: GW X, 1913–1917, S. 24–37. (*Studienausgabe*, Bd. X, 1970, S. 181–193).
FREUD, Sigmund (1914): »Zur Einführung des Narzißmus«. In: GW X. (*Studienausgabe*, Bd. III).
FREUD, Sigmund (1915): »Triebe und Triebschicksale«. In: GW X. (*Studienausgabe*, Bd. III).
FREUD, Sigmund (1916): »Vergänglichkeit«. In: GW X. (*Studienausgabe*, Bd. X, 1970, S. 223–227).
FREUD, Sigmund (1924): »Der Realitätsverlust bei Neurose und Psychose«. In: GW XIII, 1920–1924, S. 363–368. (*Studienausgabe*, Bd. III).
FREUD, Sigmund (1925a) [1975]: »Die Verneinung«. In: GW XIV. (*Studienausgabe*, Bd. III).
FREUD, Sigmund (1925b): »Selbstdarstellung«. In: GW XIV. Und als Taschenbuchausgabe: Frankfurt am Main 1971.
FREUD, Sigmund (1926): »Die Frage der Laienanalyse«. In: GW XIV.
FREUD, Sigmund (1935): »Die Feinheit einer Fehlhandlung«. In: GW XVI, 1932–1939, S. 37–39.
FREUD, Sigmund (1939): »Der Mann Moses und die monotheistische Religion«. In: GW XVI.
FREUD, Sigmund (1940): *Schriften aus dem Nachlaß 1892–1939*. London/Frankfurt am Main.
FREUD, Sigmund (1966): *Briefwechsel mit L. Andreas-Salomé*. Frankfurt am Main.
FREUD, Sigmund (1968): »Das Unbehagen in der Kultur«, in: GW, Bd. XIV. (*Studienausgabe*, 1974;Taschenbuchausgabe: 1994).
FREUD, Sigmund (1969): *Vorlesungen zur Einführung in die Psychoanalyse. Und Neue Folge. Studienausgabe*, Bd. I. (Taschenbuchausgabe: 1991).
FREUD, Sigmund (1970a): *Bildende Kunst und Literatur. Studienausgabe*, Bd. X. Frankfurt am Main.
FREUD, Sigmund (1970b): *Briefwechsel mit G. Groddeck*. Wiesbaden/München.
FREUD, Sigmund (1975a): *Studienausgabe*, Bd. IX.
FREUD, Sigmund (1975b): *Aus den Anfängen der Psychoanalyse 1887–1902. Briefe an Wilhelm Fließ*. Frankfurt am Main.
FREUD, Sigmund (1975c): *»Selbstdarstellung«. Schriften zur Geschichte der Psychoanalyse*. Frankfurt am Main.

FREUD, Sigmund (1980): *Briefe 1873–1939*. Frankfurt am Main.

FREUD, Sigmund (1986): *Briefe an Wilhelm Fließ. 1887–1904*. Frankfurt am Main.

FREUD, Sigmund (1994): *Schriften über Träume und Traumdeutungen*. Frankfurt am Main.

FREUD, Sigmund (1995): *Der Wahn und die Träume in W. Jensens »Gradiva«*. Hg. von Bernd Urban. Frankfurt am Main.

FREUD, Sigmund (1997): Taschenbuchausgabe von *Die Traumdeutung*. Mit einem Nachwort von Hermann Beland. Frankfurt am Main.

FREUD, Sigmund (1999): *Die Traumdeutung*. Reprint der Erstausgabe. Mit Essays. Frankfurt am Main.

GINZBURG, Carlo (1995): *Spurensicherung. Die Wissenschaft auf der Suche nach sich selbst*. Berlin.

GAY, Peter (1995): *Freud*. Frankfurt am Main.

GAUCHET, Marcel (1992): *L'inconscient cérébral*. Paris.

GOLDSCHMIDT, Georges-Arthur (1994): *Der bestrafte Narziß*. Zürich.

GOLDSCHMIDT, Georges-Arthur (1999): *Als Freud das Meer sah*. Zürich.

GONDEK, Hans-Dieter / Peter WIDMER (Hg.) (1994) *Ethik und Psychoanalyse*. Frankfurt am Main.

GORSEN, Peter (1969): *Das Prinzip Obszön*. Reinbek.

GREEN, André (1999): »Hat Sexualität etwas mit Psychoanalyse zu tun«. *Psyche*, 12, S. 1170–1191.

GRODDECK, Georg (1909): *Hin zu Gottnatur*. Leipzig.

GRODDECK, Georg (1913): *Nasamecu*. Wiesbaden.

GRODDECK, Georg / Sigmund FREUD (1970): *Briefwechsel*. Wiesbaden.

GRODDECK, Wolfram (1999): »Vom brennenden Buch. Ein poetologischer Versuch über Freuds *Traumdeutung*«. *RISS* 46, 1999, S. 63–76.

GRUBRICH-SIMITIS, Ilse (Hg.) (1977): *Sigmund Freud. Das Motiv der Kästchenwahl*. Faksimile-Ausgabe. Frankfurt am Main.

GRUBRICH-SIMITIS, Ilse (1991): *Freuds Moses-Studie als Tagtraum*. Weinheim.

GRUBRICH-SIMITIS, Ilse (1995): *Urbuch der Psychoanalyse*. Frankfurt am Main.

GRUBRICH-SIMITIS, Ilse (1999): »Metamorphosen der ›Traumdeutung‹«. Begleitender Essay zur Neuausgabe von Freuds *Traumdeutung*. Frankfurt am Main.

HEINRICH, Klaus (2000): *psychoanalyse sigmund freuds und das problem des konkreten gesellschaftlichen allgemeinen*. Dahlemer Vorlesungen. Bd. 7. Frankfurt am Main.

HEINRICHS, Hans-Jürgen (1999): *Der Wunsch nach einer souveränen Existenz. Georges Bataille.* Graz.

HONNETH, Axel (2000): »Objektbeziehungstheorien und postmoderne Identität. Über das vermeintliche Veralten der Psychoanalyse«. *Psyche* 11, S. 1087–1109.

HYPPOLITE, Jean (1980): »Gesprochener Kommentar über die ›Verneinung‹ von Freud«. In: Lacan (1980, S. 191–200).

ISRAEL, Lucien (1987): *Die unerhörte Botschaft der Hysterie.* München.

JONES, Ernest (1984): *Das Leben und Werk von Sigmund Freud: 3 Bde.*, München.

JURANVILLE, Alain (1994): *Der psychoanalytische Diskurs nach Lacan. RISS-Extra* 1. Zürich.

JURANVILLE, Anne (1995): »Transmission der Psychoanalyse und Lektüre«. In: *RISS-Materialien 1*, Zürich 1995, S. 63–97.

KERZ-RÜHLING, Ingrid (1989): »Die psychoanalytische Erzählung. Zum Problem der Objektivität.« *Psyche*, Heft 4, 43. Jg.

KLÄUI, Christian (1993): »›Doch sie, die Welt,..., sie schändet meinen stummen Schmerz‹. Überlegungen zu Melancholie und Depression«. In: Widmer (Hg.), 1993, S. 22–39.

KAMINER, Ilona (1999): »Die intrauterine Dimension in der menschlichen Existenz und in der Psychoanalyse«. *Psyche*, 2, S. 101–136.

KIELL, N. (1988): *Freud without Hindsight.* Madison.

KOLLBRUNNER, Jürg (2001): *Der kranke Freud.* Stuttgart.

KRAMER, Robert (1999): »Einsicht und Blindheit. Zur Aktualität von Otto Rank«. *Psyche*, 2, S. 158–200.

KUHN, Thomas S. (1977): *Die Entstehung des Neuen.* Frankfurt am Main.

LACAN, Jacques (1966): *Ecrits.* Paris.

LACAN, Jacques (1973): *Schriften I.* Olten.

LACAN, Jacques (1975): *Das Seminar, Buch XI. Die vier Grundbegriffe der Psychoanalyse.* Weinheim.

LACAN, Jacques (1980): »Zur ›Verneinung‹ bei Freud«. In: Lacan, *Schriften III.* Olten/Freiburg i.Br., 1980, S. 173–219.

LACAN, Jacques (1990): *Das Seminar, Buch I. Freuds technische* Schriften. Weinheim.

LACAN, Jacques (1991): *Das Seminar, Buch II. Das Ich in der Theorie Freuds und in der Technik der Psychoanalyse.* Weinheim.

LACAN, Jacques (1996): *Das Seminar, Buch VII. Die Ethik der Psychoanalyse.* Weinheim.

LANG, Hermann (2000): *Das Gespräch als Therapie*. Frankfurt am Main.

LAPLANCHE, Jean (1998): »Die Psychoanalyse als Anti-Hermeneutik«. *Psyche* 7, S. 605–618.

LAPLANCHE, Jean (1999): »Kurze Abhandlung über das Unbewußte«. *Psyche* 12, S. 1213–1246.

LASKOW, Leonard (1995): *Heilende Energie. Einführung in die Medizin der inneren Kräfte*. München.

LEGENDRE, Pierre (1999): »Klassifikation und Wissen«. *RISS* 44.1999. I. , S. 83–100.

LEIKERT, Sebastian (1994): »Das Objekt des Geniessens in der Musik«. *RISS*, Nr. 26, 1994, S. 5–18.

LEIRIS, Michel (1977): *Die eigene und die fremde Kultur*. Frankfurt am Main.

LEUSCHNER, W. (1999): »Experimentelle psychoanalytische Traumforschung«. In: Deserno (Hg.), 1999, S. 356–374.

LÉVI-STRAUSS, Claude (1950): »Einleitung«. In: M. Mauss, *Soziologie und Anthropologie*. Bd. I. München 1974, S. 7–41. Frankfurt am Main.

LÉVI-STRAUSS, Claude (1967): *Strukturale Anthropologie*. Frankfurt am Main.

LOEWALD, H.W. (1951): »Ich und Realität«. *Psychoanalyse*. Stuttgart 1986, S. 15–34.

LOHMANN, Hans-Martin (Hg.) (1983): *Das Unbehagen in der Psychoanalyse*. Frankfurt am Main. Neuausgabe: Gießen 1998.

LOHMANN, Hans-Martin (1984a): *Die Psychoanalyse auf der Couch*. Frankfurt am Main. Neuausgabe: Gießen 1998.

LOHMANN, Hans-Martin (1984b): *Psychoanalyse und Nationalsozialismus*. Frankfurt am Main.

LORENZER, Alfred (1970): *Sprachzerstörung und Rekonstruktion*. Frankfurt am Main.

LORENZER, Alfred (2002): *Die Sprache, der Sinn, das Unbewußte*. Stuttgart.

LÜTKEHAUS, Ludger (1996): *Psychoanalyse ohne Zukunft?* Frankfurt am Main.

MAHONY, Patrick J. (1989) *Der Schriftsteller Sigmund Freud*. Frankfurt am Main.

MARINELLI, Lydia / Andreas MAYER (Hg.) (2000): *Die Lesbarkeit der Träume. Zur Geschichte von Freuds* Traumdeutung. Frankfurt am Main.

MARTYNKEWICZ, Wolfgang (2001): »Der blinde Fleck«. *Psyche* 1, 2001, S. 63–72.

MARX, Wolfgang (1996): »Die Zukunft einer Illusion«. *Merkur* 7, S. 603–611.

MCDOUGALL, Joyce (1989): *Théâtre du corps*. Paris.

MÉTRAUX, Alfred (1955): »La Comédie rituelle dans la possession«. *Diogène*, 11, 1955, S. 26–49.

MILLOT, Cathérine (1991): *La vocation de l'écrivain*. Paris.

MORGENTHALER, Fritz (1978): *Technik. Zur Dialektik der psychoanalytischen Praxis*. Frankfurt am Main. Neuausgabe: Gießen 2005.

MORGENTHALER, Fritz (1985): *Homosexualität Heterosexualität Perversion*. Frankfurt am Main und Paris. Neuausgabe: Gießen 2004.

MOSER, Ulrich / Ilka von ZEPPELIN (1996): *Der geträumte Traum. Wie Träume entstehen und sich verändern*. Stuttgart.

MOSER, Ulrich / Ilka von ZEPPELIN (Hg.)1991*Cognitive-Affective Processes*. New York.

MÜLLER, Roland (1995): »Geschichtenbau – Baugeschichte. Über wechselseitige Symbolisierungen in der Analyse«. *Arbeitshefte Kinderpsychoanalyse*, Heft 20, Februar 1995, S. 71–103. Kassel.

MULISCH, Harry (1997): *Das sexuelle Bollwerk*. München.

MUSCHG, Walter (1956) [1958]: *Die Zerstörung der deutschen Literatur*. Bern.

PARIN, Paul (1978): *Der Widerspruch im Subjekt. Ethnopsychoanalytische Studien*. Frankfurt am Main. (^{2}1983).

PARIN, Paul / Goldy PARIN-MATTHÈY (1986): *Subjekt im Widerspruch*. Frankfurt am Main.

PARIN, Paul / Fritz MORGENTHALER / Goldy PARIN-MATTHÈY (1989) [1963]: *Die Weißen denken zuviel*. Frankfurt am Main.

PARIN, Paul / Fritz MORGENTHALER / Goldy PARIN-MATTHÈY (1991) [1971]: *Fürchte deinen Nächsten wie dich selbst*. Frankfurt am Main.

PATLOCH, Josef (2000): »›Dieser Herkules bin ich‹. Eine Neuinterpretation des Traums vom Abortloch mit Kothäufchen«. *Psyche*, 12, 2000, S. 1222–1250.

POHLEN, M. / M. BAUTZ-HOLZHERR (1991): *Eine andere Aufklärung*. Frankfurt am Main.

PONTALIS, J.-B. (1974): *Nach Freud*. Frankfurt am Main.

PRASSE, Jutta (1995): »Der Abhub der Erscheinungswelt und die Sprache unserer Wahrnehmungen«. In: Schmid (Hg.) *RISS-Materialien* 1, 1995, S. 137–147.

PSYCHE (1999): Heft 2. Stuttgart.

Rebus (1998): »Die Krankheit für deren Therapie sie sich hält«. Heft 12/13. Bern.

RAND, Nicholas, Maria TOROK (1996): »Fragen an die Freudsche Psychoanalyse: Traumdeutung, Realität, Fantasie«. *Psyche* 4, S. 289–320.

REEMTSMA, Jan Philipp (1998): *Mord am Strand. Allianzen von Zivilisation und Barbarei*. Hamburg.

RICHTER, Horst-Eberhard (1995): *Bedenken gegen Anpassung. Psychoanalyse und Politik*. Hamburg.

ROAZEN, Paul (1976): *Sigmund Freud und sein Kreis*. Bergisch-Gladbach.

ROAZEN, Paul (1995): *How Freud worked*. New Jersey.

ROUDINESCO, Elisabeth (1996): *Jacques Lacan*. Köln.

ROUDINESCO, Elisabeth (2002): *Wozu Psychoanalyse?* Stuttgart.

RUHS, August (1999): »Zur Rezeption der *Traumdeutung* im deutschsprachigen Raum«. *RISS* 46, 1999, S. 11–33.

SCHAFER, R. (1983): *The Analytic Attitude*. New York. (Vor allem S. 212–239).

SCHMID, Michael (Hg.) (1995): *RISS-Materialien 1*. Zürich.

SCHMIDBAUER, Wolfgang (1969): »Schamanismus und Psychotherapie«. *Psychologische Rundschau*, 20, 1969, S. 29–47.

SCHMIDBAUER, Wolfgang (1998): *»Ich wußte nie, was mit Vater ist.« Das Trauma des Krieges*. Reinbek.

SCHNEIDER, Peter (1998): »Die Zukunft der Psychoanalyse«, *Mittelweg* 36, Dez. 1998, S. 82–85.

SCHÖNAU, Walter (1968): *Sigmund Freuds Prosa. Literarische Elemente seines Stils*. Stuttgart.

SCHRÖTER, Michael (1996): »Forschen oder Heilen? Über einen ›Geburtsfehler‹ der Psychoanalyse«. *Merkur* 7, S. 631–636.

SCHUR, Max (1977): *Sigmund Freud, Leben und Sterben*. Frankfurt am Main.

SERRES, Michel (1981): *Der Parasit*. Frankfurt am Main.

SHERWOOD, M. (1969): *The Logic of Explanation in Psychoanalysis*. New York.

SLOTERDIJK, Peter (1998): *Blasen. Sphären. Bd. I*. Frankfurt am Main.

SLOTERDIJK, Peter (1999): *Globen. Sphären. Bd.II*. Frankfurt am Main.

SOPHOKLES (1955): *Antigone*. Übersetzt von W. Kuchenmüller. Stuttgart.

SOPHOKLES (1974ff.): *Die Tragödien* in Einzelausgaben. Übersetzt von Hölderlin. Frankfurt am Main.

SPENCE, D. P. (1982): *Narrative Truth and Historical Truth. Meaning and Interpretation in Psychoanalysis*. New York.

STEINER, George (1988): *Die Antigonen*. München.

STINGELIN, Martin (1998): »Nicht Herr im Haus der Sprache«, *Neue Rundschau*, Heft 4, 1998, S. 166ff.

STINGELIN, Martin (2000): »Warum ist *Die Traumdeutung* von Sigmund Freud nicht verfilmbar?« *RISS* 48, 2000, S. 121–140.

STURM, M. / G.CH. THOHLEN / R. ZENDRON (Hg.) (1995): *Phantasma und Phantome. Gestaltung des Unheimlichen in Kunst und Psychoanalyse*. Salzburg.

SURYA, Michel (1992): *Georges Bataille, la mort à l'oeuvre*. Paris.

THOLEN, Georg Christoph (1999): »Die Sprache des Traums: Verschiebung und Verdichtung«. *RISS* 46, 1999, S. 35–61.

TOROK, Maria (1996): siehe unter Nicholas Rand.

TOROK, Maria (1999): »Thortra«. *Psyche* 3, S. 211–214.

TRUNGPA, Chögyam (1995): *Die Insel des Jetzt im Strom der Zeit*. Frankfurt am Main.

TURNHEIM, Michael (1998): »Widerstand gegen Lesbarkeit (Freuds Vergänglichkeit)«. *RISS*, 13. Jg., Heft 43, S. 49–64.

VAN HAUTE, Philippe (1990): *Psychoanalyse en filosofie*. Den Haag.

WARSITZ, Rolf-Peter (1997): »Die widerständige Erfahrung der Psychoanalyse zwischen den Methodologien der Wissenschaften«. *Psyche* 2, S. 101–142.

WEBER, Samuel (1992): »Zur Singularität des Namens in der Psychoanalyse«. In: E. Seifert, *Perversion der Philosophie*. Berlin 1992, S. 31–61.

WEBER, Samuel (1999): »Psychoanalyse und Theatralität: Das Unersetzliche«. *RISS* 46, 1999, S. 135–161.

WEIGEL, Sigrid (1995): »Freuds Schriften zu Kunst und Literatur zwischen Rätsellösung, Deutung und Lektüre«. *Journal*, August. Zürich.

WIDMER, Peter (Hg.) (1993): *Psychosen*. Themenheft der Zeitschrift *RISS*, 8. Jg., Nr. 22. Zürich.

WIDMER, Peter (1994): *Perversionen*. Themenheft der Zeitschrift *RISS*, 9. Jg., Nr. 25. Zürich.

WIDMER, Peter (1995): *Psychosomatik*. Themenheft der Zeitschrift *RISS*, 10. Jg., Nr. 31. Zürich.

WIESEL, Elie (1995): *Alle Flüsse fließen ins Meer*. Hamburg.

WILSON, Edward O. (1998): *Die Einheit des Wissens*. Berlin.

WURMSER, L. (1993): *Die zerbrochene Wirklichkeit*. Berlin.

ZARETZKY, Eli (1999): »Freuds Rufmörder im Zeitalter der Entidealisierung«. *Psyche*, 4, S. 373–391.

ZIMMERMANN, Christoph (1995): »Schweben und Scheitern – Notizen zur Freudlektüre«. *Rebus* 7, Juni.

ZIZEK, Slavoj (1995): *Hegel mit Lacan*. *RISS-Extra* 2. Zürich.

ZIZEK, Slavoj (1998a): *Das Unbehagen im Subjekt.* Wien.
ZIZEK, Slavoj (1998b): *Plädoyer für die Intoleranz.* Wien.
ZIZEK, Slavoj (1998c): *Die Nacht der Welt.* Frankfurt am Main.
ZWEIG, Stefan (1982): *Die Heilung durch den Geist.* Frankfurt am Main.

Der spielerische Analytiker und die Verführung

Über den Psychoanalytiker und Maler Fritz Morgenthaler

Für vielfältige Anregungen danke ich zahlreichen Mitgliedern der Psychoanalytischen Institute in Bern, Zürich, Luzern und Bregenz.

Mich leichtmachen
alles ablegen

Mein gepäck aufs wesentliche reduzieren

weg mit der langen federschleppe
mit dem federbusch dem federkleid
weg mit all dem gefieder

Ein geiziger vogel will ich werden
trunken allein vom flug seiner fittiche

Michel Leiris[1]

Auf Reisen

Eine persönliche Vorbemerkung

Größere Schritte und öfters.[2]

Wenn einer sein Leben lang auf Reisen ist, vergrößert sich für ihn mit zunehmendem Alter die Wahrscheinlichkeit, daß er auch in der Fremde – die in ihrer Unbestimmtheit und Anonymität zur Heimat werden kann – stirbt. Zuweilen war es wahrscheinlicher, Fritz Morgenthaler (der 1919 im Kanton Bern geboren wurde) auf einer seiner Fahrten nach Cuba, China, Indien und Pakistan, in den Jemen oder in die Länder »seines« Kontinents Afrika zu begegnen als in Zürich. Afrika hatte er als junger Mann entdeckt, zusammen mit seinen lebenslangen Freunden Paul Parin und Goldy Parin-Matthèy. Sie hatten sich als Ärzte im damaligen Jugoslawien kennengelernt und 1952 ihre Gemeinschaftspraxis am Utoquai eröffnet. 1960 und 1966 erschienen die großen Dogon- und Agni-Studien.

Anfänglich getrieben von Neugierde auf andere Kulturen, durchquerte er später als Ethnopsychoanalytiker, schließlich aber immer mehr als Maler die Kontinente. Er war ein Geschichtenerzähler aus den Wirklichkeiten und Phantasien von 1001 Nacht. Wie Henri Michaux trat er als Vertrauter der Turbulenzen im Endlichen – und Unendlichen auf. Wie Michaux der große Dichter war, den man vielleicht mehr als Maler in Erinnerung behalten wird, so war Morgenthaler der begnadete Analytiker, der eigentlich Jongleur werden wollte und dessen Bilder gleichwertig neben seinen Büchern stehen.

Fritz Morgenthalers Vater war Maler; dessen Bilder standen im Lagerraum des Ateliers neben seinen eigenen. Dies wird man eher als eine unglückliche Fügung ansehen müssen. Seine Mutter war die berühmte Erfinderin der Sasha-Puppen. Das Spielerische – es war Fritz Morgenthalers Traum. Wie leicht schien es sich mit einer Mutter realisieren zu lassen, deren Leben im Umgang mit Puppen bestand, und doch war es vielleicht gerade hier von Grund auf ausgeschlossen, außerhalb des eigenen Lebens. Im Nahen verfehlt, suchte er auf weitem Weg heranzukommen an das Leichte, wie es die Mutter im Spiel mit Stoffen vorgab.

Morgenthalers letzte Reisen führten ihn, zusammen mit seiner Frau Ruth, nach Nicaragua, mit Mario Erdheim nach Equador, und, 1981, mit seinem Sohn Marco und anderen Ethnologen nach Neu-Guinea, um das in den Gesprächen Erfahrene ethnopsychoanalytisch zu deuten. In diesen Jahren veröffentlichte er seine Analysen Homosexualität Heterosexualität Perversion *und bereitete sein Traumdeutungsbuch vor. Er starb in seinem 66. Lebensjahr.*

Dieser in seiner körperlichen Präsenz und strotzenden Gesundheit ganz und gar unintellektuell wirkende Psychoanalytiker, mit einer sanften Stimme im privaten Gespräch und einer erregten Stimme in den Vorträgen, erlag plötzlich einem Herzinfarkt – und als Arzt und Empiriker schaute er, so erzählte Paul Parin, noch im Sterben auf das EKG. Sein Leben war ein Tanz auf dem Vulkan, und seine Welt setzte sich zusammen aus »Bildern aus 49 Ländern«, wie eine seiner letzten Ausstellungen hieß. In maßloser Verschwendung seiner Kräfte war er, wie Bruce Chatwin, der ewig Jugendliche.

Kein Psychoanalytiker, der entschiedener nach dem Ideal einer selbstkritischen und unangepaßten Theorie und Praxis lebte, der sich radikaler den Vereinnahmungen und Normen unserer Gesellschaft entzogen hätte und dabei ein leidenschaftlicher und sich ohne Einschränkung zu Freud bekennender Traumdeuter war. Vor allem seine Kollegen in Zürich und in ganz Italien, wo er in den letzten Jahren vor seinem Tod kontinuierlich Traumseminare abhielt, tragen heute seine Ideen weiter.

Psychoanalyse, Ethnopsychoanalyse und Emotionalität

Ins Blaue zielen und ins Schwarze treffen

Robert Musil

Was ist ein Psychoanalytiker, was tut er und was unterscheidet ihn etwa von einem Reiseleiter, der das Fremde erklärt, sich auf Gespräche einläßt und versucht, auf Fragen nach dem Unbekannten Antworten zu geben?

Ist der Psychoanalytiker – zumal dann, wenn er auch Ethnologe ist und er die ihm aus der eigenen Kultur mehr oder weniger vertrauten Bildungen und Ausdrucksformen des Unbewußten konfrontiert mit der Art, in der sich etwa die Agni oder Dogon in Westafrika äußern und verhalten – ist er nicht auch eine Art Tourist und Reiseleiter in einem? Paul Parin hat in dem Dogon-Buch *Die Weißen denken zuviel* die Formel geprägt: »Wir sind Touristen mit den Ohren«; also Reisende, die mehr am Hören als am Sehen interessiert sind; Reisende, deren Medium die Sprache ist, in dem ein emotionales Geschehen entfaltet und hörbar materialisiert wird.

Der Psychoanalytiker und der Ethnopsychoanalytiker – und Morgenthaler war beides mit Begeisterung –, sie hören auf die Selbstdarstellungen der Mitglieder einer ihnen vertrauten oder fremden Gesellschaft und verwandeln schon im Sehen und Hören das Andere in Eigenes, überlagern Informationen mit Erklärungen, verfertigen Deutungen. Sie übersetzen Darstellungsweisen, Erzählungen, Redeformen und Diskurse in solche, die ihrem Bild von Wissenschaft und Praxis entsprechen.

Was der oder die Angehörige einer fremden Kultur sagt, wie er oder sie sich verhält, ist zu einem Teil eine Reaktion auf die Anwesenheit des Ethnologen und Ethnopsychoanalytikers. Sie haben in jeder Phase des Zusammenseins einen Einfluß. Legt man dies nicht offen, verschleiert man die Bedingungen und den Kontext des Geschehens.

Ethnopsychoanalyse: das ist die *bewußte* Aufnahme affektiver Beziehungen mit Menschen anderer Kulturen, das bewußte Erleben der sich dabei entwickelnden vielschichtigen Prozesse und Verläufe, die Überwindung und Deutung von Konflikten und Widerständen, die emotionale und rationale Reaktion auf die sich ständig verändernde Beziehung, die Einfühlung in den anderen, in seine inneren Entwürfe und seine Kultur. Sie strebt eine freischwebende Aufmerksamkeit an gegenüber jedem Wort, jeder Geste, allem Szenischen, das sich in dieser Beziehungsdynamik ereignet. Dabei kann sich eine tiefe Freundschaft entwickeln, jenseits des Leidensdrucks eines Patienten oder einer Patientin und jenseits der hierarchischen Struktur in der alltäglichen psychoanalytischen Praxis in Europa.

Ich möchte »mit dir in deinen Gedanken und Gefühlen spazierengehen«, hat Florence Weiss den Jatmul-Frauen gesagt, und Paul Parin, Fritz Morgenthaler und Goldy Parin-Matthèy schreiben:

> *»Wir sind überzeugt, daß wir mit der psychoanalytischen Methode ein geeignetes Werkzeug (...) verwenden, jedoch eines, das ganz unserer Kultur und Denkweise entstammt. Darum müssen wir weiterhin kulturperspektivische Irrtümer erzeugen und dann versuchen, sie im Lichte der Kritik und anderer Beobachtungen zu vermindern (...) In den psychoanalytisch orientierten Gesprächen versucht man, Schranken und Hindernisse wegzuräumen, indem man sie zur Sprache bringt, Widerstände deutet, bewußt macht und so zu ihrer Überwindung beiträgt.«*

Es geht dem Ethnopsychoanalytiker also nicht darum, dem Ideal einer »Liebesbeziehung« zwischen dem Ethnologen und »seinem« Stamm nachzueifern, wie dies einige Forscher forderten; hinter einem solchen Ideal verbirgt sich stets ein Knäuel undurchschauter Projektionen, die transparent zu machen gerade das Ziel der Ethnopsychoanalyse ist.

»Vielleicht stimmt es irgendwann auch gar nicht mehr«, und das subversive Potential der Psychoanalyse muß ganz neu formuliert werden – derart undogmatisch betrachten Paul Parin und Goldy Parin-Matthèy die Konzepte der Psychoanalyse. Für die Ethnopsychoanalyse heißt das, daß sie neue Begriffe (wie Anpassungsmechanismen, Gruppen-Ich und Clangewissen) einführen muß und einige Bereiche neu zu bedenken hat.[3]

»Das Wissenschaftliche, wie wir es verstehen«, hat Morgenthaler gesagt, »liegt in der Authentizität der Information über den emotionalen

Austausch von Vertretern verschiedener Kulturen.«[4] Hinter diese Verstehensebene kann kein Sozial- und Humanwissenschaftler mehr zurückgehen und positivistisch verfahren, so, als sei er der Herr des Geschehens und der Interpretation, und als seien die anderen bloße Zulieferer, Informationsträger. Beide stellen sie gemeinsam die Situation her, die der Wissenschaftler, z. B. der Ethnologe, zu deuten versucht.

Aber genau an diesem Punkt setzen die Zweifel der fortgeschrittenen Ethnopsychoanalytiker an: Sollen sie eigentlich noch deuten oder nicht nur sagen, »so war es«, »so sehen es die anderen?« Ethnologie als ein Aufschreibesystem, als *Registratur des Fremden*? Und der Ethnologe als Medium? Gehen wir in jeder Interpretation (die sich gerade nicht mit der Funktion des Registrierens zufrieden gibt) nicht doch wieder (insgeheim) den ethnozentristischen und hierarchischen Weg des Wissenden?

Aus dem Netz der Interpretationen kann sich kein Analytiker befreien. Morgenthaler höhlt die Stärke seines Denkens selbst aus, wenn er an einigen Stellen das interpretierende Erzählen abbricht und unversehens Setzungen vornimmt, die er doch mit aller Schärfe als autoritär und diktatorisch gebrandmarkt hat, exemplarisch in seinen Überlegungen zur Sexualität.

Fritz Morgenthaler fühlte sich am lebendigsten im Übertragungsgeschehen, wenn darin ganz eigene Lebensentwürfe und Kulturen zur Geltung kamen und sich durchzusetzen versuchten. Dann wurde er der aufmerksame Zuhörer – ernst, zurückhaltend, zuweilen nahezu unsichtbar, eine Art Inkarnation des Dritten Ohrs –, und dann auf einmal trat er leidenschaftlich hervor, begann vorsichtig zu deuten, krempelte alles um, setzte beim Gegenteil an, ein wahrhaft ingeniöser Jongleur. Er zerlegte das scheinbar Festgefügte und setzte es neu zusammen. Er war Analytiker und – kraft seiner künstlerischen Begabung – ein Schöpfer, ein Gestalter. Und in seinen unzähligen Geschichten, die er zu erzählen wußte, gewannen seine Deutungen ihren lebendigen Ausdruck und ihre Evidenz.[5]

Die anfänglich gestellte Frage nach dem, was ein Psychoanalytiker ist, läßt sich im Falle Morgenthalers auf exemplarische Weise zuspitzen: auf eine ganz besondere Fähigkeit des Zuhörens, des Wechselspiels von Distanz und Zugriff, von scheinbarer Emotionslosigkeit oder Neutralität und Engagement oder Teilnahme. Er bekannte sich wie kaum ein anderer zur Kunst des Jonglierens und zur Verführung als einer psychoanalytischen Technik.

»Ich male nicht die Landschaft«, zitierte er einmal de Staël, »sondern die Emotion, die der Anblick in mir bewirkt«. Die strukturalistische Idee eines dezentrierten Subjekts (das nicht die Hauptrolle im sprachlichen Spiel der Signifikanten und Symbole spielt) war ihm fremd. Und doch war auch er überzeugt von dem transformatorischen Sich-Zeigen und Sich-Verbergen der Strukturen. Sehen dies die Strukturalisten im Geist und in der Sprache lokalisiert – und selbst das Unbewußte wird eher als Anhängsel des Geistes angesehen – haben die Strukturen für Morgenthaler ihren Ort im Unbewußten, so wie es Freud bestimmte und wie es in der Ich-Psychologie seine weitere Bestimmung (oder richtiger: seine Einschränkung) fand.

Wenn er vom »Allgemeinen«, von der »Struktur« und der »Transformation« sprach, war es weniger die Universalität, auf die er hinauswollte, als vielmehr die *spezifische* Ausprägung des Allgemeinen; die Art und Weise, in der es sich im einzelnen Fall offenbart; in der es im dynamischen Wechselspiel von Übertragung und Gegenübertragung entfaltet wird – einem Spiel, das auch in dem ausgedrückt ist, was ein *Resonanzverhältnis* oder ein *Echoraum des Verlangens* meint. Das eigene Verlangen zu äußern und das Begehren des anderen auf sich zu ziehen, das ist der Wirkungsraum der *Verführung*.[6] Dabei interessierte sich Morgenthaler nicht für die strukturalistische Vorstellung des Begehrens und der Lust am Text (ob bei Jacques Lacan oder Roland Barthes). Und die Strukturalisten? Ihnen war der an den (fixen) Ideen von Kris, Hartmann und Loewenstein orientierte und das Primat des Primärvorgangs behauptende Analytiker fremd. Sie nahmen sich gegenseitig nicht als Verführer und Außenseiter ihrer Disziplinen wahr, die die Verführung in die Wissenschaft integrieren. Die Strukturalisten verkannten in Morgenthaler den revoltierenden Psychoanalytiker und den Künstler; und er unterschätzte genauso an sich selbst wie in ihrem Werk die konstitutive Bedeutung des Künstlerischen für Theorie und Praxis der Psychoanalyse.

Und doch baut seine Traumdeutung entscheidend darauf auf, ist so kreativ und schöpferisch gestaltend wie die Herstellung eines Kunstwerks, trägt in sich auch den Keim einer »Komposition«.

Psychoanalytische Technik und Traumdiagnostik

Aber hier, wie überhaupt,
kommt es anders, wie man glaubt.

Wilhelm Busch

»Ich muß jetzt Freuds Traumdeutung *noch einmal Wort für Wort lesen, Freuds eigene Träume herauslösen, zusammenfassen, was er an ihnen deutete und was er nicht sah. Auf den Spuren seiner Erkenntnisse und Auslassungen stecke ich den Rahmen ab für das, was mir im psychoanalytischen Umgang mit den Träumen wichtig erscheint.«* [7]

Wollte er wirklich die *Traumdeutung* neu lesen? Morgenthaler war kein Philologe, kein passionierter Leser und kein Gelehrter – seine Gedanken entstanden in der Bewegung, auf Reisen und in Gesprächen, sie waren Teil seines Lebens und der Situationen, in denen er sich präsent fühlte. Vielleicht hätte ihm sein Vorhaben, ein Traumbuch zu schreiben, diese textanalytische Arbeit abgenötigt – eine Forderung, die zu dem Projekt, aber nicht zu ihm »gepaßt« hätte. So blieb der Rekurs auf Freuds *Traumdeutung* kursorisch; fragmentarisch wie der nun vorliegende Text insgesamt.

Morgenthalers theoretische Überlegungen – ob in seinem Buch über die psychoanalytische Technik, seinen Aufsätzen über Perversionen oder in seinem Buch über den Traum – leben von seinen Beispielen; er jonglierte mit Träumen, verband Erfahrenes mit Erfundenem, um Strukturen und Tendenzen des unbewußten Wunsches zu zeigen und wie man damit als Psychoanalytiker umgehen kann – wie ein Jongleur sollte der Analytiker alle Kombinationen kennenlernen, sich keiner Konstruktion verschließen, eben die *Technik* lernen. Eines seiner letzten Beispiele, das er gab, um zu zeigen, daß er in erster Linie nicht auf Trauminhalte achtete – »Die Objektbezüge sind es, die uns im manifesten Traum verirren lassen« – handelte von einer Analysandin, die ihm nach acht Monaten Analyse einen Traum erzählte, den sie gleich zu Beginn der Analyse gehabt hatte. Einige Monate später wiederholte sich dieser Traum und sie erzählte ihn mit nur einigen Monaten Verzögerung. Dann hatte sie ein drittes Mal denselben Traum, den sie jetzt am folgenden Tag in die Analyse brachte. Da habe er gewußt, daß die Analyse beendet war – und in der Tat änderte sich das Verhältnis der Frau zu ihrer als schizophren behandelten Tochter grundlegend. Sie selbst konnte ihr zwangsneurotisches Verhalten kaum auflösen. Nicht Veränderungen, sondern Wandlungen kann die *Talking cure* herbeiführen, so lautete Morgenthalers Credo. Und solche Wandlungen wollte er in Gang bringen, unter anderem dadurch, daß er im unbewußten Geschehen Tendenzen erkannte und in dem Verhältnis von Traum und seiner Präsentation Bedeutungen herausarbeitete. Die Inhalte selbst wurden dabei erst einmal sekundär.

> *»... Mit diesem Traum wollte ich zeigen, daß ich die thematischen Inhalte des Traumes nicht etwa vernachlässige, sondern genau so, wie Freud es empfiehlt, in den Mittelpunkt der Traumanalyse stelle. Das psychodynamische Modell, das ich explizit in die Traumdiagnostik und in die praktische Traumdeutung einführe, steckt bloß das Feld ab, in welchem die einzelnen Teile der Traumthematik ihren richtigen Platz finden. Im manifesten Traumbild enthält jede thematische Einzelheit eine unbewußte Tendenz und ein strukturelles Element. Die formalen Gesichtspunkte richten sich auf die Sukzession der einzelnen Traumteile und auf die Art und Weise, wie der Träumer mit dem Traum umgeht. Die formalen Aspekte, die sich daraus ergeben, zeigen, an welchen Stellen die Beziehung zwischen der unbewußten Tendenz und den strukturellen Elementen erkennbar ist. Die Traumdeutung setzt an diesen Stellen an und folgt der Gesetzmäßigkeit in der Psychoanalyse, daß die Deutung eines unbewußten Inhalts die Resultante eines spezifischen Übertragungsbezugs und einer formal determinierten Vorstellung ist.«*[8]

Fritz Morgenthalers Umgang mit Träumen ist konventionell und revolutionär zugleich. Zum einen versteht er sich in strikter Folge von Freuds *Traumdeutung*, zum anderen möchte er gerade tun, was bei Freud nur als Hinweis auftaucht: zuerst auf die Begleitumstände jeder Traumerzählung achten, und darauf, wie der Analysand die Situation des Traums und der Erzählung erlebt und wie dies auf den Analytiker wirkt. Morgenthaler geht es in erster Linie nicht um inhaltsbezogene Traum*deutung*, sondern um eine *Psychologie des Erlebens* und um Traum*diagnostik*, die ihr Augenmerk auf die *Funktion* des Traumgeschehens lenkt.[9]

Dabei erkennt Morgenthaler die illusionären Anteile des freien Assoziierens, als könne der Träumer ganz plötzlich in die Sphäre des Unbewußten eintauchen. Auch seine Assoziationen gehören dem bewußten Wahrnehmen an, und der Analytiker wehrt sich gegen den *emotionalen* Zugang zum Traum, wenn er den Träumer auffordert: »Nun assoziieren Sie mal schön!«. Was aber folgert Morgenthaler daraus?

»Eine Traumerzählung in einer Analysestunde«, sagt er, »ist in erster Linie ein Geschenk des Analysanden an den Analytiker, ein Vorgang, der beiden emotional nahegeht. Der Analytiker muß in der Lage sein, sich emotional auf dieses Geschenk einzulassen und es gleichzeitig zulassen können, daß er zunächst gar nicht versteht, was da geschieht.«[10]

Davor hat Morgenthaler niemals Angst gehabt. Nicht alles gleich verstehen zu wollen, Fremdheiten anzuerkennen und sich dem Neuen zu überlassen, das zeichnete ihn ebenso als Psychoanalytiker wie als Ethnologen aus.

Morgenthaler setzt an die Stelle des »Assoziierens« die Konzentration auf alles, was der Traumerzählung vorausging, was sie begleitet und ihr folgt – und darin muß sich der Analytiker wiederfinden, die Art und Weise erkennen, in der er vom Analysanden gesehen und »verarbeitet« wird.

Morgenthalers Traumseminare lehren den Analytiker den Griff nach den Sternen – nie ist das Nächstliegende das, was der Traum sagen will –, und sie lehren das Sich-Begrenzen, die Bescheidenheit: »Ich weiß (an diesem Punkt der Deutung) nicht«, betonte er, »was mit der Angst ist. Seien wir doch bescheiden darin. Warum müssen wir jetzt unbedingt wissen, ob die Angst groß ist oder klein...« Und an anderer Stelle, wo es um die Frage geht, ob der Patient ein »manifest Homosexueller« sei: »Wir müssen das nicht unbedingt herausfinden.«

Morgenthaler wurde nie müde zu betonen, daß »was bewußt ist, nicht unbewußt sein kann«. Nicht aus den bewußten Inhalten also, sondern aus den formalen Gesichtspunkten läßt sich die Dynamik des Traumgeschehens entziffern. Um den formalen Aspekt zu erläutern und die Kraft gegen die Verlockung der inhaltsbezogenen Traumdeutung zu stärken, gebrauchte Morgenthaler in seinen Traumseminaren zum Beispiel das Bild von dem

Umzug in eine andere Wohnung, in der man ja auch nicht die Bilder aufhängen und die Kleider einräumen kann, bevor man Straße, Hausnummer und Stockwerk der neuen Wohnung kennt.

Der Analysand *bringt* dem Analytiker Träume und macht im analytischen Prozeß neue emotionale Erfahrungen; der Analytiker muß die Träume in den analytischen Prozeß integrieren – wissend, wie wichtig dieser »Übertragungsbezug« ist: daß der Patient gerade diesen und nicht einen anderen Traum jetzt »bringt«.[11] Der Analytiker müsse lernen, auch besonders effektiv scheinende Einfälle abzubrechen, »absurde« Phantasien zuzulassen, ja zu evozieren – immer auf der Spur des Konträren, des scheinbar Abwegigen, Unwahrscheinlichen, Unlogischen: »Übrigens«, so notiert er einmal, »hat diese Frau ihre ganzen Hemmungen in diesen Traum hineingelegt, sonst könnte sie ihn nicht so schön bringen. Man hätte ihr sagen können: ›Wenn Sie einen Traum gehabt hätten, in dem keine Hemmungen wären, dann hätten Sie ihn sicher vergessen, und hätten ihn mir nicht so schön erzählen können. Das, was Sie hemmt, haben sie im Traum versorgt und können ihn darum frei erzählen‹.«[12]

Wie in einer symphonischen Komposition läuft in Morgenthalers Traumseminaren, vor allem in dem letzten, alles auf eine Reprise – das Vorführen des durchgearbeiteten Materials – hinaus: folgerichtig, evident und darin ästhetisch. Zugleich hat der Prozeß etwas von der Strenge des naturwissenschaftlichen Verfahrens, von der Präzision beim Erstellen einer Gleichung oder Formel an sich, in die am Ende auch die Inhalte eingehen und ihren Stellenwert zeigen.

Es gibt eine Evidenz in Morgenthalers Umgang mit Träumen, dem man entweder abwehrend oder fasziniert gegenübersteht. Nach Freud hat nie wieder ein Psychoanalytiker eine solche Sicherheit beim Begehen des »Königswegs zum Unbewußten« gezeigt. Im Vortrag (ob in deutsch, englisch oder italienisch) vermochte er diese Fähigkeit noch zu steigern, und selbst die erfahrensten Analytiker verwandelten ihre professionelle Haltung der Wissenden in eine der Neugierde und des Lernenwollens.[13]

Hinter Fritz Morgenthalers selbstbewußtem Umgang mit Träumen verbirgt sich auch ein Defizit: sein wenig elaboriertes Verhältnis zur Welt der Symbole, der Chiffren und hieroglyphenartigen Schrift des Unbewußten, zur dunklen Fülle und Macht der inneren Bilder und deren Projektion auf dem Bildschirm der Seele.[14] Daraus hat er eine Stärke gemacht: Etwas bis dahin Peripheres vermochte er ins Zentrum der Aufmerksamkeit zu rücken, das nur schwach Belichtete auszuleuchten, das Verschwommene der Begleitumstände eines Traums und einer Traumerzählung ganz neu zu konturieren. Indem er seinen eigenen Schatten übersprang, hat er das von den Psychoanalytikern weitgehend Ausgeblendete erfaßt und in die vorhandene Theorie integriert.

Anspannung, Gelöstheit und deutendes Erzählen

Denn wie man sich bettet, so liegt man...

Bertolt Brecht/Kurt Weill/Lotte Lenya

1974 hielt Morgenthaler in Amsterdam (und Hamburg) seinen berühmt gewordenen Vortrag über die Perversionen. In äußerster Anspannung, mit hochrotem Gesicht, begann er, tief gebeugt über seinem Manuskript, das er mit zitternden Händen hielt, über die Perversionen vorzutragen, und dann, mit einem Mal, da, wo er den Knoten geschürzt, die Fallgeschichte in ihrer dramatischen Entwicklung nachgezeichnet hatte, löste er sich von seinem Text, wurde frei in seiner Haltung, operierte leichthändig mit dem empirischen Material auf dem Hintergrund seiner Theorie von der Perversion als Plombe.

War es eine »Geschichte«, die er erzählte, oder ein »Fall«, den er darstellte? Bewegte sich sein Schreiben mehr im Rahmen dessen, was wir Literatur nennen, oder war es praktische, erfahrungsbezogene Psychoanalyse?

Mag man zu Beginn noch im Zweifel darüber sein, scheint der Autor plötzlich die Erzählform aufzugeben und der Erwartung des professionellen psychoanalytischen Zuhörers zu entsprechen. Es ist eine Spannung, die sich im Autor selbst abspielt, ein Jonglieren, das er nicht bis zum Schluß durchhalten konnte. Letztlich traute er der Erzählung – als Erkenntnisform – und seiner eigenen persönlichen Kraft nicht zu, auf solche Weise die in Frage stehende Problematik exemplarisch vorzustellen. Von der Evidenz der Erzählung, die etwas *zeigt*, wechselte er schließlich auf die Ebene der Metapsychologie, die etwas *erklärt*.

Die Art, in der Morgenthaler Psychoanalyse betrieb, zeigt besonders deutlich das Potential der Psychoanalyse, in der *Geschichte* und in der *Erzählung* zu ihrer Stärke zu finden. In manchen Formulierungen, ja auch im Aufbau einiger Texte erkennen wir den an Freuds Stil geschulten Autor; man erinnere sich nur an den Beginn des Perversions-Aufsatzes, wo es heißt: »Ich habe vor relativ kurzer Zeit den Untergang eines brillanten, kaum 35-jährigen Schriftstellers miterlebt...«

Wie die Figur einer Erzählung oder der Held eines Romans wird hier der Patient vorgestellt. In der literarischen Gestaltung – wie sie die Psychoanalyse von Anfang an prägt – geht es immer auch um Text*wirkung*, um die Inszenierung eines Geschehens, um die In-Szene-Setzung des Ich und der »Partial-Ichs«, wie es Freud 1908 in seinem Aufsatz über »Der Dichter und das Phantasieren« formuliert.[15]

Sowohl im Aufsatz über die »Stellung der Perversionen in Metapsychologie und Technik« als auch in den mit Paul Parin und Goldy Parin-Matthèy verfaßten Büchern *Die Weißen denken zuviel* und *Fürchte deinen Nächsten wie dich selbst* und noch einmal besonders weit vorangetrieben in seinen Beiträgen zu den *Gesprächen am sterbenden Fluß* und im *Technik-* und im *Traum*buch ist es der künstlerische Zugang, den Fritz Morgenthaler suchte, und in dem er seine Begabung als Geschichtenerzähler, als Maler und als Psychoanalytiker miteinander verknüpfte. Und nur in dieser Zusammenführung konnte er das glaubhaft machen, was als sein zentrales Anliegen zu begreifen ist: Das Spielerische und die Verführung.

Vielleicht wurde es mir zum ersten Mal ganz deutlich, als er sich eines Tages ans Klavier setzte und dabei Lieder sang, die mit François Villon und Boris Vian zu tun hatten und auch mit Bertolt Brecht, Kurt Weill und Lotte Lenya (»Wer wird sich denn da gleich hinlegen wollen...«, »Denn wie man sich bettet, so liegt man...« und »Endlich haben wirs geschafft...«, Lieder, die von ihm meisterhaft oder richtiger gesagt: spielerisch vorgetragen wurden). Fühlte er sich da nicht ebenso belebt und leicht wie der Ethnologe und Schriftsteller Michel Leiris, der, auf meine Frage, wer er hätte gerne sein wollen, antwortete: Fred Astaire? Eine Sache *ernst* nehmen heißt, sie *spielerisch* nehmen, denn nur so dringt man in ihre Vielfalt ein.

Perversion als Plombe

... er hatte diese besondere Vorstellung von Schönheit

V. S. Naipaul[16]

In dem Film »Sans soleil« von Chris Marker, der unter anderem das moderne Japan zeigt, heißt es von einem Mann, er habe eines Tages, kurz nach dem Tod seiner Frau, Suizid begangen, da er es nicht länger ertragen habe, das Wort »Frühling« zu hören.[17] Diese Szene läßt an die von Morgenthaler exemplarisch dargestellte Geschichte eines Mannes denken, der eines Tages wohlgelaunt zur Analyse kommt, mit einer Blume im Knopfloch. Der Analytiker glaubt, daß sich darin das Gelingen der so komplizierten Analyse – »Unheimliches lastete über diesem Fall« – ankündige. Der Patient aber, von dem, so Morgenthaler, »immer so ein eigenartiger Zauber ausging«, verabschiedet sich und begeht Suizid. Auch er hat etwas Schönes, ein Aufbrechen – wie der Frühling, in dem Knospen aufbrechen – nicht ertragen. Fritz Morgenthaler verwendet dieses Beispiel, um seinen Begriff der Perversion als Plombe einzuführen: wird sie geöffnet, kann dies eine Selbstzerstörung zur Folge haben.[18]

Reimut Reiche hat in seinem Aufsatz »Das Geheimnis in der Zündholzschachtel. Gedanken zur latenten Perversion bei der Frau« darauf hingewiesen, daß Phyllis Greenacre schon vor Morgenthaler den Fetisch als *security prop*, als Sicherheitsplombe oder -pfropf, bezeichnet hat. Unter Zuhilfenahme dieser beiden Konzepte und des von Masud Khan gebrauchten Begriffs der Perversion als »montiertem inneren Objekt« versucht Reiche, in einer spannenden Darlegung, der Sexualisierung der Plombe auf die Spur zu kommen.

Ist es aber vielleicht nicht wichtiger und notwendiger, den starren Begriff der Perversion, durch den man Symptome sehr schnell klinisch und psychiatrisch klassifiziert, zu erweitern um das, was man *perverse Neigungen oder Tendenzen* nennen könnte und die als mehr oder weniger gewöhnlicher Anteil jeder Sexualität und Entwicklung eines Lebens zugrundeliegt? Das meint ja auch wohl Morgenthaler mit der »stumm bleibenden Plombe«, die sich bei den meisten Menschen etabliere, da es wahrscheinlich überhaupt keine ideal verlaufende narzißtische Entwicklung gibt.

Hat hier aber der Begriff der Plombe noch einen Sinn? Ist es nicht gerade so, daß die Aufgabe eines jeden Lebens und das, was wir mit Reifung meinen, darin besteht, Abgespaltenes und »Desymbolisiertes« zu integrieren und zu symbolisieren, perverse Tendenzen der Verdinglichung und Fetischisierung, des Zwanghaften und Nichtspielerischen frei, belebt und spielerisch zu machen, also die Plombe aufzulösen?

Die narzißtische Lücke im Selbst, die die Plombe füllt, läßt sich auch als Loch in der Aura oder als Riß im Sein des Menschen begreifen, etwas, das nur zu schließen ist, wenn die Plombe aufgebrochen und Fließendes an die Stelle des Erstarrten, des emotional Nicht-Belebten tritt, wenn etwas aus dem eigenen Schatten ans Licht geholt werden kann: also eine neue, »belebte« Füllung gebildet wird.

Das freilich kann nur in liebevoller Selbstzuwendung und mit Hilfe anderer geschehen. Reicht da, wie es ja auch Morgenthaler fragt – und wir müssen seine Frage ernst nehmen –, die Kunst der Psychoanalyse aus? Oder bedarf es hier nicht einer zusätzlichen heilenden Qualität, die darauf zielt, das verletzte Selbst an eine andere Dimension anzuschließen, an etwas »Heiliges«, »Göttliches«, »Höheres«. Das wäre ein veränderter Sinn von Über-Ich und von Höherem Selbst. Und auch von Psychoanalyse als Psychosynthese. Die Plombe – ein »farbiger Stein«, der zum Strahlen, zur Entfaltung gebracht werden will.

Da, wo das Leben sich entfaltet, zur Reife kommt, ins Sein eintritt, neigt es sich bereits dem Ende zu, wird des eigenen Todes von Grund auf gewiß, oder wie es in dem Roman *Erklärt Pereira* von Antonio Tabucchi heißt: »...trotz eines noch nie gesehenen Blaus, das so klar war, daß es fast in den Augen weh tat, begann er an den Tod zu denken.«

In der Perversion, wie sie Morgenthaler beispielhaft schildert, wird dieser individuelle Reifungsprozeß, die kurze Spanne zwischen Leben und Tod, nicht ertragen; das Sein geht, extrem verkürzt, ins Nichtsein über. Aber ist das nicht das Wagnis eines jeden Lebens? Die Psychoanalyse war, wie Morgenthaler sagt, in diesem Fall mit ihrer Kunst am Ende. Aber war sie es vielleicht nur als eine, im wörtlichen Sinn, Kunst des *Zerlegens*, nicht aber als eine *synthetische* Kunst, als eine Seelenheilkunde?

Ist die Plombenkonstruktion nicht auch ein Angstkonstrukt, das von der eigenen Weite beziehungsweise Grenze einer Idee Kunde gibt? Angst vor der Veränderung, ja Transzendenz des Ich und der Leere.

Ist es nicht das insgeheime Festhalten Morgenthalers an der Ich-Psychologie (trotz aller Erweiterung zu einer Es-Psychologie), die ihm die Plomben-Konstruktion nahelegte: die Plombe als eine Hülle des Ich, also das, was auch die Identität leisten soll? [19] Ja, sind nicht auch »Ich« und »Identität« »Plomben«? Warum meinen wir, ohne sie nicht auszukommen?

Das Ich ist vielstimmig und heterogen wie die mehrfach geschichtete Wirklichkeit auch. Die synthetische Struktur des Ich bildet einen Knotenpunkt für die Möglichkeiten, die Welt perspektivisch zu erfahren, zu lesen und zu deuten – und theatralisch zu inszenieren. Daß man sich selbst »Ich« nennt, ist keine Selbstverständlichkeit, sondern eine kulturelle Konvention. Statt »Ich« könnte man auch »Dieser« sagen und statt »Ich denke«: »Es gibt einen Gedanken«. Dem Ich liegt eine viel größere Unbestimmtheit und Fragilität zugrunde als dies unser Sprachgebrauch nahelegt. Das Ich hat auch etwas von einer Außen- oder Nebenstelle an sich.

Freud sah ja bekanntlich (hin- und hergerissen zwischen den gesellschaftlichen, kulturellen Ansprüchen des Ich und der Radikalität seiner eigenen Erfahrung von der Ohnmacht des Ich) in ihm auch eine Ähnlichkeit mit den Clownerien des Dummen August. Ob man diesen Bezugspunkt, von dem aus Welt erfahren wird, nun »Ich« oder zum Beispiel »August« oder »Rinde« oder »Trennschnur« nennt, ist zweitrangig. Man könnte auch von einer Relaisstation oder dem Auge einer Kamera sprechen. Was als einheitliches Zentrum von Subjektivität und Identität erscheinen mag, ist ein Knotenpunkt von Zentrierungen und Dezentrierungen, von Zerrüttung, Zersplitterung und Wünschen der Vereinheitlichung; ein offener Prozeß, näher dem Fließenden als dem Festen.

Anders als in Morgenthalers Verständnis der Es-Psychologie ist in den Restposten der Ich-Psychologie, von der er herkam, wenig von diesem offenen Prozeß zu spüren. Und das ist auch ein Mangel seiner Perversions-Theorie. Die Psychoanalyse, die von der Urgespaltenheit, von der Dezentrierung des Subjekts und vom tiefen Mißtrauen in das Ich, von strukturaler Symbolbildung und dem Akzeptieren, ja, dem Ins-Angesicht-Schauen der Leere ausgeht, erscheint als die weitere, die tragfähigere Konzeption, im Vergleich zur Ich-Psychologie, von der Morgenthaler ausgeht.[20]

Jede Theorie muß sich auch dem eigenen Schatten, oder wenn man so will, dem »eigenen Wahnsinn« stellen (wie dies Malcom Bowie in Anlehnung an Jacques Lacan formuliert).

Sexualität

Der Aufsatz über die »Stellung der Perversionen...« leitet (nach einem einführenden Text »Zur Anwendung der Psychoanalyse«) Morgenthalers 1984 erstmals veröffentlichten Band mit seinen Texten zur Sexualität ein, der im Verlauf der Jahre den Rang eines exzentrischen Klassikers erworben hat. Das ist eine Literatur, die außenseiterisch, unkonventionell, sperrig ist und von daher die Diskussion grundlegend mitbestimmt.

Zeugnis davon legt auf exemplarische Art und Weise der vom Psychoanalytischen Seminar Zürich 1986 herausgegebene Band Sexualität ab. Besonders wichtig erscheint hier die Auseinandersetzung mit Morgenthalers Idee der Es-Psychologie und dem in ihr postulierten Primat des Primärvorgangs. Die Triebhaftigkeit im Es versteht Morgenthaler als ein »energetisches Potential, das dem Erleben ganz allgemein etwas Dranghaftes verleiht«.

Es ist diese vom Es ausgehende *ungerichtete* Bewegung, die er als das »eigentlich Kreative im Leben« ansieht. Der so bestimmte »Primärvorgang« ist also bei Morgenthaler ein Refugium des Originären und Schöpferischen, des Zeitlosen und Unkonditionierten, ja des noch nicht Disziplinierten. Um darüber keinerlei Mißverständnis aufkommen zu lassen, greift er zu einer drastischen Metaphorik: Die »organisierte Sexualität« vergleicht er mit Junta, Guerilleros und Diktatur; eine Sexualität, die immer schon den Zielsetzungen, Anpassungen und Unterwerfungen anheimgefallen ist.

Dieser Impuls, der sich vor allem erzählend, assoziierend seinen Ausdruck sucht, hat mehr Gewicht als die Tendenz, daraus eine Theorie, ein Set von Postulaten zu konstruieren. Denn was sonst als das Primäre soll der Primärvorgang sein!

Aber wie läßt er sich begründen? Auf der Basis eines angenommenen *Vor*gesellschaftlichen, eines »rein« Triebhaften? Wie aber wissen wir davon? Unter Umgehung des Symbolischen und Sprachlichen? Peter Passett spricht von einer »gewissen theoretischen Naivität« und einem von

Morgenthaler »mystifizierten Primärprozeß«, über den er »entweder nur raunen kann oder angesichts dessen er in die Banalität humanistischer Bauch- und Erlebnispsychologie abzustürzen droht«. Aber auch Passett baut damit schon wieder eine andere Rangordnung auf, durchsetzt mit (für die Psychoanalyse charakteristischen!) Ausschließungsmechanismen.

Fritz Morgenthaler ging es darum, dem Sexuellen in der Psychoanalyse einen vorrangigen Platz einzuräumen, dem man sich – gerade in seiner Ungerichtetheit – angstlos zuwenden müsse, um einen therapeutischen Prozeß in Gang zu bringen. Hier haben der Begriff des Spielerischen (der inneren Freiheit) und der Verführung (des Sich-Öffnens gegenüber dem eigenen Begehren) ihren Ort. Und hier kommt auch das Erzählen, das Umspielen einer Geschichte, zu ihrem Recht. Die emotional belebte und von den eigenen Wünschen nicht abgekoppelte Übertragungssituation war das energetische Potential, das Morgenthaler meinte und das er exemplarisch im Primärvorgang vorgeprägt sah.

Abb.: Nicéphore, Niepce: Der gedeckte Tisch,
um 1822, die erste Photographie

Abb.: Weiße Stühle, Fritz Morgenthaler

Die Dialektik der psychoanalytischen Praxis

Nichts stimmt wirklich, was ich sage.[21]

Morgenthalers Vorstellung von der psychoanalytischen Technik und der »Dialektik der psychoanalytischen Praxis« läßt sich anschaulich skizzieren, wenn man sein Ölbild »Weiße Stühle« heranzieht und es mit der Photographie »Der gedeckte Tisch« vergleicht.

Die erste uns bekannte Photographie stammt von Nicéphore Niepce und zeigt einen gedeckten Tisch. Aber der dominierende Eindruck ist nicht Fülle und Belebtheit, sondern Einsamkeit und Verlassenheit. Auf Fritz Morgenthalers vielleicht bekanntestem Bild, das nicht zufällig auf dem Umschlag seines Technik-Buches abgebildet ist, ist die Leere, die Abwesenheit ins Extrem getrieben. Die Stühle stehen so ungeordnet in der Gegend herum, als seien alle Gäste fluchtartig aufgebrochen. Auch vom Gastgeber fehlt jede Spur. Nichts deutet auf ein harmonisch zuende gegangenes Fest hin. Die sich hinter dem Tisch ausbreitende blau-weiße Fläche wirkt wie ein Schlund, so, als habe sich die Erde aufgetan und alle Anwesenden in sich verschlungen. Ein Wunder, daß der Tisch und die Stühle noch da sind.

Die leergegessene Tafel ist für Morgenthaler *die* Metapher für die Situation des Psychoanalytikers, wenn er sich auf das Wagnis einer Wiederbelebung des Erstarrten, auf das erneute Decken des Tisches und die Herstellung einer Ordnung einläßt. Wird es ihm gelingen – dies steht als Frage bei jedem Neubeginn im Raum –, eine Zerstörung zu rekonstruieren und aufzulösen, Verzerrungen zu entzerren, Verdrängungen ans Licht zu bringen, Wunden zu heilen, aus Fragmenten und Resten so etwas wie eine Einheit und Harmonie, zumindest aber eine lebbare Existenzform für den Analysanden herbeizuführen? Und zugleich die Frage, welche Ideale und Projektionen solche Vorstellungen beinhalten, was an diesen Konzepten ebenfalls einer Bearbeitung bedarf: Einheit und Harmonie – sind das bloß Chimären oder aber gültige Setzungen? Wie ist die Eigenanalyse mit der Fremdanalyse zu vermitteln? Die Erfahrung der *eigenen Analyse* ist »in erster Linie die Erfahrung der Begrenztheit, der Beschränkung auf weniges, das veränderbar ist«.

Als *Analytiker* bin ich erst einmal der, der nichts vom Leben des anderen weiß und kaum etwas versteht. Die Aufforderung mancher Analytiker, der Analysand solle einfach alles sagen, was ihm durch den Kopf gehe, ist eine simplifizierende Abwehr der Ängste und Konflikte, die damit für den Analytiker aufkommen, wenn er sich wirklich darauf einläßt.

Die *Dynamik*, um die es im analytischen Prozeß geht, wird wesentlich von der *Emotionalität* der beiden konfliktvollen Partner bestimmt; der *Inhalt* zum großen Teil von der Abfolge der Einfälle und *Assoziationen* des Analysanden sowie den Deutungen des Analytikers. Soll dieser analytische Prozeß eine »emotionale Revolution« einleiten und nicht auf »Prozedurfragen« regredieren – jenseits der von beiden hergestellten, libidinös besetzten Situation –, soll nicht nur ein »psychisches Seilziehen« stattfinden, auf der Ebene bewußtseinspsychologischer Streitereien zwischen respektvollen und erleidenden oder radikal skeptischen und ablehnenden Personen, zwischen Sieger und Verlierer, zwischen Priester und Opfer, dann muß der Analytiker sich mit seiner Emotionalität darstellen, er muß sich selbst auch als Verführer und Verführten begreifen.

Das Resultat der Verführung: Die analytische Beziehung, so Morgenthaler, beginnt »zunächst damit, daß der Analysand bei mir Eigenschaften entdeckt, die er bei sich selber kennt; später entwickelt sich die Beziehung dann so, daß er bei mir Eigenschaften erkennt, die er bei sich selber vermißt, aber gerne haben möchte... Eine richtig verstandene analytische Auswertung der Verführungsthematik ergibt, daß sich progressiv wirksame Identifikationen einstellen, die einerseits die Einsicht im Deutungsprozeß begleiten und andererseits dazu beitragen, daß die Besetzungen in der Beziehung zwischen Analysand und Analytiker im gleichen Sinne und nicht polar entgegengesetzt vorgenommen werden«.[22]

Auf der Basis dieser Einsichten hat Fritz Morgenthaler sein Verständnis der psychoanalytischen Technik, die »Dialektik der psychoanalytischen Praxis« dargelegt.

Die Analyse – und das ist auch die Grundlage seiner Überlegungen zur Sexualität – dient der Erweiterung der Erlebnis- und Erfahrungsmöglichkeiten, aber nicht nur auf seiten des Analysanden. Er und sein Therapeut lernen voneinander – nicht Kenntnisse, sondern den lustvollen und den gehemmten Umgang mit sich. Der Analytiker versteht im analytischen Prozeß seines Analysanden auch seine eigenen unbewußten

Reaktionen. Die *Konzepte der Technik* dienen dabei nur der Orientierung; sie sind ein Hilfsmittel für den Therapeuten, ein Koordinatensystem.

Diese Konzepte signalisieren also in erster Linie nicht seine Stärke, sondern seine Schwäche, seine Schwierigkeiten; sie sind ein Hilfsmittel, die eigenen Konfliktneigungen unter Kontrolle zu halten. Der Analytiker kann seine Technik, die Metapsychologie und das analytische setting – eine Absicherung für den Analytiker – zur Stärkung, zur gewollten Veränderung des anderen einsetzen, wenn er sie der sich entfaltenden Beziehung und ihren aufdeckenden Einsichten unterordnet. In der räumlich und zeitlich begrenzten Beziehung mit dem Analysanden wird unter Zuhilfenahme technischer Strategien am Erlebten der Vergangenheit gearbeitet.

Wenn sich der Analytiker mit seiner sozialen Stellung völlig identifiziert, dann kann er sich leicht dazu berufen fühlen, seine Patienten mit Hilfe des analytischen Prozesses wieder arbeits-, genuß- und liebesfähig zu machen. Aber soll er das nicht auch? Ja, aber nicht auf der Basis bewußter Übereinkünfte, die nur Abbilder und Klischees nichtbewußter Ideale sind. »Die bewußten und unbewußten Über-Ich-Forderungen überschatten den Verlauf des analytischen Prozesses.«[23]

Die Veränderungen müssen ausgehend von der *Anerkennung* des sozialen und sexuellen Lebens des Analysanden angestrebt werden. Im Sich-Einlassen auf die Emotionalität des sexuellen Erlebens eines anderen muß der Analytiker seine eigenen Konfliktneigungen erkennen, die seine Zielvorstellungen bestimmen, um diese relativieren zu können. Die metapsychologische Reflexion im analytischen Prozeß ermöglicht es ihm, in seiner Beziehung zum Analysanden die eigenen Konfliktneigungen nicht zu aktualisieren und nicht zielstrebig die bewußten Formen des Konflikts eines anderen zu bearbeiten. Auf diese Weise kann sich die politische und gesellschaftstheoretische Einstellung des Analytikers im Sinne der Ausbildung eines »kritischen Subjekts« auswirken: in dessen verändertem Umgang mit den Objekten, den Beziehungen und Kommunikationsformen.

Es ist, in diesem psychoanalytischen Sinn, noch nichts damit getan, wenn man einen »vereinsamten« Fetischisten zu einem kinderreichen Vater, einen ausgeschlossenen Rauschgiftsüchtigen zu einem integrierten Bankangestellten macht. Operiert man als Analytiker mit solchen eindeutigen Zielen, stimmen die Deutungen und Einsichten nur noch mit den Überichforderungen überein, »die ich selbst habe und die der Analysand mit mir teilt. Mit der Zeit passen wir immer besser zueinander und übertreffen uns in der Beweisführung unseres unneurotischen Verhaltens..., das Ganze dient in erster Linie einer Abwehrposition.« Der analytische Prozeß darf sich – ideal gesehen! – nicht an Übertragungsstrukturen und Entwicklungslinien orientieren, die den Strukturen der Gesellschaft entsprechen.[24]

An die unbewußten, leidenmachenden Strukturen kommt man nie (wenn überhaupt) direkt heran, und die unbewußten Störungen und Verhaltensweisen kann man nicht so nehmen, wie der Analysand sie versteht. Das, was der Analysand sagt und tut, wie er trotz seiner Probleme im Alltag zu leben versteht – vielleicht ein guter Liebhaber, Familienvater oder Künstler ist –, das zu akzeptieren und im Sinne der möglichen Veränderung einzusetzen, ihm also Leben zuzutrauen und dennoch mit ihm in einen analytischen Prozeß einzutreten, ist die Aufgabe des Analytikers.

In seiner *Technik*-Studie hatte Morgenthaler die Bedingungen für einen solchen Prozeß explizit beschrieben; in seinen Studien zur Sexualität werden sie immer so weitgehend erläutert, wie sie für den nicht-diskriminierenden psychoanalytischen Umgang mit Homosexualität und Perversion von Bedeutung sind. Es kommt darauf an, den richtigen Zeitpunkt für eine Intervention und Deutung zu nutzen.

Alle Analytiker haben Schwierigkeiten, mit ihren Analysanden in eine entspannte, stimmige Beziehung zu kommen. Immer, so Morgenthalers Forderung, muß ich versuchen, eine Situation herzustellen, die »zu mir paßt«. Die Aktualisierung des Übertragungskonflikts gestaltet sich durch die »Erlebnisweise« des Analytikers und des Analysanden. Das darf nicht so mißverstanden werden, als sollten beide miteinander im Gefühl verfließen. Übereinkünfte darüber, »wie alles war«, und Verbrüderungen stehen dem analytischen Prozeß entgegen. *Fortschritte* können mit der Psychoanalyse nicht erzielt werden; es gibt nur *Wandlungen.*

Die psychoanalytische Technik führt immer nur soweit, daß die Ebene methodischen Vorgehens verlassen werden kann und die Ebene dynamischer Wechselwirkungen erreicht wird.

»In der analytischen Beziehung entwickelt sich aus dem emotionalen Angebot des Analytikers ein emotionales Echo des Analysanden.

Dieses emotionale Echo enthält Reste und trägt die Spuren der Gäste, die am einst frischgedeckten Tisch des Kindes, das der Analysand einmal war, gesessen, gegessen, gefressen, gewütet, gefastet, verachtet, verschlungen, gespuckt, gestohlen und getrunken haben. Das ist alles in der Vergangenheit versunken.«[25]

Die Schwierigkeit, einen analytischen Prozeß sinnvoll in Gang zu bringen, steht auch am Anfang von Morgenthalers Überlegungen zur Theorie und Therapie von Perversionen. Der Wunsch, aus einem Homosexuellen in der Talking cure einen Heterosexuellen zu machen, entspringt einer gesellschaftlichen Norm und nicht einer psychoanalytischen Einsicht – es geht ja dabei nicht um den Kampf gegen ein Symptom, sondern um die Aufhebung von Verdrängungen, die zu Symptomen führen! Ist es nicht richtiger, worauf Lacan hingewiesen hat, zu sagen, der Homosexuelle, der in Analyse geht, verdrängt nicht seine Homosexualität, sondern die Sprache, »in der die Homosexualität eine Rolle als Signifikant spielt«? Was verdrängt wird, ist in diesem Sinne nicht so sehr etwas Unklares, als vielmehr »eine *bereits artikulierte, in einer Sprache formulierte* Rede... Das, was es in der Analyse der Psyche zu entziffern gilt, ist die ganze Zeit über da, ist von Anfang an präsent.«[26]

Die Absicht der Analytiker, »Perversionen« zu verändern, erscheint klinisch begründbar. In dieser scheinbar wissenschaftlichen Legitimation liegt zugleich die Gefahr, eine »Plombe« aufzubrechen, die der »Aufrechterhaltung eines relativen psychischen Gleichgewichts« dient.

»Bei den Perversen geht es in ganz besonderer Weise darum, aufzuzeigen, daß die Etikette der Abweichung vom normalen Sexualleben das Wesentliche nicht sein kann. Es zeigt sich nämlich, daß die Triebbefriedigungen, die die Perversen in ihren absonderlichen Ritualen und Einrichtungen suchen, zwar regressive Ausformungen eines Strebens nach Lustgewinn und Befriedigung darstellen, daß aber die Triebbefriedigung selbst einem Funktionswandel unterliegt.«[27]

Dieser Funktionswandel stellt eine Ich-Leistung dar, die im emotionalen Erleben überall dort ungerichtete Triebregungen zuläßt, wo die Perversion nicht wirksam ist.

Das Sexuelle – das ist Morgenthalers Ausgangsposition – wird, wie jedes Erleben, von der Triebhaftigkeit bestimmt. Sie stellt ein energetisches Potential dar, das in jeder Geste und in jedem Gedanken zum Ausdruck kommt. Es handelt sich dabei zunächst um inhaltslose Bewegtheit, die unsere Emotionalität ausmacht. Diese allem zugrundeliegende Triebhaftigkeit ist durch ihre Ungerichtetheit charakterisiert. Sie kennt weder Ziele noch Kausalität, ist zeitlos und frei von Bedingungen. In ihrer Ungerichtetheit ist sie die Quelle jeder Kreativität. Das Dranghafte, das Sexualität in allen ihren Ausformungen begleitet, ist Ausdruck dieser Triebhaftigkeit. Die Triebhaftigkeit hat aber infolge der Libido- und Ich-Entwicklung eine Bahnung erfahren, die sie den sexuellen Zielsetzungen unterwirft. In jeder Sexualorganisation hat sie ihre ursprüngliche inhaltslose und ungerichtete Bewegtheit eingebüßt. Deshalb kommt Fritz Morgenthaler zu dem Schluß, daß die Triebhaftigkeit als energetisches Potential in einem elementaren Widerspruch zur Sexualität steht.

Aus dieser Einsicht ergibt sich eine neue Bewertung von Homosexualität, Heterosexualität und Perversion, die es nicht mehr zuläßt, eine Diskriminierung von Homosexualität und Perversion gegenüber einer Entwicklung zur Heterosexualität aufrechtzuerhalten. Das ist der Schlüssel, den Morgenthaler für die neue, nicht diskriminierende Bewertung von Homosexualität und Perversion gefunden hat.

Die Unterscheidung von ungerichteter zielloser Triebhaftigkeit und gesteuerter Sexualität ist eine Erkenntnis, von der sich Morgenthaler so konsequent und intuitiv leiten ließ, wie sie die traditionelle Psychoanalyse bis auf den heutigen Tag verleugnet und verdrängt. Die gesellschaftliche Norm einer Sexualität samt ihren Abweichungen hat sich in psychoanalytischer Theorie und Technik so weit etabliert, daß es den Psychoanalytikern besonders schwer fällt, einer Reflexion gleichsam am eigenen Leib zu folgen, wie es einst Sigmund Freud getan hatte.

Morgenthalers konsequentes Ziel ist es, die Neuformulierung von Perversion und Homosexualität im Rahmen der etablierten psychoanalytischen Theorie anzustreben. Dies führte so lange immer wieder zu Mißverständnissen und Kompromissen, bis er die auf der Hand liegende Erklärung fand und formulierte: Die Erkenntnisse der klassischen psychoanalytischen Theorie über Homosexualität und Perversion sind nur dann zutreffend, wenn es sich um eine *neurotische* Entwicklung bei Homosexualität und Perversion handelt. Erst aufgrund dieser Einsicht wurde es möglich, Entwicklungslinien aufzufinden, die Homosexualität, Heterosexualität und Perversion auf unterschiedliche Triebschicksale beziehen, die zu unterschiedlich ausgeformten, aber grundsätzlich nicht psychopathologischen Sexualorganisationen führen. Von diesem Standpunkt aus läßt sich dann von einer neurotischen oder unneurotischen Entwicklung bei Homosexualität, Heterosexualität oder Perversion sprechen.

Die Schwierigkeiten, die sich in der psychoanalytischen Theorie ergeben, sind nicht prinzipieller Natur, sondern beruhen auf dem Mißverständnis, daß man bei Homosexualität und Perversion neurotische Entwicklungen automatisch mit der Sexualorganisation verknüpft, was man zu Recht bei Heterosexualität nie getan hat. Die Psychoanalyse hat von Anfang an verstanden, daß Neurosen sich zwar auf die Sexualorganisation auswirken, aber nie von ihr hervorgerufen werden.

Neurosen entstehen nach der klassischen psychoanalytischen Theorie als Folge von Störungen in der Libido- und Ich-Entwicklung. Das Krankhafte kann stets nur Ausdruck einer disharmonischen Entwicklung im gesamten psychischen Haushalt sein. Sexualität, in welcher Form auch immer, kann niemals eine Neurose, eine Psychose, eine Morbidität sein. Weil Homosexualität und Perversion von der psychoanalytischen Theorie grundsätzlich als Psychopathologie beschrieben wurden, wird es in der Neuformulierung Morgenthalers notwendig, abzugrenzen, wann, wie und weshalb Homosexualität, Heterosexualität oder Perversion eine unneurotische Entwicklung genommen haben oder einer neurotischen Entwicklung unterworfen wurden.

Erst als er beginnt, bewußt die Entwicklungslinien gesunder und unneurotischer Homosexualität zu verfolgen, kommt er dazu, die *Triebhaftigkeit* mit dem Kampf der *Guerilleros* und die *Sexualität* mit der *Militärregierung* einer Militärjunta zu vergleichen. In diesem Vergleich beginnt für ihn ein neuer Diskurs, der über die grundlegende Bestimmung hinausgeht, daß Homosexualität mit dem Bedürfnis nach *Autonomie*, daß Heterosexualität mit dem Bedürfnis nach *Identität* zu tun hat und Perversion als ein Mittel zur Erhaltung ungerichteter *Triebhaftigkeit* zu deuten ist. Die eigene Fragestellung liegt darin, die ungerichtete triebhafte Bewegtheit so in die Sexualorganisation einfließen zu lassen, daß eine kreative Erotik möglich wird, die die Liebesfähigkeit des Menschen begründet. In dieser Betrachtung wird deutlich, wie der Homosexuelle, der Heterosexuelle und der Perverse – jeder auf seine Art – die Hindernisse bewältigt oder nicht bewältigt, die die Sexualorganisation, in welcher Ausformung sie sich auch immer zeigt, produziert.

Außer den theoretischen Neuformulierungen enthalten Morgenthalers Arbeiten eine Fülle klinischer Beobachtungen, ethnologischer Erfahrungen und praktischer technischer Hinweise. Ausgangspunkt ist für ihn immer die analytische Praxis und die Selbstreflexion gewesen. Aus seiner Auseinandersetzung mit der psychoanalytischen Erfahrung, im Zusammenhang mit dem Verständnis der Sexualorganisation, ist sein Buch *Technik. Zur Dialektik der psychoanalytischen Praxis* entstanden. Seine körperliche Präsenz ist für ihn so unumstößlich notwendig, wie es für den Physiker die Apparaturen beim Experiment sind. Morgenthalers experimentelle Anordnung beinhaltet immer auch den Wunsch, das Starre und Beengende des eigenen Lebens aufzubrechen.

Wenn Lacan die psychoanalytische Arbeit von der Ich- und Identitätsfixierung zu befreien versucht und dafür die schöne Formel findet, »dort, wo ich nicht denke, zu denken«[28], dann liegt dem kein anderer Wunsch als derjenige Fritz Morgenthalers zugrunde, mit dem Analysanden in eine entspannte Beziehung zu kommen, die Beziehungsdynamik jenseits von Ich- und Überichforderungen zu entfalten. Dies ist für Morgenthaler eine Frage der *Emotionalität*. Aber auch auf der Ebene des Sprechens, des Denkens, des Sinns und der Bedeutungen muß der Analytiker seine *Autorität* und seine Setzungen loslassen können, sie in Frage stellen, sie öffnen auf den sich gemeinsam herstellenden, nicht vorgegebenen Raum an Deutungen und Bedeutungen.

> *»Als Analytiker setze ich mich aus. Die Hilfsmittel, die ich habe, um mich vor Ängsten und Konflikten zu schützen, sind die Hilfsmittel des Analytikers, die ich beschrieben habe: die Einhaltung des analytischen ›setting‹, das heißt des äußeren Rahmens, in welchem sich die Analyse abspielt, die Kenntnisse der Metapsychologie und die Kenntnisse der Theorie der Technik. Mein Analysand legt die Fallen, die er legen muß. Er schaut und wartet. Er stellt sich nicht die Frage, ob ich in diese Fallen trete oder ob ich ihnen auszuweichen verstehe. Er stellt sich die*

Frage, ob ich es verstehe und ob es mir möglich ist, die unbewußten Motive zu durchschauen. Die Fallen, die der Analysand legt, sind nicht Fallen, die mir persönlich gelten. Es sind die Fallen, die er allen und, in erster Linie, sich selber legt. Als Analytiker muß ich das annehmen und mich weder auf die Probe gestellt fühlen noch meinen, der Analysand mache dieses oder jenes, um mir etwas anzutun.

Als Analytiker stehe ich dauernd in Motivationszusammenhängen, in denen ich nicht kreisen möchte, aus denen ich mich auch nicht befreien möchte, denn es kommt darauf an, daß die Analyse nicht wie ein Stein ins Wasser fällt, der Kreise bildet, aber untergeht, und die Kreise enden und nichts ist geschehen, als daß jetzt irgendwo auf dem Grund ein Stein liegt. Als Analytiker lasse ich mich nicht in den analytischen Prozeß ein, um etwas zu beweisen. Ich lasse mich auch nicht ein, um nichts zu beweisen. Ich gehe mit meinem Analysanden einen Weg. Alle sind voneinander verschieden.«[29]

Dieser Passus, der, in seinen metaphorischen Umspielungen, etwas aus dem sonstigen Duktus herausfällt[30], wird von Morgenthaler zu Beginn und am Ende durch zwei Fragen eingerahmt: »Was soll das heißen?« und »Wohin führt dieser Weg?«, so, als wolle er sich damit am Schluß wieder auf einen festen Boden begeben.

Im Wunsch nach einer *Präsenz*, die kreativ und erotisch ist, hat er einige Verdrängungen und Verzerrungen in psychoanalytischer Theorie und Technik aufgehoben und sich selbst, als Maler, einen spezifischen Blick für Wirklichkeit erschlossen. Dieser künstlerische Blick, der nicht an die Notwendigkeit einer Emanzipation der Homosexualität gebunden ist, könnte auch fließende Übergänge zwischen Homosexualität, Heterosexualität und Perversion schaffen und Phantasmen in ihrem lustvollen Schein zeigen, wie es in seinen Arbeiten sichtbar wird, wenn von Verkehrsformen der Perversion und der Perversion der Verkehrsformen die Rede ist. »Perversionen sind sexuelle Erlebnisweisen«, notiert er da und forscht den eigenen Erlebnissen und Erfahrungen nach, in denen die Schönheit, die Sensibilität und Kreativität aufblitzt, die im gesellschaftlichen Umgang unversehens dem Verdikt des Perversen verfallen kann.

»In Manhattan entdeckte ich die Farbigkeit New Yorks an den blau-weiß-roten Schornsteinen hinter den schwarzen und grünen Fassaden der Wolkenkratzer. Diese Farbigkeit weckte in mir eine sinnliche Erregung. Ich war fasziniert. Während einer Analyse berichtete ein Fetischist, was in ihm vorgeht, wenn er den lange gesuchten gelben Stiefel endlich findet, der ihn erregt, fasziniert. Kann man das miteinander vergleichen? T. kommt auf mich zu, liest, was ich soeben geschrieben habe und fragt: ›War dein Eindruck von Manhattan wirklich so stark, daß du ihn mit dem des Fetischisten vergleichen kannst, Erektion, Orgasmus usw.?‹ Ich sagte zu T.: ›Weißt du denn so genau, was in einem Fetischisten vorgeht, wenn ihn das Objekt seiner Sehnsucht fasziniert? Kommen Erektion und Orgasmus dann zustande?‹

Der Vergleich ist unzutreffend. Er enthält eine Verzerrung. Äußerlich betrachtet besteht ein großer Unterschied zwischen dem Fetischisten und mir in New York. Jener sucht und findet schließlich, was er sucht. Ich wurde überrascht, weil ich unvermutet sah, was ich gar nicht suchen konnte. Ich aber sage: Es ist dasselbe. Es geht um den Zugang zum Grandiosen. Der Glanz im Selbstgefühl trägt bei allen Menschen die Spuren grandioser Allmacht aus der Kindheit. Gelingen auf dieser Erlebnisstufe hat mit dem Erreichen eines Ziels wenig zu tun.

Als ich meine Aquarelle aus amerikanischen Großstädten ausstellte, schrieb ein Kritiker: ›Er sieht sogar in den grauen Steinwüsten New Yorks oder Chicagos leuchtende Farben.‹ Ist das pervers? Nein, gewiß nicht. Perverses Erleben stellt eine quantitative Überhöhung und sexuelle Färbung der Grandiosität dar. Der Perverse hat einen viel direkteren Zugang zur Sinnlichkeit. Das führt allerdings zu einem qualitativ veränderten, der Realität nicht mehr angepaßten Verkehr mit der Sinnlichkeit.«[31]

Ein letzter Blick auf die Perversion

Angesichts von Manifestationen der Perversion, die vor allem dann, wenn sie mit politischer Herrschaft verwoben sind, von einer Befremdlichkeit und radikalen Andersheit zu dem, was uns als normal erscheinen mag, sind, sollte sich die Psychoanalyse dazu aufgerufen fühlen, noch stärker herauszustellen, daß auch sie nur Annäherungen an das *radikal Andere* der Vernunft anzubieten hat. Zugleich stellt sich die Frage, welche Freiheit der Kunst und Literatur zuzugestehen ist, eine Perversion, wenn sie in der Vernichtung von Millionen Menschen ihren letztendlichen Niederschlag findet, dennoch zu feiern, wie dies etwa Jean Genet – also kein Anhänger oder Mitläufer einer Rassenideologie – im Fall Hitlers und der Homosexualität der Nazis getan hat.

Hier gewinnt das, was wir gemeinhin als Verstörung begreifen, eine »Qualität«, der gegenüber wir uns als mehr oder weniger ohnmächtig empfinden. In jeder fremden Kultur, die wir kennenlernen, und in jedem anderen Menschen gibt es Facetten, die uns in eine schwierige Konfrontation mit uns selbst bringen, da sie nicht unserem Selbstbild entsprechen, zumindest solange nicht, wie wir in diesem Anderen nicht etwas von uns Abgespaltenes erkennen.

Wo aber, an welchem Punkt, könnte man sagen, diese oder jene Perversion, diese Absonderlichkeit und Andersartigkeit hat nichts mehr mit mir zu tun, sie ist etwas Fremdes außerhalb des Eigenen? Verringert man den Widerstand gegen eine zu enge Grenzziehung, ist man sogleich aufgerufen, Perversionen, wie sie etwa Genet in seinem Theaterstück »Totenfest« oder Proust in seinem Roman *Auf der Suche nach der verlorenen Zeit* darstellen, in sich selbst zu orten:

> *»Prousts Charlus läßt sich, während am Nachthimmel die Bomber des Ersten Weltkriegs kreisen, vermeintlich schwere Jungen in sein Bordell bringen, damit sie ihn auspeitschen und beschimpfen; Genets Hitler läßt sich am Ende des Zweiten Weltkriegs, in derselben Stadt Paris, von einem gewissenlosen Kuppler garçons in sein Palais schleppen, wo er sie in einem fensterlosen Raum ›liebte und tötete‹.«* [32]

Perversion, so hat der französische Psychoanalytiker J.R. Freymann, eine Formulierung Freuds von 1938 (»Die Ichspaltung im Abwehrvorgang«) aufgreifend, formuliert, heißt: »das Objekt zu sich zu rufen, wenn die Spaltung des Subjekts oder sogar die Ichspaltung droht. Dies ist es, was man im Donjuanismus findet, wenn die Vielzahl der Liebesobjekte die Antwort auf das Risiko ist, mit dem Mangel eines anderen konfrontiert zu werden.« Der hier auftauchende, von Jacques Lacan ins Zentrum gerückte Begriff des Mangels und das Begreifen des *Begehrens als Begehren des Anderen* führen über Morgenthalers Konzeption hinaus und lassen seine Vorstellung der Verführung auch als einen etwas zu linear gedachten Vorgang erscheinen. Und dies auch noch in einem anderen, ethischen Sinn, den Emmanuel Lévinas äußerst pointiert formuliert hat, als er davon sprach, daß der »einzig absolute Wert« in der dem Menschen eigenen Möglichkeit liege, »dem Anderen einen Vorrang vor sich selbst zu geben.« Peter Widmer, der sich um die Neuformulierung einer Ethik der Psychoanalyse sehr verdient gemacht hat, notiert, daß die analytische Kur nur in Gang komme, wenn der Analysand(t) sich von der Ethik des Analytikers angesprochen fühle – eine Ansicht, die ja auch Morgenthaler vertreten, aber vielleicht im Begriff der Verführung nur erst vorläufig gedacht hat.

Es besteht keine Notwendigkeit, an der »Plombe«-Idee festzuhalten. Man sollte auch der Struktur eine Wandlung und Transzendierung zugestehen, wenn der Perverse mit einem Begehren und einem Sein konfrontiert wird, das die Unbelebtheit seiner Fixierungen nicht nur aufbricht, sondern neu situiert und belebt. Nichts anderes ist doch Leben: das eigene Sein zustimmend auf sich zu nehmen und es in dieser Bejahung für Wandlungen zu öffnen; aus der Ohnmacht und Opferhaltung, von der Selbstdarstellungen von Perversen besonders auffallend geprägt sind, auszubrechen.[33]

Der Perverse abstrahiert von dem anderen Sein und reagiert nur auf einen Reiz, der seiner unbelebten und verdinglichten Objektbeziehung adäquat ist. Er sieht in dem Ausdruck des Mädchens oder Jungen, der Frau oder des Mannes nicht das Andere, sondern nur das Identisch-Gleiche. Da er sich selbst ausgeliefert ist, ist er auch dem Blick, der Geste, der Haltung eines ihm fremden Menschen schutzlos verfallen. Je maskenhafter und unschuldiger ihm die fremde Schönheit erscheint, desto ohnmächtiger empfindet er sich selbst. Verführung und Verführtwerden: das ist hier kein offenes Spiel, sondern ein Zwangszusammenhang.

Aber das Objekt, zum Beispiel der Fetisch, ist, wie Morgenthaler selbst sagt, die *Pforte*, durch die das emotional Fließende erlebbar wird. Die Plombe ist eine Art Amalgamfüllung, die zwar besser als ein Loch ist, sich aber mit der Zeit zersetzt und Gifte freisetzt. Man kann sie, man sollte sie, durch edlere Metalle ersetzen, was man bei einer perversen Neigung und Tendenz niemals unversucht lassen sollte.[34] Wenn Fritz Morgenthaler konsequent den Weg des Malers weitergegangen wäre, immer entschiedener seinen Ausdruck suchend, wäre er vielleicht zu einer stillen Expressivität gelangt, die sich in ihrer Wandlungsfähigkeit auch wieder konstruktiv auf seine Vorstellung von der Perversion als Plombe hätte auswirken können.

Literatur

ABRAHAM, Nicolas / Maria TOROK (1986): »Das verlorengegangene Objekt–Ich. Anmerkungen zur endokryptischen Identifikation«. In: Psychoanalytisches Seminar (Hg.) (1986, S. 61–87).

ALVES, Eva Maria (Hg.) (1993): *Stumme Liebe*. Freiburg.

»APERTURA« (1991): *Perversion*. Themenheft, Bd. 5, Paris.

BARTHES, Roland (1990): *Der entgegenkommende und der stumpfe Sinn*. Frankfurt am Main.

BORENS, Raymond (1993): »Fragmentarische Überlegungen zur Psychose«. In: Widmer (Hg.) (1993, S. 40–48).

BORENS, Raymond (1994): »Der Perverse – Tragik oder Schuld?« In: Widmer (Hg.) (1994, S. 65–74).

BOWIE, Malcolm (1994): *Lacan*. Göttingen.

CHAPSAL, Madeleine (1989): *Französische Schriftsteller intim*. München.

CREMERIUS, Johannes (Hg.) (1995): *Die Zukunft der Psychoanalyse*. Frankfurt am Main.

DANNECKER, MARTIN (1986): *Der Homosexuelle und die Homosexualität*. Frankfurt am Main.

DANNECKER, MARTIN (1987): *Das Drama der Sexualität*. Frankfurt am Main.

DUERR, Hans Peter (Hg.) (1985): *Der Wissenschaftler und das Irrationale*. Frankfurt am Main.

DUERR, Hans Peter (1987): *Die wilde Seele. Zur Ethnopsychoanalyse von Georges Devereux*. Frankfurt am Main.

ERDHEIM, Mario (1982): *Die gesellschaftliche Produktion von Unbewußtheit. Eine Einführung in den ethnopsychoanalytischen Prozeß*. Frankfurt am Main.

ERDHEIM, Mario (1990): »Sinngebung und Kulturwandel«. In: *Ethnopsychoanalyse 1*. (»Glaube, Magie, Religion«) (1990, S. 9–31). Frankfurt am Main.

ERDHEIM, Mario / Maya NADIG (1983): »Ethnopsychoanalyse«. In: Mertens (Hg.) (1983, S. 129–135).

ERDHEIM, Mario / Maya NADIG (1987): »Wissenschaft, Unbewußtheit und Herrschaft«. In: Duerr (Hg.) (1987, S. 163–176).

FICHTE, Hubert (1981): *Jean Genet*. Frankfurt am Main.

FREUD, Sigmund (1895): »Studien über Hysterie«. In: G.W. I.

FREUD, Sigmund (1926): »Die Frage der Laienanalyse«. In: G.W. XIV.

FREUD, Sigmund (1938) :»Die Ichspaltung im Abwehrvorgang«. In: G.W. XVII.

FREUD, Sigmund (1971): *»Selbstdarstellung«. Schriften zur Geschichte der Psychoanalyse*. Frankfurt am Main.

FREUD, Sigmund (1995): *Der Wahn und die Träume in W. Jensens »Gradiva«*. Hg. von Bernd Urban. Frankfurt am Main.

FREYMANN, Jean-Richard (1994): »Der perverse Akt«. In: Widmer (Hg.) (1994, S. 7–12).

GINZBURG, Carlo (1995): *Spurensicherung. Die Wissenschaft auf der Suche nach sich selbst*. Berlin.

GONDEK, Hans-Dieter / Peter WIDMER (Hg.) (1994): *Ethik und Psychoanalyse*. Frankfurt am Main.

GRODDECK, Georg (1923): *Das Buch vom Es*. Leipzig/Wien/Zürich.

HARTWIG, Ina (1995a): »Genets Hitler«. *Merkur*, Heft 5, 49. Jg., 1995, S. 402–413.

HARTWIG, Ina (1995b): »Noten zur Homosexualität«. *Merkur*, Heft 9/10, 49. Jg., S. 904–914.

JAHRBUCH FÜR KLINISCHE PSYCHOANALYSE (Hg.) (1999): *Perversion*. (Bd. 1). Tübingen.

JURANVILLE, Alain (1994): *Der psychoanalytische Diskurs nach Lacan*. (*RISS*, Extra 1). Zürich.

LACAN, Jacques (1966): *Ecrits*. Paris.

LACAN, Jacques (1980): *Schriften III*. Olten.

LACAN, Jacques (1987): *Die vier Grundbegriffe der Psychoanalyse. Seminar*. Buch XI. Olten/Freiburg i.Br.

LAPLANCHE, Jean (1996): *Die unvollendete kopernikanische Revolution in der Psychoanalyse*. Frankfurt am Main.

LAPLANCHE, Jean (1998): »Die Psychoanalyse als Anti-Hermeneutik«. *Psyche*, 7, Juli, 1998, S. 605–618.

LASKOW, Leonard (1995): *Heilende Energie. Einführung in die Medizin der inneren Kräfte*. München.

LEIRIS, Michel (1992): *Leidenschaften*. Frankfurt am Main.

LEVINAS, Emmanuel (1992): *Jenseits des Seins oder anders als Sein geschieht*. Freiburg/München.

LEVINAS, Emmanuel (1995): *Zwischen uns. Versuche über das Denken an den Anderen*. München.

LIPOWATZ, Thanos (1994): »Über das Phantasma«. In: Widmer (Hg.) (1994, S. 15–42).

LOHMANN, Hans-Martin (Hg.) (1983): *Das Unbehagen in der Psychoanalyse*. Frankfurt am Main. Neuausgabe: Gießen 1998.

LOHMANN, Hans-Martin (1984a): *Die Psychoanalyse auf der Couch*. Frankfurt am Main.

LOHMANN, Hans-Martin (1984b): *Psychoanalyse und Nationalsozialismus*. Frankfurt am Main.

LÜTKEHAUS, Ludger (1996): *Psychoanalyse ohne Zukunft?* Frankfurt am Main.

MAHONY, Patrick J. (1988): *Der Schriftsteller Sigmund Freud*. Frankfurt am Main.

MERTENS, W. (Hg.) (1983): *Psychoanalyse*. München.

MICHAUX, Henri (1971):*Turbulenz im Unendlichen*. Frankfurt am Main.

MORGENTHALER, Fritz (1987) [1984]: *Homosexualität. Heterosexualität. Perversion*. Frankfurt am Main. Neuausgabe: Gießen 2004.

MORGENTHALER, Fritz (1990) [1986]: *Der Traum. Fragmente zur Theorie und Technik der Traumdeutung*. Frankfurt am Main. Neuausgabe: Gießen 2004.

MORGENTHALER, Fritz (1991) [1978]: *Technik. Zur Dialektik der psychoanalytischen Praxis*. Frankfurt am Main. Neuausgabe: Gießen 2005.

MORGENTHALER, Fritz / Florence WEISS / Marco MORGENTHALER (1984):*Gespräche am sterbenden Fluß. Ethnopsychoanalyse bei den Iatmul in Papua-Neuguinea*. Frankfurt am Main.

MORGENTHALER, Marco (1984): »Ngaui«. In: Morgenthaler/Weiss/Morgenthaler (1984, S. 245–287).

MÜLLER, Roland (1995): »Geschichte – Baugeschichte. Über wechselseitige Symbolisierungen in der Analyse«. *Arbeitshefte Kinderpsychoanalyse*. Heft 20, Febr. (1995, S. 71–103).

MUSCHG, Walter (1956): »Freud als Schriftsteller«. In: *Zerstörung der deutschen Literatur*. Bern.

NADIG, Maya (1986): *Die verborgene Kultur der Frau*. Frankfurt am Main.

NAIPAUL, V. S. (1995): *Ein Weg in der Welt*. Hamburg.

PARIN, Paul (1983) [1978]: *Der Widerspruch im Subjekt. Ethnopsychoanalytische Studien*. Frankfurt am Main.

PARIN, Paul (1985): »Irrationales in der Wissenschaft: lebenslänglich«. In: Duerr (Hg.) (1985, 4, S. 36–47).

PARIN, Paul (1986): »Die Verflüchtigung des Sexuellen in der Psychoanalyse«. In: Psychoanalytisches Seminar (Hg.) (1986, S. 11–22).

PARIN, PAUL / Goldy PARIN-MATTHEY (1986): *Subjekt im Widerspruch*. Frankfurt am Main.

PARIN, Paul / Fritz MORGENTHALER / Goldy PARIN-MATTHEY (1989) [1963]: *Die Weißen denken zuviel. Psychoanalytische Untersuchungen bei den Dogon in Westafrika*. Frankfurt am Main.

PARIN, Paul / Fritz MORGENTHALER / Goldy PARIN-MATTHEY (1991) [1971]: *Fürchte deinen Nächsten wie dich selbst: Psychoanalyse und Gesellschaft am Modell der Agni in Westafrika*. Frankfurt am Main.

PASSETT, Peter (1986): »Die Aufhebung des Widerspruchs in der Bewegung. Eine Auseinandersetzung mit Fritz Morgenthalers metapsychologischen Reflexionen zur Sexualität«. In: Psychoanalytisches Seminar (Hg.) (1986, S. 157–203).

PSYCHOANALYTISCHES SEMINAR (Hg.) (1986): *Sexualität*. Frankfurt am Main.

REICHE, Reimut (1986): »Das Geheimnis in der Zündholzschachtel. Gedanken zur latenten Perversion bei der Frau«. In: Psychoanalytisches Seminar (Hg.) (1986, S. 89–113).

RICHTER, Horst-Eberhard (1995): *Bedenken gegen Anpassung. Psychoanalyse und Politik*. Hamburg.

ROHDE-DACHSER, Christa (1994): »Männliche und weibliche Homosexualität«. *Psyche*, Heft 9/10, 48. Jg., S. 827–841.

SIGUSCH, Volkmar (1986): »Über den Fetischcharakter der Sexualität«. In: Psychoanalytisches Seminar (Hg.) (1986, S. 133–156).

SULLIVAN, Andrew (1996): *Völlig normal. Ein Diskurs über Homosexualität*. München.

TABUCCHI, Antonio (1995): *Erklärt Pereira*. München.
VOLMERG, Birgit (1984): »Rezension des Bandes *Die Psychoanalyse auf der Couch*«. *psychosozial*, 23, S. 156–166. Reinbek.
WALLERSTEIN, Robert S. (2001): »Entwicklung und moderne Transformation der (amerikanischen) Ich-Psychologie«. *Psyche*, 7, 2001, S. 649–684.
WEIGEL, Sigrid (1995): »Freuds Schriften zu Kunst und Literatur zwischen Rätsellösung, Deutung und Lektüre«. *Journal*. August. Zürich.
WEISS, Florence (1984): »Ethnopsychoanalyse«. In: Morgenthaler/Weiss/Morgenthaler (1984, S. 17–24).
WEISS, Florence (1991): *Die dreisten Frauen. Ethnopsychoanalytische Gespräche in Papua-Neuguinea*. Frankfurt am Main/New York.
WIDMER, Peter (1993): »Gedanken zur Ethik der Psychoanalyse«. *Luzifer-Amor. Zeitschrift zur Geschichte der Psychoanalyse*, 6. Jg., Heft 12 (1993, S. 183–199).
WIDMER, Peter (Hg.) (1993): *Psychosen*. Themenheft der Zeitschrift *RISS*, 8. Jg., Nr. 22. Zürich.
WIDMER, Peter (1994): *Perversionen*. Themenheft der Zeitschrift *RISS*, 9. Jg., Nr. 25. Zürich.
WIDMER, Peter (1995): *Psychosomatik*. Themenheft der Zeitschrift *RISS*, 10. Jg., Nr. 31. Zürich.

Präzision oder Konfusion, Struktur oder Geschichte?

Claude Lévi-Strauss' Kampf um eine vorbildhafte exakte Wissenschaft der Kultur und des Menschen

Die Ethnologie ist alles in allem nur die letzte Stufe eines großen Gedankenexperiments unserer Zivilisation. Statt gesellschaftliche Erscheinungen, die denen des Beobachters geographisch, geistig und moralisch am nächsten stehen, zum Ausgangspunkt zu nehmen, wählt der Ethnologe die entferntesten menschlichen Erfahrungen.

Claude Lévi-Strauss (1980, S. 276)

Der Strukturalismus hat nie behauptet, alles sei struktural: einige Ebenen lassen eine strukturale Analyse zu, andere würde ich aleatorisch nennen; auf ihnen geschieht alles nach Wahrscheinlichkeiten (und nicht nach Notwendigkeiten).

Claude Lévi-Strauss (in: Reif 1973, S. 272f.)

Der Strukturalismus hat einen Blickpunkt gewählt, von dem aus man mehr und besser sehen kann als früher.

Apex 1975, S. 13

»Von seiner Matriarchats-These ist nicht viel übrig geblieben, und dennoch war sein Denken für seine Zeit sehr fruchtbar...« – oder noch zugespitzter formuliert: was er (J. J. Bachofen) herausgefunden hatte, habe sich, so Claude Lévi-Strauss, als falsch erwiesen, und dennoch habe er auf exemplarische Weise den soziologischen Blick für die Geschichte geschärft.

Mit Bachofen verbindet Lévi-Strauss das Interesse am Universalen, an den Grundstrukturen und symbolischen Formen, ein Interesse, das sich immer auch an »sozialen Tatsachen« orientierte. So erstaunt es denn auch nicht, daß er einer Philosophie wie dem Existentialismus und einem Philosophen wie Sartre (der auf alle großen Fragen eine Antwort wußte) fremd gegenüber stand. Für die Beantwortung menschheitsentscheidender Fragen empfand er sich als eher unbegabt.[1] Gegen den Anspruch des »totalen Intellektuellen« (wie Bourdieu Sartre nannte) einerseits und den tatsachenversessenen Empirismus andererseits hat sich sein Denken einen Weg gebahnt.

Die folgenden Überlegungen sind geleitet von dem Wunsch, hinter Lévi-Strauss' imponierendem Willen zur Eindeutigkeit und der behaupteten Dominanz des Rationalen den latenten Wunsch nach dem Heterogenen und der Konfusion sowie die Macht des Begehrens ausfindig zu machen.

Das Rationale ist bei Lévi-Strauss bereits aus der Domäne des Europäers und des europäischen Geistes befreit und im Universellen verankert. Die Spuren des Weges, der ihn zu seinen Erkenntnissen führte, werden von ihm nicht säuberlich getilgt; im Gegenteil: Die ethnographische Laufbahn finde ihr Prinzip, so seine Überzeugung, in Bekenntnissen.

Es ist die besondere Fähigkeit des Ethnologen, aus dem Unbehagen an der eigenen Kultur für die Erforschung des Fremden Feuer zu schlagen und mit seinen Forschungsberichten die eigene Gesellschaft um neue Möglichkeiten des Verstehens zu bereichern. Selbstentfremdung, Selbstreflexion und Autobiographie einerseits und Reflexion und Analyse des Fremden andererseits verschränken sich unauflösbar miteinander. Und so wird auch verstehbar, daß Exotik nicht nur Täuschung und unproduktive Verzerrung ist, sondern sich, in der Ausprägung zur »präzisen Exotik« (wie dies Victor Segalen genannt hat) als Produktivkraft zur Erkenntnis des verborgenen Subtextes der eigenen Gesellschaft erweisen kann. Der wissenschaftlichen Erforschung des Fremdkulturellen sind die persönliche Unangepaßtheit des Forschers – Lévi-Strauss spricht auch einmal von einer »Selbstverweigerung« – und sein exotisches Imaginarium eingeschrieben. In dieser Perspektive beginnt für ihn die »ethnologische Revolution« mit der »rousseauistischen Revolution«: Ohne Bekenntnis keine Ethnographie.

Auch wenn sich die Erfahrung des Eigenen im Fremden heute nicht mehr mit dem heroischen Gestus der Ethnologen-Generation von Segalen und Leiris bis Lévi-Strauss schmücken kann und sich eher eine Vielfalt von komplementären Bewegungen und Motivationen herausgebildet hat, so kann doch der Europäer nie mehr die Vernunft so selbstherrlich wie zuvor als seine Sache behaupten. Und dennoch: Am Ende wird vielleicht auch der Ethnologe, aufgrund verschiedener persönlicher, politischer und kultureller Entwicklungen (etwa durch das Erstarken des islamischen Fundamentalismus) wieder zu einem Bekenner europäischer Identität und zu einem Verfechter europäischen Denkens. Auch Lévi-Strauss ist dieses »Schicksal« widerfahren: Angesichts äußerer Bedrohungen sei die eigene Kultur in die Defensive geraten und man fände sich auf einmal in der Rolle des ethnologischen Verteidigers des Eigenen wieder.[2]

Die strukturalistische Tätigkeit Lévi-Strauss, Lacan, Barthes, Foucault

Die »strukturalistische Tätigkeit« (von der Roland Barthes einst geradezu unschuldig sprach) hat sich der Aufgabe verschrieben, symbolische Ordnungen in den Dingen und im Geist zu entziffern. Strukturalismus ist ein Begriff, unter den die Forschungen der unterschiedlichsten Autoren eingereiht werden, die aber alle den Strukturcharakter von Phänomenen hervorheben, ihn logisch und linguistisch (auch poetisch) beschreiben. Sie arbeiten an einer Geschichte der Strukturen der Diskurse, der Schriften, in der das Subjekt nicht mehr im Mittelpunkt steht, es vielmehr dezentriert ist.

Während Jacques Lacan von einer für alle Menschen verbindlichen »symbolischen Reihe [...], noch ehe Geschichte gewoben ward«, sprach, für ihn also entscheidende psychische Strukturen *vor* der Geschichte anzusiedeln sind – was zu dem pauschalen Vorwurf des strukturalen Idealismus, der Verabsolutierung invarianter Strukturen geführt hat –, beeilte sich Roland Barthes zu betonen: »Was mich betrifft, so habe ich immer versucht, Formen zu schaffen, die der Geschichte entsprechen.« Barthes setzte sich damit gegen die Positionen des Soziologismus und Historismus ab, die zu Unrecht Geschichte auf die Geschichte der Berichterstatter reduzierten: »Es gibt eine Geschichte der Strukturen und der Schriften [...] und der Mensch ist nicht mehr das Zentrum dieser Strukturen«, oder wie Foucault schreibt: »Ich suche wie ein Archäologe die konstitutive, historische Schicht des Wissens (so etwas wie dessen Unbewußtes).«

Zwar ist der Strukturalismus vor allem eine Kategorie derer, die nicht dazugehören, wie Foucault einmal richtig sagte, und dennoch gibt es eine Bewegung innerhalb dieser »Kategorie«: von dem gemeinsamen Bezugspunkt *Sprache und Symbolsystem* zu differenzierten Detailanalysen und einzelnen Gegenständen. Barthes hat schon 1967 deutlich gesehen: »Die Differenzen, die zum Beispiel Lévi-Strauss und Lacan trennen und trennen werden, sind von heute an abzulesen in jener Art, in der sie schreiben, das heißt in ihrer ideologischen und methodologischen Beziehung zur Schrift.«[3]

Das Verbindende dieser strukturalen Ansätze ist der Blick auf einen *sprachlichen Ort* (im Gegensatz zu sprachlichen Verläufen) als die allgemeinste Bestimmung einer analytischen Ausrichtung, unter die sich Lacan und Lévi-Strauss ebenso wie Barthes und Foucault vereinen lassen. Ob die *Klinik* oder die *Familie*, der *Mythos* oder der *Traum*: stets entfalten sie an diesen Systemen das Symbolische und Modellhafte, das sich sprachlich strukturiert. Der Begriff des *Diskurses* soll diese räumliche Dimension verdeutlichen: Der Charakter der räumlichen Ausdehnung, der immer schon mitschwingt, wenn man etwa vom »Feld« der Wissenschaft oder von deren »Gegenständen« spricht, wird als Charakter des Textes selbst ausgewiesen. Das Diskursive bezeichnet die Organisation und die Anordnung. Roland Barthes: »*Dis-cursus* – das meint ursprünglich die Bewegung des Hin- und Herlaufens, das ist Kommen und Gehen, das sind ›Schritte‹, ›Verwicklungen‹.«[4]

Neben der poetisch-souveränen Verfahrensweise von Barthes steht der extrem mehrdeutige Diskurs von Lacan. Die Ordnung im Text ist bei Lacan und Barthes immer auch an Unvernunft und Bedeutungslosigkeit, an der Eigenbewegung der Sprache und der Selbst-Beschreibung orientiert; bei Lévi-Strauss und Foucault hingegen am Ideal der Ratio. Das ist darin begründet, daß Lévi-Strauss und Foucault an einem *Objekt* (das nicht in die imaginären Bildungen des Subjekts unlösbar verstrickt ist) festgehalten haben. Anders als Lévi-Strauss, der seine Beziehung zur Kunst sehr stark theoretisiert und damit authentifiziert (oder in einer gegenteiligen Tendenz: privatisiert und anekdotisiert) und ihr damit jede Ungerichtetheit genommen hat, liebte es Lacan, sich in der Nachbarschaft der Dichter, ja der dichterischen Produktion zu situieren und scheute sich nicht, von sich selbst zu sagen: »Ich bin ein Poem.«[5] Aus wissenschaftlicher Rücksicht hat er sich keine sprachlichen Konstruktionen versagt. »Ich brüste mich nicht damit, Sinn zu machen. Mit dem Gegenteil ebensowenig«, schreibt er 1980.

Wer sich auf solche Bewegungen nicht einläßt, wer bei der Lektüre des aus gegenläufigen Bewegungen lebenden Textes nicht ein Gefühl der Leidenschaft empfindet, wer keine Lust an einem sprachgeleiteten Denken hat, wird den Strukturalismus nur als eine Selbstbespiegelung oder Abstraktion erfahren, als körperlose (technokratische, ideologische oder reduktionistische) Kunst und Wissenschaft. Dann teilt sich dieses Denken in Rechts- und Links-Lacanismus, in Prä- und Poststrukturalismus, in antifeministische oder mystifizierende Anthropologie und Psychoanalyse auf. Der Strukturalismus ist aber Ausdruck einer Doppelgestalt: er ist objektive Denkbewegung (zur Erklärung der Kultur und des sozialen Lebens als Ordnung, Text und Diskurs), und er ist die Geschichte vieler individueller Besessenheiten und Idiosynkrasien der Beteiligten. Lévi-Strauss verteidigt sich stellvertretend für seine Mitstreiter: »Vielleicht berechtigt mich aber gerade diese mir eigene Idiosynkrasie, auf etwas hinzuweisen, was gültig ist.«[6]

Lévi-Strauss nähert sich über Michel Leiris' Besessenheitsstudien dem Exzessiven im Umgang mit dem Körper und der Sprache, der Ordnung und der Überschreitung, der »règle du jeu« in jedem Ritual, auch dem, welches das eigene Leben strukturiert. Über die ethnologische (und teilweise auch psychoanalytische) Beschäftigung mit dem Exzessiven und dem Entrückten, den existentiellen und zeremoniellen Inszenierungen versetzt er sich in die Beschreibung der Ich-Strukturen. Anders als Leiris, der seine Sehnsucht nach dem Entrückten hervorkehrte (»Lieber wäre ich besessen als über die Besessenen zu schreiben«), hat Lévi-Strauss die Wissenschaft zu einem Ideal-Ich erhoben; es ist die grammatisch-mathematische, die strukturale Ordnung, das linguistische Modell. Lévi-Strauss spricht auch von der »Offenbarung der strukturalen Linguistik.«[7]

Die sprachliche Form der Texte von Lévi-Strauss, Foucault, Lacan oder Serge Leclaire ist darauf fixiert, die Geschlossenheit, die Gesetzmäßigkeit, die

Ordnung der Dinge und »geistige Zwänge« im Bereich des Sozialen, des Mythischen und Unbewußten, der Grammatik und der Lust auszumachen und zu inszenieren. Sie sind die Lehrmeister und die Opfer ihrer Exerzitien; sie sind die Entschleierer, und sie sind die Produzenten monumentaler Mythologien. Sie sind dies als Meister der Analyse, der Selbst-Reflexion, der Selbstbezogenheit und des Stils. Ihre Wollust ist ihr Umgang mit der Sprache und mit »Codes«, die Entdeckung und Ausnutzung von deren Offenheiten – und auch das Phantasma eines geschlossenen Bogens von der empirischen Basis über die Struktur bis hin zur Universalie.

Verschiedentlich grenzt sich Lévi-Strauss von den Schriftstellern und deren poetischem Bezug zur Sprache ab, und in einem »dictionnaire intime« notiert er unter dem Stichwort »Schreiben«: »Ich schreibe, um mich nicht zu langweilen. Ich liebe die Schrift und das Schreiben, aber ich bin nicht ununterbrochen auf der Suche nach dem schönen Satz. Manchmal jedoch weiß ich, daß ich nicht zu einer Idee durchdringen werde, wenn ich nicht auch die entsprechende Form gefunden habe.«[8]

Hatte Lacan gerade das Irrationale (das Es) zum Angelpunkt seines Denkens gemacht und es mühelos an die Stelle des Freudschen Rationalen (das Ich) gesetzt, werden von Lévi-Strauss das Freudsche und das kantianische Ich, in einer neuartigen Konnotierung mit dem »Geist«, wieder aufgewertet. Eine unendliche Suche nach dem Geordneten, dem Modellhaften und den Schemata beginnt. Das Strukturideal drängt die offene Form und das Gestalthafte, die Dominanz des Geschichtsbegriffs an die Seite. In einem Gespräch äußerte Jacques Le Goff:

> *»Sehen Sie, es ist evident, daß wir neue Konzepte brauchen. Daß wir neue Paradigmen brauchen. Daß wir den neuen Bedürfnissen Rechnung tragen. Und dazu zählen zwei Bedürfnisse, die miteinander verknüpft sind: Zum einen, besser zu erklären, was die Bewegung, was die Veränderung ist, und zum anderen die Komplexität besser zu verstehen. So war der Begriff der ›Struktur‹ zu seiner Zeit sehr nützlich, hat aber dennoch die Historiker gestört, denn bei dem Begriff der Struktur liegt die Versuchung nahe, etwas Statisches zu exponieren. Man muß, und ich glaube, daß die Historiker alles darangesetzt haben, dies zu tun, die Strukturen, derer sie sich in ihrem Beruf bedienten, in veränderbare Strukturen umwandeln.*

Wir finden in dieser Einheit, die der menschliche Geist letztlich ist, die Sorgen und Bewegungen der Ästhetik und der Kunst wieder. Die ›Struktur‹ war im Grunde, so scheint mir, in den Geistes- und Sozialwissenschaften das verspätete Echo dessen, was der Kubismus und die Abstraktion in der Malerei waren, die Meisterwerke hervorgebracht haben, die gewisse Dinge verständlicher gemacht haben, aber die dort hätten aufhören können. Wir müssen also das Leben wiederfinden und begünstigen.«[9]

Und dies heißt: dem von Lévi-Strauss etwas vernachlässigten Austausch von (invarianten) Strukturen und lebenden Menschen wieder die volle Aufmerksamkeit zu schenken, um so dem vom Strukturalismus selbst aufgestellten Ideal, Lebens- und Verhaltensformen zu erklären, Genüge zu tun.

Struktur oder Geschichte?

In zwei Ausgaben der von Jean Paul Sartre 1945 gegründeten Zeitschrift »Les Temps modernes« (1997/98) findet sich eine Diskussion, die eine elementare Kontroverse um den Strukturalismus wieder aufgreift, so, als wären die alten Wunden nie verheilt. In den Jahren vor der 68er Bewegung hatte Sartre der damals in Mode kommenden Strömung des Strukturalismus (die den Existentialismus ablöste) vorgeworfen, sie sei ungeschichtlich. Sartre hatte, wie viele andere Gegner dieser stark sprachwissenschaftlich, psychoanalytisch und ethnologisch orientierten Richtung, einen Gegensatz von Geschichte und Struktur konstruiert. Der Strukturalismus, so Sartres Diktum, sei ungeschichtlich: »Jede Generation nimmt zu den Strukturen eine andere Distanz ein, und diese erlaubt den Wandel der Strukturen selbst. Es geht immer darum, für oder gegen die Geschichte zu denken.« Geschichte bleibe bei Lévi-Strauss in Strukturen gefangen. Die Strukturalisten hielten fetischistisch an dem fest, was die bestehende Welt aus den Menschen gemacht habe.[10] Oder wie dies in Deutschland der spätere Adorno-Nachfolger Alfred Schmidt 1969 vehement kritisierte: es handle sich hier um einen resignativen, wenn nicht reaktionären Determinismus.[11]

Diese von Verkennungen und Mißverständnissen geprägte Kritik findet, das ist das Erstaunliche, immer noch eifrige Nachfolger. So sah sich Lévi-Strauss gezwungen, die ewig gleichen Irrtümer auszuräumen. Besonders schmerzlich muß es dabei für ihn gewesen sein zu sehen, wie Sartres Schatten über einer vorurteilsfreien Aufnahme des Strukturalismus lastet und daß der strukturalistische Beitrag für eine neue Sicht des Menschen und der außereuropäischen Kulturen zuweilen grundlegend verkannt wird. Lévi-Strauss' Engagement galt doch gerade der Widerlegung der ethnozentristischen, von der Vorherrschaft der eigenen, westlichen Kultur ausgehenden Verzerrungen, der Behauptung, die Kulturen Afrikas, Südamerikas und des Pazifiks seien »primitiv«, es handle sich um »Völker ohne Geschichte«.

Lévi-Strauss seinerseits wirft Sartre vor, diese Gesellschaften als zurückgebliebene dargestellt zu haben.

> *»Sartre stellt sich die Gesellschaften, die die Ethnologen erforschen, als ›zurückgebliebene Gesellschaften vor, die mehr als andere unter der Knappheit oder dem saisonbedingten Verbot von Nahrungsmitteln leiden und in denen die Menschen leben, um von morgens bis abends auf einer unfruchtbaren und bedrohten Erde zu arbeiten‹. Mit Sicherheit eine phantasmagorische Sichtweise, die in die Verliese romantischer Klischees zu verbannen ist, vor allem seit der Ethnologe Sahlins gezeigt hat, daß noch in unserer Zeit die Jäger und Sammler von einem Leben im Überfluß Kunde geben, ein Leben, wo einige Stunden Arbeit, und noch nicht einmal mit Notwendigkeit täglich, genügten, um die Bedürfnisse der Familie zu befriedigen.«*[12]

In seiner berühmt gewordenen, 1962 erstmals erschienenen Schrift *La pensée sauvage* (Das wilde Denken) hatte sich Lévi-Strauss ausführlich mit Sartre auseinandergesetzt und kommentierte dieses Spannungsverhältnis später so: Er halte die Vorwürfe der Geschichtsfeindlichkeit und der politischen Enthaltsamkeit, wie sie ihm aus dem »ideologischen Café du Commerce« zugekommen seien, für unbegründet und voreingenommen, und dennoch ließe er auch die Position Sartres und »der« Marxisten, die ihm im übrigen gleichgültig seien, als mögliche Einstellung gelten. Nur wolle er für sich beanspruchen, sich mit Dingen zu befassen, die »keine praktischen Auswirkungen haben« – und das tue der Strukturalist.[13]

Das »wilde« Denken ist, so lautet seine entscheidende Prämisse, nicht das Denken der Wilden. Es ist vielmehr eine Form menschlichen Denkens; und zwar diejenige, die nicht ausdrücklichen Regeln unterliegt und nicht über die Schrift verfügt. Es steht also nicht klischeehaft dem »zivilisierten« Denken gegenüber, sondern einem Denken, das »gezähmt« wurde, um effektiver zu sein.

Daß wildes Denken nicht das Gegenteil von zivilisiertem Denken ist, zeigt sich schon darin, daß beiden Formen die Fähigkeit zur Abstraktion eigen ist. Lévi-Strauss führt dafür aber als Beleg nicht nur die Tatsache an, daß alle Kulturen metaphysische, philosophische und moralische Systeme komplexer Art kennen, sondern zeigt dies auch auf ganz spezifische Weise auf der sprachlichen Ebene, wenn es zum Beispiel im Chinook (im Nordwesten der USA) nicht heißt »Der böse Mann hat das arme Kind getötet«, sondern: »Die Bosheit des Mannes hat die Armut des Kindes getötet.« Oder: »Die Frau legt Wurzeln vom Fingerhut in die Kleinheit eines Muschelkorbs« (statt: in einen kleinen Korb).

Lévi-Strauss ist in seinem gesamten Werk an der Bestimmung des menschlichen Geistes und seiner ordnenden Kraft interessiert. Für das Aufzeigen universaler Strukturen nimmt er eine Fülle von Spekulationen und Harmonisierungen in Kauf und schreckt nicht vor Klassifikations-Abenteuern zurück. Dies ist der Preis für die entschiedene Abwendung von der lange Zeit bestimmenden These, die sogenannten primitiven Kulturen stünden auf einer psychisch und geistig niedrigeren Stufe als die »zivilisierten« Völker. Lévi-Strauss behauptet dagegen mit Macht die Universalität des menschlichen Geistes und die Vorstellung von der psychischen Einheit des Menschen.

Besonders eindringlich sind seine Überlegungen zu der viel größeren *Wahrnehmungsbreite* im wilden Denken. Es wendet sich in der Wahrnehmung und Klassifikation vielschichtig der Umwelt (etwa den Tieren) zu. Das technisch-wissenschaftliche Denken hingegen neigt stärker zur *Auswahl* von Merkmalen an wahrgenommenen Gegenständen – eine Auswahl gemäß strikter Relevanzkriterien.

Lévi-Strauss' grundsätzliches Anliegen besteht darin, den Prioritätsanspruch der Geschichtswissenschaft zurückzuweisen, um die menschliche

Gesellschaft als ein *gleichwertiges* Sichentfalten in der Zeit *und* im Raum anzusehen. »Das wilde Denken«, so definiert er gegen Ende seiner Schrift, nach der Auseinandersetzung mit Sartre,

> *»ist seinem Wesen nach zeitlos; es will die Welt zugleich als synchronische und diachronische Totalität erfassen, und die Erkenntnis, die es daraus gewinnt, ähnelt derjenigen, wie sie Spiegel bieten, die an einander gegenüberliegenden Wänden hängen und sich gegenseitig (sowie die Gegenstände im Raum, der sie trennt) widerspiegeln. Unzählige Bilder entstehen gleichzeitig, und keines ist dem anderen genau gleich; und folglich erbringt jedes von ihnen nur eine Teilkenntnis der Dekoration und des Mobiliars, deren Gruppierung durch unveränderliche eine Wahrheit ausdrückende Eigentümlichkeit charakterisiert ist. Das wilde Denken vertieft seine Erkenntnis mit Hilfe von images mundi. Es baut Gedankengebäude, die ihm das Verständnis der Welt erleichtern, um so mehr als sie ihr gleichen. In diesem Sinn konnte man es als Analogiedenken definieren.«*[14]

Der Empiriker und sein Gedankenexperiment

Die »Laufbahn« des 1908 als Kind französischer Eltern in Brüssel geborenen Claude Lévi-Strauss geht auf die Lektüre von Robert Lowies *Primitive Society* zurück und nimmt ihren Anfang mit der Berufung auf den Lehrstuhl für Soziologie an der Universität von São Paulo, den er von 1934 bis 1938 innehatte. Nach dieser Zeit der Lehrtätigkeit und den ersten ethnographischen Expeditionen zu den Indianerstämmen im Landesinneren kehrt er 1939 nach Frankreich zurück, wird 1940 in der Folge der antisemitischen Gesetze der Vichy-Regierung entlassen, unterrichtet dann von 1941 bis 1945 in New York, wo er den ebenfalls im Exil lebenden Linguisten Roman Jakobson kennenlernt. 1947 wird Lévi-Strauss stellvertretender Direktor des Musée de l'Homme, 1950 Direktor an der École Pratique des Hautes Etudes, und von 1959 bis 1982 (dem Jahr seiner Abschiedsvorlesung) leitet er das »Laboratoire d'anthropologie sociale« am Collège de France.

Lévi-Strauss' Werk ist der Ausdruck eines Mannes, der sich als Wissenschaftler und Diskurs-Analytiker verstanden wissen will und dessen Vorbild die exaktesten Wissenschaften sind. Sein Grundsatz ist die erstmals 1958 von ihm explizit aufgestellte Forderung: »Man muß eine Art universelles Gesetz ausarbeiten«. Danach galt es, die unterschiedlichsten Gesellschaften und deren soziale bzw. kulturelle Produkte durch entsprechende Transformationen auf erfaßbare Strukturen zurückzuführen. Das »universelle Gesetz« soll die den spezifischen Strukturen gemeinsamen Eigenschaften ausdrücken und somit für jedes System Geltung haben. Die symbolischen Ordnungen bleiben den daran Teilhabenden selbst unbewußt. Erst die strukturale Analyse macht sie zugänglich.

Der zentrale Begriff der »Struktur« wurde von Lévi-Strauss zuerst in den Verwandtschaftssystemen entdeckt. Davon handelt seine 1949 und in einer zweiten Ausgabe 1967 erschienene Studie *Die elementaren Strukturen der Verwandtschaft* – ein im besten Sinne des Wortes akademisches Lehrbuch. Im Mittelpunkt steht die Universalie *Inzestverbot*, die, gemäß Lévi-Strauss, mit dem *Gebot* korrespondiert, Frauen des eigenen Clans zu »veräußern« und dafür Töchter und Schwestern anderer Familien zu erwarten. Nur so (mit Hilfe des Reziprozitätsprinzips) erziele man soziale Stabilität. Der Frauentausch und die Heirat als Urformen des Tausches und als Prototyp einer »gelebten Ordnung«.[15] Ist es hier sein Ziel, *Verwandtschaftsverhältnisse* gemäß ihrer symbolischen Codes zu ordnen, versucht Lévi-Strauss in *Mythologica*, »in diese wahllose Anhäufung von Mythen eine Ordnung zu bringen.« Mittels einer kleinen Zahl von Mythen wolle er ein Experiment durchführen, das »die Existenz einer Logik der sinnlichen Qualitäten«, eine grundlegende geistige und diskursive Ordnung beweisen solle. Mithin sei jede Art von Klassifizierung dem Chaos überlegen, wie es in *Das wilde Denken* heißt.

Der Bororo-Mythos, den Lévi-Strauss zugrunde legt und »Referenzmythos« nennt, ist eine Transformation anderer Mythen aus nahen oder entfernten Gesellschaften. Die Bedeutung des Referenzmythos liege nicht in seinem typischen Charakter, sondern in seiner irregulären Stellung innerhalb einer Gruppe.

»Ausgehend von einem, wenn nicht willkürlich, so doch aufgrund eines intuitiven Gefühls für seinen Reichtum und seine Fruchtbarkeit ausge-

wählten Mythos, der dann gemäß den Regeln, die wir in anderen Arbeiten aufgestellt haben, analysiert wird, konstituieren wir für jede Sequenz die Gruppe seiner Transformationen, entweder innerhalb des Mythos selbst oder indem wir die Isomorphie-Beziehungen zwischen den Sequenzen mehrerer Mythen derselben Population deutlich machen.«[16]

Auch wenn sich dies wie ein Arbeitsvorgang in einem physikalischen und chemischen Laboratorium anhören mag – und viele der strukturalistischen Transformationen haben etwas davon –, ist der Ausgangspunkt doch immer die ethnographische Erfahrung und der erlebende, subjektive Umgang mit den Mythen, mit dem mythischen Stoff und den Kulturen, die durch ihn gelebt haben. Am Ende müsse sich der Forscher immer auf sein Ich verlassen: »Er hat nur dieses Ich, um seinen Forschungen nachzugehen«.[17]

Claude Lévi-Strauss war, anders als viele seiner Kritiker, stets bescheiden in seinem eigenen Anspruch, auch wenn seiner Theorie etwas geradezu überdimensional Universales eigen ist, baut doch der Strukturalismus pointierter und expliziter, als dies einer Erfahrungswissenschaft eigen ist, auf der Setzung von Allgemeinheiten, von Schemata auf. Aber auch in bezug auf die Gültigkeit seiner Theorie insgesamt hat er sich zurückhaltend geäußert und niemals behauptet, alle Phänomene, die der Ethnologe beobachte, untersuche und klassifiziere, seien struktural.[18] Am Ende der 1976 unter dem Titel »Structuralisme et empirisme« publizierten Entgegnung auf einen scharfen Angriff des Anthropologen Marvin Harris hatte Lévi-Strauss ganz in diesem Sinne betont:

»Aber selbst in ihren Unternehmungen größerer Reichweite erhebt die strukturale Analyse nicht den Anspruch, eine Antwort auf alle diese Fragen liefern zu können. Ihr Ehrgeiz bleibt zurückhaltend: die Probleme sichten und einkreisen, sie in einer methodischen Ordnung zusammenstellen, manche davon vielleicht sogar lösen, vor allem aber den Forschern den Weg vorzeichnen, den sie sinnvollerweise einschlagen können, wenn sie sich mit der Masse dessen befassen wollen, was in der Schwebe geblieben ist und es fraglos noch lange bleiben wird.«[19]

Anders als etwa in der neueren Pauschalkritik des Strukturalismus in Sartrescher Manier (von seiten Delacampagnes und Traimonds) sah Lévi-

Strauss in Harris' Attacken den Versuch, die strukturale Methode nicht abstrakt und a priori zu verwerfen – ohne sich darum zu kümmern, ob es ihr gelingt, in den Mythen eine Ordnung zu entziffern –, sondern sie am Ort ihrer Anwendung zu belassen.

Ganz ähnlich wie der ebenfalls als zu spekulativ gebrandmarkte Theoretiker des individuellen und des kollektiven Unbewußten, C. G. Jung, hat sich Lévi-Strauss in erster Linie stets als Empiriker begriffen, als einer, der seine Theorien in engem Kontakt zu den von ihm erlebten Kulturen entwickelt. Wenn er die Ethnologie ein »Gedankenexperiment« nennt, und zwar »das letzte unserer Zivilisation«, dann will er hierin gerade keine Abkoppelung der Theorie von der Praxis sehen. Der Ethnologe wähle einfach nur statt geographisch, geistig und moralisch naher gesellschaftlicher Erscheinungen die entferntesten Daten und Erfahrungen als Gegenstand seiner Recherche. »Die von uns untersuchten Gesellschaften«, notiert er einmal, »bieten uns die Möglichkeit zu kleinen Experimenten, deren Ansammlung es ermöglicht, eine Art Ideallaboratorium einzurichten, in dem wir unsere Hypothesen formulieren und verifizieren können. Wir müssen sie allerdings dort suchen, wo sie zu finden sind.«[20] Die Einrichtung dieses Ideallaboratoriums war für Lévi-Strauss aufs engste an die vorbildhafte Rolle der modernen Linguistik gebunden. Dabei erweiterte er die Sprachanalyse auf Gegenstände, die traditionellerweise nicht als sprachlich strukturiert galten: das sind die Verwandtschaftssysteme, die totemistischen Systeme und vor allem die Mythen (die sich in den Menschen ohne deren Wissen denken). Das mythische Denken ist eine besondere Spielform des wilden Denkens. Allen Mythenbildungen geht, so seine Theorie, eine Strukturlogik des mythischen Denkens voraus. Im Gespräch äußerte Lévi-Strauss einmal:

»Bevor wir erkennen, daß alle und auch die kleinsten Einzelheiten in den Mythen eine passende Funktion haben, müssen wir uns auf Berichte stützen, so wie sie uns zukommen und wie sie uns bisher immer überliefert wurden. Das sind, so scheint es, Geschichten, die weder Hand noch Fuß haben.

Durch diese scheinbare Inkohärenz fühlte ich mich von neuem herausgefordert. Es war nicht möglich, daß sich in Hunderten von Jahrtau-

> *senden und vielleicht mehr das Alter des Menschen mit den neuen Entdeckungen der Paläontologie und der Urgeschichte immer mehr verschoben hat. Es war nicht möglich, sagte ich, daß die Menschen ihre Zeit damit verbracht haben, Absurditäten zu erzählen. Ich glaubte, daß auch darin eine Ordnung und Vernunft liegt, und aus diesem Geist heraus habe ich das Problem in Angriff genommen.«*[21]

Die Schriften der französischen, strukturalistisch vorgehenden Schriftsteller, Psychoanalytiker, Philosophen und Anthropologen verführen zur Nachempfindung einer Beziehungs-, Ordnungs- und Strukturbesessenheit, eines sprachgeleiteten Assoziierens und Reflektierens. Man soll sich an den Ort versetzen, an dem sich etwas wortwörtlich, ja buchstäblich in übersubjektiven geistigen Unterscheidungssystemen ausspricht. Ist man ihnen gefolgt, so hat man sich auch in die Ordnung »eingeschrieben«, die sie rekonstruiert haben und als deren Teil sie sich interpretieren. Abgesehen von philosophischen Meditationen – die sich Lévi-Strauss später versagte und die er oft geradezu als eine Jugendsünde und als Liebhaberei darstellte – gleicht seine Haltung vielmehr derjenigen eines Physikers oder Mathematikers. »Die westliche Philosophie denkt über abstrakte Gegensätze nach wie die von Sein und Nichts, Freiheit und Determinismus, Endlichkeit und Unendlichkeit (Endliches und Unendliches) – und was noch alles... Das mythische Denken reflektiert konkrete und unmittelbar aus der Erfahrung heraus entwickelte Kategorien.«[22]

Die Tatsache, daß Lévi-Strauss »das Irrationale« von Kindheit an gestört hat,[23] verweist auf eine starke Abwehr dessen, was der Ethnologe Victor Segalen als Diversität oder was andere Theoretiker des 20. Jahrhunderts als Heterogenität und, im positiven Sinn, als Konfusion bezeichnet haben. Lévi-Strauss hat sich auf der Grundlage einer selbst eingestandenen Schwierigkeit im Umgang mit dem Nichtgeordneten, Chaotischen und Unberechenbaren der Aufgabe verschrieben, in den fremden und unverständlich scheinenden außereuropäischen Kulturen die Strukturen und das Modellhafte ausfindig zu machen. Dabei bezeichnet er mit dem Ausdruck »Wildes Denken« nicht das Denken der Wilden, noch das einer primitiven oder archaischen Menschheit, sondern »das Denken im wilden Zustand, das sich von dem zwecks Erreichung eines Ertrags kultivierten oder domestizierten Denken unterscheidet«.[24] Das Denken bleibe sich, das war Lévi-Strauss' und einiger anderer Theoretiker Überzeugung, seiner formalen Struktur nach in der Geschichte gleich.[25] In Lévi-Strauss' Folge haben aber viele Ethnologen, Soziologen und Geschichtswissenschaftler versucht, den Bezug zur Geschichte zu konkretisieren. Dabei ging freilich auch vieles verloren: vor allem das kraftvolle und niemals kitschige Pathos in Lévi-Strauss' Werk, dieser hohe Ton, wenn er etwa sagt:

> *»Die Welt hat ohne den Menschen begonnen, und sie wird ohne ihn enden. Die Institutionen, die Sitten und Gebräuche, die ich mein Leben lang gesammelt und zu verstehen versucht habe, sind die vergänglichen Blüten einer Schöpfung, der gegenüber sie keinen Sinn besitzen ... Was die Schöpfungen des menschlichen Geistes betrifft, so existiert ihr Sinn nur in bezug auf ihn selbst, und sie werden im Chaos versinken, sobald er erloschen sein wird.«*[26]

Stets um das Bild, ja, um das Image eines exakten Wissenschaftlers bemüht, bewertete er sein berühmt gewordenes literarisches, ethnopoetisches Werk *Traurige Tropen* gegenüber dem wissenschaftlichen Pendant, seiner Studie *La Vie familiale et sociale des Indiens Nambikwara*, zu gering. Stets ein großer Verfechter des Rationalen, der Vernunft und der Dominanz der Sprache, der Welt geordneter Wörter, war er ganz durchdrungen von der Wunschvorstellung, daß, wie dies Roland Barthes formulierte, »unser Diskurs die Welt, die Zeit, ganz und gar durchqueren würde«[27]. Lévi-Strauss, eine Art Architekt strukturalistischer, symbolischer Formen, zur Erklärung von Kultur und zur Neubegründung der Ethnologie, hat es sich von Anfang an zur Aufgabe gemacht, eine subjektunabhängige Ordnung in den Dingen und im Geist zu entziffern. »Ich versuche nicht, als Schriftsteller zu schreiben; ich möchte vielmehr in diese wahllose Anhäufung von Mythen eine Ordnung bringen.«[28] Nachdem jahrelang die Einschätzung der strukturalistischen Botschaft (als einer neuen geschichtsfeindlichen, fortschrittshinderlichen Ideologie, wie dies neben Sartre auch etwa Henri Lefebvre oder Lucien Sève meinten) vorherrschend war und auch die gegenteilige Kritik, es handle sich um eine verdeckt technokratische Lehre, dominierte, haben sich über die Jahre hinweg doch die Konzeption und die Substanz von Lévi-Strauss' Theorien behauptet. Und damit einhergegangen ist auch die Herauslösung seines Gedankengebäudes aus der schwammigen

Kategorie Strukturalismus, unter der sich kaum einer der Betroffenen gerne untergeordnet sah – sehr ähnlich wie bei dem auch etwa zeitgleichen *nouveau roman*.

Lévi-Strauss, der im Strukturalismus niemals eine mit dem Existentialismus konkurrierende Philosophie gesehen hat, sondern vielmehr eine Methodologie zur zusammenhängenden Darstellung bestimmter, für eine Wissenschaft vom Menschen relevanter Phänomene oder »sozialer Tatsachen«, äußerte einmal, er sei versucht, das Wort Strukturalismus überhaupt nicht mehr zu gebrauchen, weil es geradezu wahllos in allen möglichen Zusammenhängen benutzt worden sei. Er glaube nicht, daß man noch von Strukturalismus sprechen könne, nachdem sogenannte Strukturalisten wie Foucault oder Barthes sich selbst davon distanziert hätten. Das habe durchaus auch seine Berechtigung, etwa im Fall Foucaults, der sich ganz anders als er selbst, mit geschichtlichen (im Gegensatz zu schriftlosen) Gesellschaften befasse. Abgesehen davon, daß in einem elementaren Sinn jede Wissenschaft strukturalistisch sei, könne man zu den »wahren französischen Strukturalisten« nur Benveniste und Dumézil, Vernant, Vidal-Nacquet und Detienne zählen. Die strukturale Analyse, wie Lévi-Strauss sie versteht, ist an einen beständigen Rückgriff auf die Ethnographie gebunden. Angesichts dieser Forderung und seines eigenen Versuchs literaturkritischer, strukturaler Reflexionen sieht er kaum die Kriterien einer solchen Analyse als erfüllt an.[29]

Lust auf Strukturen und Transformationen

Die Idee eines *autonomen* Schöpfers des Kunstwerks wird von Lévi-Strauss vehement abgewiesen. Der tätige Geist des Künstlers fungiere als anonymer Schauplatz, er selbst sei Zuschauer, ihm gehe es um die Freilegung des Unbewußten, oder wie es am Schluß seines Buches über den *Weg der Masken* heißt: »Ob man es nun weiß oder nicht – auf dem Pfade der Schöpfung wandert keiner je allein.«[30]

Es ist faszinierend zu sehen, mit welch einer intellektuellen Kraft und Sensibilität für das Kompositorische Lévi-Strauss letztlich dennoch ein Werk von überragender Individualität geschaffen hat – nicht zufällig hat man davon gesprochen, daß er es vermocht habe, seinen Gedanken die Aura bleibender Bedeutsamkeit zu verleihen und einen Stil zu prägen, der die Inhalte seiner Forschungen überleben wird[31] – und wie er zugleich hinter diesem Werk zurücktritt, wie er, gleich den Kubisten, die Strukturen und Konstruktionen, die Komposition und die Form vom Subjekt ablöst. So heißt es denn auch in der *Mythologica*, dieses Buch habe, genauso wie die Mythen und Riten, keinen Anfang und kein Ende, es sei in seiner Weise auch ein Mythos. Er selbst sei das Tor, durch das die Mythen hindurchgehen.

Gerade die Ouvertüre des I. Bandes dieser *Mytho-Logik* macht den Leser bereits bestens vertraut mit der These des Autors, die Musik ähnelte dem Mythos und Wagner sei der »Vater der strukturalen Analyse der Mythen«; auch hier läßt sich Lévi-Strauss' Leidenschaft für das ästhetische Vergnügen ausmachen: die Musik lebe in ihm, er höre sich durch sie. Musik, Malerei und Literatur faszinieren ihn, seine Neugier richtet sich auf alles, was der Mensch hervorgebracht hat und als seine *Kultur* bezeichnet. Wie bereits die Bände *Die eifersüchtige Töpferin*, *Der Blick aus der Ferne* und *Die Luchsgeschichte* schöpft auch ein weiterer Band seines Alterswerkes (*Sehen Hören Lesen*) aus dem Fundus seines Gesamtwerks und will die Richtigkeit der These von der Existenz universaler Strukturen und Ordnungen beweisen.

Kann die Charakterisierung des Kunstwerks als »geheimnisvoll« und »magisch« die Vielfalt dessen, was wir heute als Kunst bezeichnen, erfassen? Selbst wenn man solchen Bestimmungen skeptisch gegenüber steht, trübt dies doch nicht den Blick für die spielerische Eleganz, mit der Lévi-Strauss den Leser etwa in die Betrachtung der Bilder Nicolas Poussins hineinzieht. Geschickt versteht er es, über die Skizzierung der Montage- und Collage-Techniken in Prousts »Suche nach der verlorenen Zeit« und der durch vergleichbare Techniken erzeugten Magie in Seurats Bildern die »außerordentliche Atmosphäre des Geheimnisvollen« glaubhaft zu machen.

Das Erstaunliche bei Poussin, nicht weniger als bei Seurats Bild »Sonntagnachmittag auf der Ile de la Grande Jatte«, ist, daß dieses »Geheimnisvolle« etwas Hergestelltes ist, etwas, das sich einer bestimmten Technik verdankt. Was bei Poussins Kritikern als »Versteinerung« und »äußerste Trockenheit« seiner Figuren erscheint, macht gerade die Freiheit und Unkonventionalität des Ausdrucks, seine Erfindungen und seine

Magie aus. »Auf einem Bild Poussins«, schreibt Claude Lévi-Strauss, »ist kein Teil dem Ganzen unebenbürtig. Jeder Teil ist ein Meisterwerk gleichen Ranges, das, für sich betrachtet, gleichviel Bedeutung bietet.« Das Bild erscheint so als Organisation zweiten Grades von Organisationen, die bereits bis in die Details präsent sind. Das gilt auch umgekehrt:

> *»Es kommt vor, daß eine Figur auf einem Bild von Poussin, das deren mehrere bietet, für sich allein wie ein vollständiges Bild von Corot wirkt. Die Organisation des Ganzen transportiert die der Teile in größerem Maßstab, jede Figur ist ebenso tief durchdacht wie das Ganze. Es nimmt also nicht wunder, daß Poussin in seiner Korrespondenz dem Brauch seiner Zeit folgt und die Schwierigkeit jedes Werkes an der Zahl der Figuren mißt, die es enthalten soll: Jede dieser Figuren wirft ein Problem gleichen Ranges wie das gesamte Bild auf.«*[32]

In dieser Deutung wird die entscheidende Voraussetzung des strukturalistischen Denkens benannt. Es basiert auf dem Glauben an einen universalen Geist und an die Transformierbarkeit von Systemen. An die Stelle einer (zeitlichen) Evolution setzt dieses Denken das zeitlich unabhängige Ineinanderübergehen von Formen; ein Vorgang, der sich immer dann beschreiben läßt, wenn man die Gesetze und Regeln dieser Umformungen kennt. So fällt es denn Lévi-Strauss auch nicht schwer, Systeme und Gestalten über weit auseinanderliegende Kulturräume hinweg zu betrachten, zu vergleichen und zu interpretieren, wie er dies auch am Ende des Poussin-Aufsatzes in bezug auf die japanische Druckgraphik tut.

Und auch auf einer anderen Ebene wirkt sich diese innere Freiheit, die oft als Unverantwortlichkeit der Gesellschaft gegenüber mißverstanden worden ist, konstruktiv und produktiv aus: dort, wo sich Worte und Musik überlagern, in diesen geradezu sensationellen, innigen Verbindungen von Tönen und Farben, die ihren exaltiertesten Ausdruck im sogenannten Farbenhören (in der Synästhesie) findet. Und hier ist Lévi-Strauss ganz in seinem Element, aus dem Innersten und Materiellsten der Sprache heraus – aus den Wörtern, den Buchstaben und Phonemen (und dann in seinen Reflexionen über die Musik) auch noch aus den Lauten, den Sonemen, heraus zu denken, zu assoziieren und weitreichende Folgerungen zu ziehen. Auch wenn Rimbauds berühmtes Gedicht »Vokale« bereits häufig

Gegenstand von Untersuchungen war, führen doch Lévi-Strauss' Überlegungen die darin ausgedrückte sinnliche Besessenheit noch einmal besonders eindrucksvoll vor Augen.

> *»Es sind keine unmittelbar wahrgenommenen sensorischen Entsprechungen, die die Architektur des Sonetts zu erkennen geben, sondern die Beziehungen, die der Verstand unbewußt zwischen ihnen herstellt. Zweifellos hat Rimbaud in seiner Poesie einen großen Verschleiß an Farbennamen, und man kann sich nur schwer des Eindrucks erwehren, daß sie ihm häufig als bloße Flickwörter dienen. Es ist jedoch nicht gleichgültig, daß diese Namen das bevorzugte Reservoir sind, aus dem er schöpft, um seine Verse zu füllen... Schließlich wird man gewahr, daß die Vokale, zusätzlich zu den Farben, direkt oder indirekt auch Töne vergegenwärtigen. Die Fliegen von a summen, das heißt dröhnen; e evoziert Zittern, i Lachen, u Erbeben, o sowohl Schrillen als auch Stille.«*[33]

Woran dem Autor letztlich liegt, ist nicht weniger als die Wesensbestimmung der Kunst, die er einst im Gespräch mit André Breton zu erkunden suchte. Lévi-Strauss bezieht sich auf Formulierungen und Setzungen im »Manifest des Surrealismus«, die das Kunstwerk einerseits auf eine »absolut spontane Aktivität«, auf Irrationalität und »totale Freiheit« festlegen und andererseits in ihm eine »sekundäre Bearbeitung«, eine reflexive Tätigkeit sehen, die man, etwas paradox, als »irrationale ›Bewußtwerdung‹« bezeichnen könne.[34]

Lévi-Strauss hatte seine Überlegungen André Breton während einer gemeinsamen Schiffsreise 1941 nach Martinique zugespielt, und Breton hatte ihm ausführlich geantwortet. Diese Antwort wird nun nicht weiter kommentiert, sondern um eine aphoristische Reflexion erweitert, in der Lévi-Strauss punktuell auf entscheidende Gesichtspunkte seines eigenen Werkes Bezug nimmt. Wieder ist es die Faszination an der Transformierbarkeit von Systemen, Strukturen und kleinsten Einheiten, zum Beispiel in der Sprache.

In der Art, wie er Buchstaben-Verschiebungen seine größte Aufmerksamkeit schenkt, erweist sich besonders auffällig seine Nähe zum strukturalen Denken in der Psychoanalyse, vor allem in der Deutung des

Traums als eines Textes, bis hin zur Forderung nach einer *buchstäblichen Lektüre*. Und auch die Idee der in der Sprache sichtbar werdenden Verdrängung steht in diesem Text an zentraler Stelle. Feinfühlig geht Lévi-Strauss eigenen Formulierungen nach, bezieht sie auf seine Gefühle und sein Denken und zeigt, wie in der Literatur eine Ungenauigkeit aufhört, eine zu sein, wenn sie ihre eigene (von der diskursiven Ordnung abweichende) Logik hat. Jenseits des Diskurses breitet sich so eine originäre Sprache mit einer neuen Schärfe der Bedeutungen und des Semantischen aus.

Von hier aus ist es auch kein großer Schritt mehr in den Raum der Musik, in der ebenfalls eine eigene Art von »Sinn« hergestellt wird. Der Sinn in der Musik, sofern man davon überhaupt sprechen kann, entsteht erst aus der *Kombination* von Tönen, die in sich selbst keinen Sinn haben. In dem Essay »Worte und Musik«, zu dessen Anfang auch sogleich die Idee der Transformation auftaucht, geht Lévi-Strauss der Eigenheit der Musik nach, indem er mit einem geschichtlichen Rekurs beginnt.

Er offenbart sich in diesem Aufsatz nicht nur als der neben Michel Leiris wohl emphatischste Opernliebhaber unter den Wissenschaftlern, sondern, weit darüber hinaus, als jemand, der sich mit Begeisterung zu seinen Gefühlen bekennt. Ja, er wirft gerade seinem Freund, dem sensitiven, sprachbesessenen Ethnologen und Dichter Leiris vor, daß er sich zu sehr an Nebensächlichkeiten und Äußerlichkeiten orientiere und sein Ohr nicht der musikalischen Emotion leihe. Was ihn selbst betreffe, meint Lévi-Strauss, so höre er, wenn er etwa von der Musik zu *Parsival* hingerissen werde, völlig auf, sich Fragen zu stellen und auf den Gang der Handlung zu achten.

> »*Was ist für mich also eine Oper? Ein großes Abenteuer. Ich steche auf einem Schiff in See, dessen ›Geschirr‹ in Gestalt von Masten, Segeln und Tauwerk alle die instrumentalen und vokalen Mittel versammelt, die vom Komponisten gefordert werden, um eine Reise ans Ziel zu bringen, die in drei oder vier Stunden eine gewaltige Musik zusammendrängt, ebenso vielgestaltig wie das Schauspiel der Welt und doch eine und einheitlich; (...) und die mich in eine tausend Meilen von den irdischen Dingen entfernte Welt versetzt, so fern, als ob man mitten auf dem Ozean wäre.*

Ich gehe auch nicht mehr in die Oper, weil ich ahne, daß das Boot unter dem unerträglichen Gewicht einer Inszenierung und eines Bühnenbildes Schiffbruch erleiden wird, die sowohl die dramatische Dichtung als auch die Musik beleidigen. Das einzige Problem, das sich der Regisseur stellen sollte (aber dafür reicht eigentlich schon der Orchesterleiter, der das Werk wenigstens kennt und achtet), liegt darin, herauszufinden, was dem Komponisten vorgeschwebt haben mag, und es nach besten Kräften wiederherzustellen, mit den technischen Mitteln ausgerüstet, über die man heute verfügt (aber bitte keine kinematographischen Projektionen ins Bühnenbild einfügen! die Oper ist eine Stilisierung des Realen).«[35]

Sehr bald schon kommt Lévi-Strauss wieder auf den Komponisten und Philosophen Michel-Paul-Guy de Chabanon zu sprechen, der auch am Anfang seiner Überlegungen in dem Aufsatz »Worte und Musik« steht. An Chabanon interessiert ihn die differenzierte Betrachtung von Musik, Sprache und Gefühl. Anders als die verbale Sprache scheint die Sprache der Musik nicht in eine andere transformierbar zu sein, da sie nicht auf eine allgemeine Erfahrung zurückzuführen und die Musik auch ganz offensichtlich auf Sprache angewiesen ist, um sich als eine bestimmte Äußerung des Gefühls verständlich zu machen.

Dies scheint besonders einsichtig, wenn man etwa Debussys *La Mer* nimmt, das durch den Titel jedem Hörer sofort die Richtung vorgibt, in der er das Stück hören soll. Chabanon meinte, daß die Musik strenggenommen nicht unsere Gefühle zum Ausdruck bringe und daß sie, auf die Melodie reduziert, Zorn oder Wut nicht wiederzugeben vermöge. Töne ohne bestimmte Bedeutung versehen wir beim Hören mit Analogien und erstellen auf diese Weise nach und nach ein Set von Hörgewohnheiten. Und auch auf Seiten der Komponisten haben sich die Invarianten herausgebildet, derer sich die Künstler immer wieder bedienten; zum Beispiel eines schwachen Trillers mit zwei Tönen, um das Gemurmel eines Rinnsals wiederzugeben oder zahlreiche *Unisono*-Bässe, die die Melodien rollen oder wogen lassen, um die Geräusche des Meeres nachzuahmen.

Lévi-Strauss entdeckt in Chabanon schließlich einen Musiktheoretiker, der das Konzept der strukturalen Linguistik schon vorweggenommen und das universale Element in der Musik freigelegt hat.

> *»Der Graben zwischen Musik und Sprache«, vermerkt Lévi-Strauss, »ist also nicht so tief, wie man gemeint hat: es gibt Konvention in der Musik, wie es Natur in der Sprache gibt. Daher rührt in der Oper die Notwendigkeit einer intimen Zusammenarbeit zwischen dem Musiker und dem Dichter. Jeder redet und versteht nur seine eigene Sprache, muß aber seine Kunst ersatzweise an die Stelle der Kunst des anderen treten lassen.«*[36]

Lévi-Strauss schränkt allerdings Chabanons Glauben an eine allen Menschen und allen Zeiten gemeinsame Sprache in der Musik ein. Dies gelte nur für das musikalische »Skelettgerüst«, von dem Chabanon spricht, und in dem er eine »einfache Natur« und eine »ursprüngliche Idee« ausmachte. Auf dieser reduzierten, skelettartigen Ebene der Töne – vergleichbar der Ebene der Phoneme in der Sprache – wird die *strukturelle* Universalität (die nicht mit einem identischen Inhalt zu verwechseln ist) erkennbar; weder Phoneme noch Soneme haben eine wesenseigene Bedeutung.

Am interessantesten in diesen ebenso analytischen wie impressionistischen Überlegungen, in dem ausgebreiteten Netz aus strukturalen Umformungen und Analogien ist die Entdeckung Chabanons und das oft leichtfüßige Gleiten über die Felder der Künste, ob Malerei, Musik oder Literatur. Am Ende steht dem Leser wieder das Kind Claude vor Augen, von dem der Ethnologe einmal offenbarte:

> *»Meine Mutter erzählte mir, daß ich, als ich ungefähr zwei Jahre alt war und natürlich noch nicht lesen konnte, behauptete lesen zu können. Und als ich gefragt wurde, woher ich das wisse, soll ich geantwortet haben, daß ich beim Betrachten der Ladenschilder – z. B. boulanger (Bäcker) oder boucher (Metzger) – etwas lesen könne, weil das, was der Schrift nach, vom Graphischen her, augenscheinlich ähnlich war, nichts anderes als ›bou‹ heißen konnte, die gemeinsame Anfangssilbe von boucher und boulanger. Wahrscheinlich macht genau das und nichts anderes den strukturalistischen Ansatz aus; es ist die Suche nach den invarianten Elementen unter den Verschiedenheiten an der Oberfläche.«*[37]

Der unbewußte Geist, das Geheimnis und das Vermischte

Auch wenn Lévi-Strauss alle seine Bücher, die seit 1960 entstanden, mündlich (in seinen Vorlesungen) entworfen hat – er habe, sagt er rückblickend drauflosgeredet, sei den Launen seiner Reflexion gefolgt und habe eine Art von »Exerzitien« durchgeführt –, so läßt er doch *zuerst* seine Bücher erscheinen, veröffentlicht das Improvisierte erst nach dem präzise Durchgearbeiteten.

Auch wenn Lévi-Strauss seine Vorlesungen (*Eingelöste Versprechen*) mit dem Bekenntnis zu einer tiefen emotionalen Regung eröffnet – nie habe ihn ein Kompliment stärker berührt als die Worte des im Dienst ergrauten Pedells am »Collège de France«, dieser »zartfühlenden Seele«, die ihm nach der Antrittsvorlesung anvertraute, »der Schluß der Rede habe ihn ebenso bewegt wie das Flötensolo des Zwischenspiels der *Arlésienne*-Suite« – prägt doch ein anderer Ton die dann folgenden Betrachtungen.[38]

Auch wenn Lévi-Strauss sich mit Leidenschaft in ein Gedicht wie Apollinaires »Les Colchiques« (Die Herbstzeitlosen) vertieft, so tut er es in erster Linie, um die Strukturen, die Strukturgleichheiten und das mythische Universum ausfindig zu machen, um zu zeigen, »daß sich die strukturale Analyse in einem Kontinuum entfaltet, in dem die empirische Beobachtung noch der geringsten Besonderheiten der natürlichen Welt untrennbar mit einer Reflexion über die formalen Eigenschaften gekoppelt ist, die den Mechanismen des Denkens innewohnen«. Eine künstlerische Figur bewege uns, weil sie so viele spezifische Bedeutungen anzubieten habe, die dennoch immer in Bezug zu den anderen Bedeutungen stünden und von uns »auf mehr oder weniger dunkle Weise« *gleichzeitig* erfaßt würden.[39]

Auch wenn Claude Lévi-Strauss an Kindheitserfahrungen, an gleichsam »heiligen« Gesten, an »heiligen« Orten und ebenso geheimnisvollen wie transparenten Silben seine lebenslange *strukturalistische Tätigkeit* festmacht, bleibt er doch immer auch der Gefangene der Magie der »Gesetze«, der »Ordnungen« und der »Ordnung der Ordnungen«. Festgeschrieben in einen »Suprarationalismus« muß sich alles »Irrationale« und »Unbewußte« den »Strukturen« beugen: so wird ganz folgerichtig auch das Unbewußte zu einer Kategorie des Geistes.

Es ist der »unbewußte Geist« (den man sich mehr kantianisch als freudianisch vorzustellen hat), den Lévi-Strauss überall am Werke sieht und der sich ausdrückt in der Herstellung »notwendiger Beziehungen« und beständiger »Transformationen«. Darin gibt es auch Freiräume für bloß wahrscheinliche Beziehungen – nicht alles ist struktural in den Territorien der Verwandtschaftsstrukturen, der Mythen, Riten, Masken und Künste, und es geht weniger um die Postulierung *einer* Struktur als vielmehr um die Auffindung von Strukturen und Strukturgleichheiten. Greift schon hier eine der fundamentalen Kritiken am Strukturalismus nicht, dann erst recht nicht in der Behauptung, es sei ein statisches Modell. Was könnte dies besser widerlegen als der Begriff der Transformation selbst: Er ist Ausdruck von Bewegung und Dynamik.[40]

Und dennoch – trotz der »Transformationen«, auf die hin Lévi-Strauss' Strukturbegriff angelegt ist – fehlt der darin *bedachten* Dynamik (*Traurige Tropen* und auch großenteils den Band *Sehen Hören Lesen* ausgenommen) etwas Entscheidendes: die *offene* emotionale Bewegung, in der sich Beobachter und Beobachtete, Subjekt und Objekt zueinander verhalten, aufeinander antworten; ein Umschlagplatz von Turbulenzen, von Begehren, Phantasie und Projektion, von Übertragung und Gegenübertragung. Zu sehr wird der Blick auf die intelligiblen Resonanzen zwischen den Kulturen gerichtet, zu wenig wird dem emotional gelebten Reziproken zugetraut. Die »Funken der Annäherung«, aus denen eine »gemeinsame Erleuchtung« aufflamme, werden zu sehr in den aufeinander einwirkenden *Denkweisen* wahrgenommen.[41] Es ist ja bezeichnend, daß Lévi-Strauss die Mythen archaischer Gesellschaften als Objekt strukturaler Analyse favorisierte, weil sie besonders weit entfernt von *gelebten* Ordnungen seien. Die Mythen interessierten ihn in erster Linie nicht als lebensnahe Erzählformen, sondern als Studienobjekte für die Struktur von symbolischen Ordnungen des Geistes.

Symbolische Ordnungen *sind* gleichzeitig mental und sozial. Der von Lévi-Strauss positiv gewendete Einwand Paul Ricoeurs (es handle sich um einen »Kantianismus ohne transzendentales Subjekt«) unterstreicht dies noch: der in den Mythen entdeckte Geist ist empirisch nachweisbar. Die Mythen exemplifizieren Codes. Das System von Axiomen heißt in diesem Fall »Mythen«. Lévi-Strauss ist hier extrem weit entfernt von einem in den Mythen sich aussprechenden »Unbewußten« (wie es etwa C. G. Jung und Karl Kerényi verstanden) und auch von jedem phänomenologischen und hermeneutischen Auslegen. Die »unbewußten Bedingungen des sozialen Lebens«, die er erforschen will, sind gerade nicht, wie das dem entsprechende »Unbewußte der Gesellschaft« (wovon die Ethnopsychoanalyse spricht), im Gespräch, im Verbund oder mit den Trägern der Gesellschaft erfahrbar, erkennbar und beschreibbar. Da es sich in Lévi-Strauss' Verständnis weniger um ein »seelisches« als vielmehr um ein »kognitives« Unbewußtes handelt (ein geistiges Schema, eine symbolische Ordnung, der er zuweilen eine naturwissenschaftliche, gehirnstrukturelle Erklärung hinzufügt), ist es nur in strukturaler Analyse zugänglich. Zugleich kommt auch er nicht umhin, von dem »im Mythos verwurzelten Menschen« (der die gleichen Fragen wie der westliche Mensch stellt und zu beantworten versucht) und seiner emotionalen Nähe zu diesen Menschen in der ethnographischen Forschung zu sprechen. Am Ende sieht er sich sogar »tief im Innern« als Historiker, allerdings als einer, der die Distanz sucht, um aus ihr heraus die strukturellen Elemente zu begreifen.[42]

Lévi-Strauss' Verstehensweise des Unbewußten bleibt von einem dezidierten Rationalismus dominiert. Auch gesteht er dem Impulsiven seiner eigenen Kindheitserfahrungen zu wenig verstandesunabhängigen Raum zu. In viele der ›erwachsenen‹ Tätigkeiten spielt doch immer auch die Neugier und Vitalität des Kindes mit hinein: Seine (Neu-)Gier auf alle wissenschaftlichen Entdeckungen – korrespondiert sie nicht immer auch mit der Neugier des Kindes auf fremde Länder und Menschen, auf Noch-Unentdecktes und Geheimnisvolles? Und beginnt denn nicht auch der Band *Sehen Hören Lesen* mit der Bestimmung der Kunst als Geheimnis? Und leben nicht alle diese Kunst-Essays von der Spannung zwischen der prä-verstandesmäßigen Erfassung, der sinnlichen Ergriffenheit, und der Beschreibung des Kunstwerks als sekundärer Bearbeitung (man vergleiche seine Diskussion mit Breton), als Konstruktion und Erfindung (seine Überlegungen zu Seurat und Poussin) oder als Demonstration von notwendigen Beziehungen (seine Einlassungen auf die Musik und auf Rimbaud)?

Gerade im Falle von Rimbauds Sonett »Vokale« wird offenbar, daß er sich dieser Spannung nicht stellen kann: am Ende hat sich sein Impuls, sich von der Synästhesie verführen zu lassen, verflüchtigt; was bleibt sind relationale Beziehungen von Strukturen. Oder im Fall der Oper: Sind es denn nicht gerade die Besessenheit und die Leidenschaft, die kindliche Freude am Unbekannten und am Abenteuer, die sich durchsetzen wollen?

Immer möchte Lévi-Strauss Kunst auf der Ebene von Strukturen und Modellen, von rationalen und relationalen Mustern, von Phonemen, Sonemen, Buchstäblichkeiten und Wörtlichkeiten diskutieren, und doch wird sein Denken stets von einem Subtext vorangetrieben, einer unterirdischen Spur des Begehrens und der Phantasie, der Erinnerung und Assoziation. Hier besteht sowohl das Potential als auch die Grenze des Strukturalisten: auch das Konkrete und Sinnliche möchte er in einer *Logik* und *Ordnung* strukturiert sehen und engt sich dadurch selbst entscheidend im Erleben des Künstlerischen und des Kunstereignisses ein.

Sieht man Lévi-Strauss' Theorie im Kontext der gegenwärtigen Diskussion um den enthnographischen Film, dann wird man auch in dieser Hinsicht vermissen, daß sich der strukturalistische Beobachter nicht genügend in seinen Einflüssen auf das Geschehen und in seinen eigenen Veränderungen erkennt. Der »Ethno-Dialog«, so Jean Rouch, ist eine »endlose Suche«; eine Suche, so könnte man im Duktus der Ethnopsychoanalyse präzisieren, die sich stets aufs neue auszupendeln hat, im emotionalen Austausch, im Wechsel von Übertragung und Gegenübertragung.

In einer solchen Aufmerksamkeit kann man sich dann auch den Fragen nähern: Was hat der Ethnologe warum erfunden? Welchen Erzählton hat er geprägt; welche Geschichten hat er wiedergegeben und welche verschwiegen?

Visuelle Anthropologie

Für Lévi-Strauss besetzt René Clairs Film »Paris qui dort« auf exemplarische Weise den Zwischenbereich des Realen und Imaginären. Der Aufnahmeapparat (die »Kamera«) vermittelt dem Zuschauer die Illusion, er sei dabeigewesen, zieht ihn hinein in ein Spiel der Identifizierungen, verdichtet seine Erlebniszeit, eröffnet verschüttete, unbewußte Bildwelten.

Das Unbewußte kann man sich als eine Art Bildschirm vorstellen, auf den die inneren Bilder geworfen werden. Der Traum offenbart zuweilen geradezu epische Bildfolgen; meist jedoch: Fraktale, Momentaufnahmen.

Diese inneren Photographien und Filme sind Sequenzen der Fremdheit – ebenso komplex und heterogen wie die Aufnahmen, die man von einer

Landschaft oder einer Stadt, von Menschen oder Tieren, also von der Umgebung macht. In der ethnographischen Photographie, im ethnographischen Film (seit seinen Anfängen zu Beginn dieses Jahrhunderts) und im Filmessay (eines Chris Marker, Harun Farocki oder Derek Jarman) kulminieren die Selbst- und Fremdwahrnehmung auf einzigartige Weise; die Innen- und Außenansichten der Seele und der Welt werden in Bilder übersetzt, auf ein Blatt oder eine Leinwand projiziert.[43] Sie unterlaufen eingespielte Wahrnehmungsmuster, und sie strukturieren diese neu. Sie sind neben der Ethnopoesie (die ja auch an den Rändern der Wissenschaft entsteht), der interpretativen Ethnologie und der Ethnopsychoanalyse (die ebenfalls die Forscherautorität untergräbt) die entscheidenden Veränderungen der Ethnologie im 20. Jahrhundert und fordern mit Vehemenz eine Neubestimmung ihres wissenschaftlichen Status.

Gerade an den Schnittstellen von Bild, Photographie und Spielfilm, Dokumentation, Feature, Reportage und filmischem Tagebuch werden die Wirklichkeitserfahrungen möglich, die dem konventionellen ethnographischen Blick verschlossen bleiben. Diese visuellen Formen experimentieren mit dem Pulsierenden, der Emotionalität und Vitalität, die jeder Begegnung mit dem Fremden inhärent sind. Bei aller Übermacht allgemeiner, tausendfach tradierter und medial angewandter Sichtweisen realisiert sich doch in jeder Begegnungsform, in jedem Verhältnis von Eigenem und Fremdem etwas Singuläres, etwas, das Victor Segalen mit dem Begriff des (unverfälschten) Exotismus belegte. Die von Segalen (1910/1920) geforderte »Ästhetik des Diversen«, die auf die »ewige Unverständlichkeit« setzt, korrespondiert mit Stephen Tylers Idee, daß sich die Ethnologie vom »Dokument des Okkulten« zum »okkulten Dokument«[44] zu entwickeln habe. Stephen Tyler sieht den entscheidenden Fortschritt der Ethnologie darin, daß sie ihr begriffliches Korsett gelockert und ihre hierarchische Struktur aufgegeben hat. Das so zur Geltung kommende »okkulte« Moment läßt dem Unbekannten einen größeren Spielraum, in dem es auf *vielfältige* Weise verstanden werden kann. Die »Evokation« des Anderen ist ein Grundbaustein einer Ethnologie, die an die Stelle der Einstimmigkeit des Forschers die Polyphonie, die Vielstimmigkeit aller an einer Situation Beteiligten setzt.

Diese Polyphonie zeigt sich auf zwei Ebenen: auf derjenigen des Textes (als einer dialogischen Organisation von Selbst- und Fremdaussagen) und auf der Ebene einer sprechenden beziehungsweise visuellen Anthropologie: Tonbandaufzeichnungen und Filmaufnahmen ermöglichen ein anderes Verhältnis zu dem Eigenen und Fremden und unterminieren die selbstgesetzte Autorität des Forschers und seines Zeichensystems.[45] Jean Rouch hat darauf hingewiesen, daß die Afrikaner, die in seinen Filmen mitwirkten, später über lange Kommentierungen verärgert waren. Wenn Rouch sagt, sein Ideal »wäre ein Film, den jeder auch ohne Kommentar verstehen könnte«, ohne daß dabei entscheidende anthropologische Zusammenhänge unverständlich würden, setzt er zu Recht das ästhetische Potential des Films – zum Beispiel, das »Drama des Rituals« adäquat darzustellen – gegen das beschreibend-analytische Potential des wissenschaftlichen Textes.

Gerade die Vielfachspiegelungen der »Wirklichkeit« – ihre *Synthesis* und Diversität – könnten das *Auge des Ethnographen* und das *Auge des Filmers* dazu anstacheln, eine tiefere Beziehung zueinander aufzunehmen. Gesetzt den Fall, die Ethnologen wären von Anfang an mit dem Medium des Films enger vertraut gewesen und hätten sich der Filmsprache verbundener als der Schriftsprache gefühlt, wäre es ihnen stets als selbstverständlich erschienen, zur Erörterung ritueller Verläufe und zur Vermittlung einer tragischen oder komödiantischen Situation, eines Gefühls des Glücks oder des Leids und einer jeden komplexen, von vielen Stimmungen durchdrungenen Szene auf die filmische Darstellung zurückzugreifen. Ja, sicher würden dann die meisten Ethnologen bezweifeln, daß man extreme und besonders vielschichtige Haltungen, Handlungen und Situationen überhaupt ohne Zuhilfenahme der cinematographischen Technik anschaulich und verstehbar machen könne. Kann denn das Wort allein diese Tragik oder jene Brutalität, diese Schönheit oder jene Faszination, diesen Blick oder jene Geste vermitteln? Dieser Zweifel am begrifflichen Erfassen stünde anstelle der in der Ethnologie verbreiteten Skepsis gegenüber der piktoralen Beschreibung und Interpretation.

Statt die »ethnographische Realität« zum Maßstab einer jeden Fremderkenntnis zu machen, hätte man die ästhetischen Erkenntnismöglichkeiten des Films (als anders strukturierte und komponierte, aber als prinzipiell gleichwertige, intellektuell-emotive Darstellungen) akzeptiert. Jean Monods Klage über die Ethnologen – »Sie sehen nicht, sie *verifizieren*« – wäre genauso überflüssig gewesen wie der Positionenstreit um das *ästhetische* Experiment des Filmers auf der einen Seite und die *analytische* Arbeit des Forschers auf der anderen.[46]

Als Michael Oppitz für sein Projekt einer visuellen Anthropologie mit einem befürwortenden Schreiben von Claude Lévi-Strauss um Unterstützung bat, mußte er erfahren, daß Lévi-Strauss zwar als »berühmt« eingeschätzt, aber keineswegs als »wissenschaftliche Autorität« eingestuft wurde. Hier wiederholte sich die Distinktion Wissenschaft/Kunst, analytische Forschung/ästhetisches Experiment auf der institutionellen Ebene. Claude Lévi-Strauss' gesamtes Werk ist geprägt von der Auflösung dieser starren Grenzen und einer ästhetischen Durchdringung der ethnologischen Beobachtung, Reflexion und Darstellung. Allerdings lassen sich seine einzelnen Werke nicht einfach für eine visuelle Anthropologie vereinnahmen. Selbst ein Band wie das *Brasilianische Album*, das man als Baustein einer aufs Sehen, auf die Sinnlichkeit und auf sinnlich vermittelte Strukturen konzentrierten Anthropologie verstehen könnte, geht einen eigenen Weg.

Das *Brasilianische Album* hat seine Entsprechung in dem Anti-Reisebuch *Traurige Tropen* (»Nie wieder werden uns die Reisen ... ihre Schätze unberührt enthüllen ...«): dominiert von der gleichen Dialektik zwischen dem Wunsch, einem vergangenen »gewaltigen Schauspiel« beigewohnt zu haben, und der Gewißheit, daß jede Erfahrung der Distanz bedarf, man also erst als moderner Reisender die verschwundene Realität zu würdigen weiß. 1962 ging er in einem Gespräch[47] noch einmal auf die Frage ein, ob er sich selbst eine ursprüngliche Gesellschaft gewünscht habe: »Das ist natürlich das, was wir uns wünschen und was sich alle Reisenden wünschen. Wir würden uns gerne in eine ideale Lage versetzen, wie es noch Christoph Columbus vermochte, und eine neue Welt entdecken. Unglücklicherweise müssen wir feststellen, daß, selbst bei den als sehr primitiv zu bezeichnenden Gesellschaften, eine solche Welt nicht existiert. Um der Vergangenheit analoge Bedingungen anzutreffen, müßte man sich nicht nach Amazonien begeben, sondern auf den Mond. Die Feststellung, daß die Welt *eine* einzige Welt geworden ist, daß sie am Ende ist, das ist die bittere Erkenntnis des Reisens.« Begann Lévi-Strauss 1955 sein Reisebuch mit dem ernüchternden Bekenntnis »Ich verabscheue Reisen und Forschungsreisende«, um sodann die ganze Dynamik von Illusionen und Desillusionierungen des Reisens, von exotischen Wünschen und vorgefundener Zerstörung zu beschreiben und zu deuten, ist es jetzt die grundlegende Skepsis gegenüber dem Wahrheitsgehalt der Photographien, die das *Brasilianische Album* leitmotivisch begleitet.

Vom Photographen erwartet man, daß er seine Bilder als Dokumente des Alltäglichen, des Normalen oder aber des Besonderen, auch des Kranken und Perversen anpreist: in jedem Fall als Dokumente, trotz oder gerade wegen ihrer Abstraktionen. Besonders die erlebnishafte Photographie, wie sie Reiseschriftsteller und Ethnologen gerne ihren Erfahrungsberichten und Forschungen beifügen, sollen etwas vom »tatsächlichen« Leben in der Fremde, von den vitalen Zusammenhängen wiedergeben, einen sinnlichen Eindruck vermitteln. Der sinnliche Eindruck aber täuscht über vieles hinweg: die ethnographische Photographie, die Bilder fremden Lebens geben nicht nur »Wirklichkeit« wieder – sind nicht nur Dokumente eines anderen Lebens –, sondern spiegeln auch die Wirklichkeit von Ideologien, sind ein Dokument des Kolonialismus und rassenkundlicher Vorstellungen.[48] Aber selbst der in seinen Texten jedem Abbildvorgang gegenüber skeptische Bruce Chatwin mochte nicht auf Photographien verzichten, und Hubert Fichte und Leonore Mau bauten gar ihre afrobrasilianischen Forschungen nahezu gleichwertig auf dem ethnographischen Text und auf der photographischen Textur auf.

Dagegen beginnt Lévi-Strauss' *Album* – welch ein trügerischer Titel, der dem nichtsahnenden Leser eine Art Poesiealbum versprechen mag – mit der vehementen Absage an die sinnliche und erlebnisgefüllte Kraft der eigenen Photographien: Ja, sie gäben zweifellos Kunde von Lebewesen, Landschaften und Ereignissen, von denen er noch wisse, daß er sie gesehen und kennengelernt habe,

> *»aber nach so langer Zeit erinnere ich mich nicht mehr, wo und wann. Die photographischen Dokumente beweisen mir ihre Existenz, ohne Zeugnis von ihnen zu geben oder sie mir sinnlich erfahrbar zu machen. Heute erneut betrachtet, hinterlassen diese Photographien bei mir den Eindruck einer Leere, eines Mangels an dem, was das Kameraobjektiv zu erfassen schlechterdings unfähig ist.«*[49]

Ungleich schwächer als der Gestank eines bestimmten chemischen Mittels, mit dem er vor mehr als einem halben Jahrhundert seine Kisten zum Schutz gegen Termiten und Schimmel eingerieben habe und das heute noch seinen Geruch verströme, wenn er seine Reisenotizen durchblättere, ungleich schwächer sei der Reiz der Photographie, der in ihm nicht mehr die erfahrenen Gerüche, Töne und Farben zu evozieren vermöge. So sind also die Photographien für Lévi-Strauss nicht mehr als ein durchschnittliches Reizmittel, um sich des Vergangenen zu erinnern. Für den heutigen Betrachter, der die Amazonas-Reisen nicht unternommen hat, mögen sie hingegen viel mehr bedeuten, ja, sie könnten ihm suggerieren, aus der »stummen Bilderwelt« ein anderes Leben sinnlich wahrzunehmen.[50]

Dieses andere Leben, das wir auf den Bildern sehen – das ist Lévi-Strauss' zentrale These in seinem einfühlsamen, prägnanten und engagierten »Prolog« –, zeigt nicht das vermeintlich primitive Stadium der Indianer; widergespiegelt werden nicht die archaischen Verhältnisse, sondern Lebensbedingungen dieses Jahrhunderts. Seine eigenen Forschungen sowie neuere, auch archäologische Arbeiten haben den Beweis erbracht, daß nicht die grausamen Zerstörungen *in diesem Jahrhundert* die große alte Kultur der Nambikwara und Boróro, der Caduveo und Tupí-Kawahib nahezu ausgerottet haben, sondern daß die Massaker, die die ehemals hochentwickelte Zivilisation der Indianer beseitigt haben, bereits im 16./17. Jahrhundert stattgefunden haben. In einem Gespräch[51] äußerte Lévi-Strauss:

> *»Wir versuchen verzweifelt, uns vor der Erkenntnis zu drücken, daß die vermeintlich primitiven Gesellschaften Spiegel unserer selbst sind. Es drängt sich uns die Erfahrung auf, daß wir stets Menschen antreffen, denn gleich, unter welchen Bedingungen sie leben – in Armut oder in Demut –, so bleiben sie doch Menschen. Das können wir erst dann begreifen, wenn wir uns genügend mit den Eingeborenen-Gesellschaften vertraut gemacht und den Anschein des Seltsamen einer uns derart fremden Gesellschaft überwunden haben.«*

Man kann heute davon ausgehen, daß die Besiedlung von Amazonien hinter das zehnte Jahrtausend zurückreicht und man die Vorstellungen von der Besiedlung Amerikas grundlegend zu korrigieren hat. Ebenso korrekturbedürftig ist die Gegenüberstellung von andinen Hochkulturen und niedrigen Regenwald-Kulturen. In den Indianern von heute, die uns als bedürftig erscheinen, darf man also nicht, so warnt Lévi-Strauss eindringlich, die Zeugen archaischer Lebensweisen sehen, sondern nur die letzten Überlebenden eines totalen Ausrottungsversuchs. »Das Wunderbare ist, daß diese Indianer mit einer auf ein Zwanzigstel, ein Fünfzigstel oder sogar Hundertstel reduzierten Kopfzahl lebensfähige Gesellschaften neuzuschaffen und, wie man sagen könnte, sogar das Leben-in-Gesellschaft neuzuerfinden verstanden haben.«[52]

Es geht also um mehrere Stufen der Enteignung und Zerstörung, um »Säuberungsaktionen« quer durch die Jahrhunderte, angeführt von den Kolonisatoren, gefolgt von den Kautschukgesellschaften, den Grundstücksmaklern, den Gold- und Diamantensammlern bis zu den Abenteurern und Touristen der Gegenwart: Anstürme, denen auch eine im Gleichgewicht befindliche Zivilisation erlegen ist. Es gehört zu den merkwürdigen Paradoxien der Geschichte, daß Institutionen wie die Missionsstationen, die maßgeblich an der Unterdrückung der alten Kulturen beteiligt waren, heute zu ihren Bewahrern gehören.

Paradoxer noch, tragisch und burlesk, daß dieses Europa, das in der Vergangenheit unzählige Kulturen zerstört hat, sich heute in vielen Teilen selbst aufreibt. Jetzt könnte man sich ihm mit der gleichen Motivation zuwenden, mit der man sich als Ethnologe um untergehende Kulturen »kümmert«. Lévi-Strauss sagt es in aller Schärfe, und hier erweist er sich wieder als der unbestechliche und kompromißlose, jedem Fortschritt gegenüber mißtrauische Zivilisationskritiker: Fortan sind wir »allesamt Indianer, im Begriff, uns selbst zu dem zu machen, was wir aus ihnen gemacht haben.«[53] (In der sich solcherart entfaltenden Zivilisationskritik wird Lévi-Strauss' eigene bescheidene Haltung – er beanspruche, sich mit Dingen zu befassen, »die keine praktischen Auswirkungen haben«, wie er dies in *La pensée sauvage*, gegen Sartre gewendet, betont hatte – korrigiert.)

Lévi-Strauss, durch seinen Vater von Kindheit an mit dem Photographieren vertraut, will sich noch nicht einmal als Amateur begreifen. Mit dem *Brasilianischen Album* – das sich, anders als das ihm thematisch entsprechende Buch *Traurige Tropen*, ausschließlich auf Brasilien konzentriert – möchte er nicht mehr als einen »wehmütigen Gruß« an die Menschen dieses Landes entrichten.[54] Der europäische Betrachter trifft sich da mit der Erlebnisweise des Autors, wo auch er, wie dieser, voller Melancholie dem Vergangenen und dem Vergehenden nachtrauert und die Verengung des Lebensraums sowie die Überlagerung mit Neuem wehmütig zur Kenntnis nimmt.

Diese Photographien haben nichts Sensationelles oder auffallend Individuelles an sich. Sie könnten auch aus der Photothèque des Musée de l'Homme stammen. Und dennoch fügen sie sich, unter dem Signum LÉVI-STRAUSS, nach und nach zu einem »Ganzen«, bilden ein eigenes Zeichensystem.

Das Beobachtete und die Sprache der Theorie

All die klischeehaften Charakterisierungen, die man für Lévi-Strauss gefunden hat – »Geschichtsfeind«, »Pessimist«, »Misanthrop«, »Technokrat«, »Mathematiker des Menschen« –, lösen sich als von eigenen Begrenzungen dominierte Kategorien auf. Und waren denn, so kann man heute fragen, die Phantasien der sich als Geschichtsverwalter aufspielenden Theoretiker realitätsnäher, deren Ziel es war, die »hoffnungsberechtigte Menschheit« von strukturalen »Todesengeln« zu befreien?

Der Strukturalismus hat nichts anderes getan, als mit einem neuen Blickwinkel zu experimentieren, um das Fremde besser zu verstehen und das Beobachtete präziser darstellen zu können. Dabei verfing sich, das kann man nicht bestreiten, zum Beispiel Lévi-Strauss immer wieder in den selbstgesponnenen Netzen einer viel zu starren Systematik; er glättete Unebenheiten, ließ das Vermischte hinter dem Geordneten zu schnell verschwinden. Schließlich gibt es auch, wie sein Kritiker Henri Lefebvre zu Recht sagte, ganz entscheidende Phänomene, die weder funktional noch struktural sind, die sich »in den Ritzen und in den Rändern produzieren«. Andererseits hat Lévi-Strauss wiederholte Male betont: einige Ebenen der Wirklichkeit ließen eine strukturale Analyse zu, andere würde er lieber aleatorisch nennen. Und dennoch sei in allem der »unbewußte Geist« am Werke; er drücke sich auf exemplarische Weise in der Herstellung »notwendiger Beziehungen« aus; dennoch gäbe es Freiräume für bloß wahrscheinliche Beziehungen und für sich entwickelnde dynamische Strukturen.

Sowohl die Beziehung, die Lévi-Strauss zwischen der Musik und der von der Linguistik inspirierten Strukturanalyse herstellt, als auch seine poetischen Ausführungen zum Weg der Masken und auch seine Nähe zum Surrealismus, vor allem zu Max Ernst, teilweise auch zu André Breton, zeigen die quirlige Bewegtheit, Dynamik und Offenheit des Strukturbegriffs zum künstlerischen Prozeß hin, ein Prozeß, in dem es um die Freilegung des

Unbewußten geht. Und hatte Lévi-Strauss nicht vor Jahren einmal voller Sehnsucht von der »poetischen Emotion« in René Clairs (schon erwähntem) Film »Paris qui dort« gesprochen?

Lévi-Strauss' Strukturbegriff ist also von Anfang an das chaotisch Gestalthafte eigen, nur scheint der Autor es immer wieder selbst zum Verschwinden bringen zu wollen. Niemals aber hat er in platten Gegensatzpaaren (von Geschichte und Struktur) gedacht, wie man ihm dies vorgehalten hat. In seiner Antwort auf die Vorwürfe in *Les Temps modernes* (1997/1998) widerlegt er Punkt für Punkt die Kritik, die die Sartre-Adepten Christian Delacampagne und Bernard Traimond vorbringen. Es erscheint geradezu als eine Travestie der Tatsachen, wie man ihm – im Anschluß an die Äußerungen der Philosophen Sartre, Althusser und Derrida sowie einiger Soziologen – immer noch unterstellen kann, er spreche den traditionalen Gesellschaften eine eigene Geschichte ab, er dränge sie an den Rand der Menschheit und der sie charakterisierenden Schrift; sein Dogma einer großen Teilung zwischen ahistorischen oder kalten und historischen oder heißen Gesellschaften sei überholt, Sartre triumphiere. Absurderweise ist es gerade Sartre, der in seiner Kritik der dialektischen Vernunft wiederholte Male von »Gesellschaften ohne Geschichte« spricht. Die von Lévi-Strauss vorgeschlagene Unterscheidung von »kalten« und »heißen« Gesellschaften will keine Naturgegebenheit postulieren, sondern sich auf die singulären Einstellungen beziehen, die die Gesellschaften gegenüber der Geschichte einnehmen. Die sogenannten kalten Gesellschaften bewahren sich den Traum, so zu bleiben, wie sie, am Beginn der Zeit, geschaffen worden sind; die heißen Gesellschaften hingegen sehen sich gleichsam in einem Feuer der Geschichte, die ihnen als Motor ihrer Entwicklung erscheint. Keine Gesellschaft aber könne als absolut »kalt« oder »heiß« klassifiziert werden; ein deutlicher Unterschied bestehe jedoch darin, daß sich unsere Gesellschaften als historisch wissen und verstehen, während die traditionalen Gesellschaften stärker in einem Traum und in einer Illusion befangen seien.

Führt man sich diesen ganzen Komplex der gegenseitigen Kritiken vor Augen, bleibt ein seltsames Gefühl mehrfacher Verkennungen zurück: Obwohl Sartre Lévi-Strauss ganz ohne jeden Zweifel viel Lob in seiner *Kritik der dialektischen Vernunft* entgegenbrachte, kann sich Lévi-Strauss ganz und gar nicht darüber freuen, da er in Sartres Grundannahmen und Deutungen nichts als Fehlinterpretationen sieht. Und die Autoren der neuerlichen Kritik alten Stils schwimmen so sehr in Sartres Fahrwasser, daß sie dessen Verzerrungen nicht erkennen, nur wiederholen und um weitere vermehren, so, wenn sie etwa eine starre Opposition zwischen Lévi-Strauss und anderen gegenwärtigen Ethnologen aufbauen, als würde heute niemand mehr in den Kategorien des Strukturalismus denken. Durch dieses polarisierende und polemisierende Denken – als hätten die Sozialwissenschaften ihren Fortschritt einzig und allein dem Bruch mit dem Strukturalismus zu verdanken – werden die Schwachpunkte in Lévi-Strauss' Position nicht konstruktiv offengelegt. Und in der Tat gibt es ja einen gravierenden Schwachpunkt im Strukturalismus, der sich in den 50er, 60er Jahren in den Geisteswissenschaften ausbreitete: dies ist die, zumindest zeitweise, Ablösung der Theorie vom Gelebten, von der Position des Beobachters, und die Tendenz, das jeder Struktur innewohnende amorphe Gestalthafte nicht genügend zu würdigen.

Nicht der konstruierte Gegensatz von Geschichte und Struktur bringt die Diskussion um die Zukunft der Humanwissenschaften weiter – ein Gegensatz, der so nie von Lévi-Strauss behauptet worden ist –, sondern die Frage, wie das Beobachtete in die Sprache der Theorie übersetzt werden kann und wie die Theorie auch als System noch durchlässig bleibt für die Brüche und Übergänge, für die Randzonen und das Vermischte, für die Diversität und das niemals rational Erfaßbare, für die Unsicherheiten, die die Beobachterposition immer für die Bildung einer Theorie bedeutet. Es ist eine unfruchtbare Polemik, Lévi-Strauss gegen differierende Positionen (von Althusser und Derrida) auszuspielen und hinter einer mit Händen zu greifenden engen geistigen Verbundenheit wie derjenigen zwischen Lévi-Strauss und Maurice Merleau-Ponty eine verdeckte Kontroverse zu konstruieren.

Heute gibt es allerdings, dies darf man auch nicht übersehen, eine Reihe von Begriffen, die der »Struktur« und der »Ordnung« den Rang abgelaufen haben: es sind dies die »morphogenetischen Felder« und »Resonanzen«, die »Gestalt«, die »Systeme« und die »Komplexität« oder aber die »Nondualität«, das »Chaos« und die »Fraktale« – Begriffe, die, das sollte man nicht ignorieren, zum Teil in Lévi-Strauss' Entwicklung eine große Rolle spielen. Außer diesen schon so ausgiebig diskutierten Theorien könnte man vor allem noch Michel Serres' »Philosophie der Gemische und Gemenge« dem Strukturalismus gegenüberstellen. Serres versucht, den Sinnen und der Sinnlichkeit auf einer elementaren Ebene gerecht zu werden und unterläuft dabei die gängigen Dualismen und Dichotomien der Wissenschaft. Serres vergleichbar hat Peter Sloterdijk eine Aufweichung der Strukturen, der Begriffe und der Position des erkennenden Subjekts gefordert und damit eine Neueinschätzung des Strukturalismus vorgeschlagen.

> *»Der Strukturalismus war in gewisser Weise eine Nachzündung von Problemen, die unter dem Vorzeichen der Lebensphilosophie am Jahrhundertanfang schon einmal dagewesen waren, daß das Leben selber überwältigt und durchdrungen und überformt erscheint von einer strukturalen morphologischen Kraft, die die Individuen für sich braucht, die gewissermaßen wie Strukturgötter oder morphologische Götter über die Erde hinwegziehen und einzelne Völker als Agenten ihrer Formpotenz für sich benutzt. Das sind Ideen, die man cum grano salis sowohl bei Spengler wie bei Lévi-Strauss oder bei Frobenius wie bei den Strukturalisten, soweit sie diesen Ausdruck ernsthaft verdienen, gesehen haben. Ich glaube, daß wir mit dieser Sache nicht fertigwerden können, weil es ein im wahrsten Sinne des Wortes unausdenkbares Problem ist.«*[55]

Und noch in einer anderen Hinsicht müßte man heute den Strukturalismus befragen: Reicht sein Verständnis von Wirklichkeit und von (in sich geschlossenen) Orten aus, um die Jetztzeit, die radikalisierte Moderne, zu erfassen, oder müssen dafür nicht andere Begriffe und Konzepte, wie etwa Marc Augés Idee von der »Übermoderne« und den »Nicht-Orten« oder Paul Virilios Begriff der »Ereignislandschaft« herangezogen werden?

Und noch eine weitere Frage drängt sich auf: Müßte man nicht eine Unterscheidung treffen zwischen dem, was wir in der westlichen Kultur als »Ich« und als »Identität« verabsolutiert und überbewertet haben und was auch mit Hilfe des Strukturalismus seiner Idealisierungen entledigt worden ist, und einem aufrecht zu erhaltenden subjektiven Bezugspunkt, der zur Realisierung eines Werkes der Wissenschaft und eines Kunstwerks gehört? Hier stoßen wir an die Grenzen des europäischen Denkens, das sich nur sehr schwer vorstellen kann, was etwa der japanische Künstler Kazuo Shiraga als »geistigen Egoismus« bezeichnet hat: die Verbindung von Selbstaufgabe und Selbstverwirklichung, von Spiritualität oder Selbstlosigkeit und einer radikalen Selbstdarstellung. Hier nun hätte die Diskussion der Leidenschaft für die Strukturen neu einzusetzen.

Literatur

ALLOULA, Malek (1994): *Harems-Phantasien. Aus dem Postkartenalbum der Kolonialzeit.* Freiburg.

ALTHUSSER, L. (1965): *Für Marx.* Frankfurt am Main.

AUGÉ, Marc (1994): *Orte und Nicht-Orte.* Frankfurt am Main.

AUGÉ, Marc (1999): »Le triangle anthropologique: Mauss, Bataille, Lévi-Strauss«. *Critique.* 620/621, S. 4–12.

BALLHAUS, Edmund / Beate ENGELBRECHT (Hg.) (1995): *Der ethnographische Film.* Berlin.

BARTHES, Roland (1963): »Die strukturalistische Tätigkeit«, *Kursbuch* 5, S. 190–196.

BARTHES, Roland (1973): *Michelet.* Frankfurt am Main.

BARTHES, Roland (1977): »Fragmente einer Sprache der Liebe«. Vorabdruck *Ästhetik und Kommunikation*, Bd. 7, 1981, S. 181–187.

BERNATZIK, Hugo A. (1985): *Fremde Frauen.* Mit einem Essay von Doris Byer. Wien/München.

CARDOZO, Christopher (Hg.) (1995): *Native Nations. Die ersten Amerikaner, wie Edward S. Curtis sie gesehen hat.* München.

COHEN-SOLAL, Annie (1999): »›Claude L. Strauss‹ aux États-Unis: ›des portes donnant accès à d'autres mondes et à tous les temps‹.« *Critique.* 620/621, S. 13–25.

DEGUY, Michel (1999): »Anthropologie et poésie«. *Critique.* 620/621, S. 139–153.

DELACAMPAGNE, Christian / Bernard TRAIMOND (1997): »La Polémique Sartre/Lévi-Strauss revistée. Aux sources des sciences sociales d'aujourd'hui«, *Les Temps modernes* 596, S. 10–31.

DERRIDA, Jacques (1967): *Die Schrift und die Differenz.* Frankfurt am Main.

FICHTE, Hubert / Leonore Mau (1976): *Xango.* Frankfurt am Main.

FICHTE, Hubert / Leonore Mau (1980): *Petersilie.* Frankfurt am Main.

FRANK, Manfred (1983): *Was ist Neostrukturalismus?* Frankfurt am Main.

FRIEDRICH, M. u. a. (Hg.) (1984): *Die Fremden sehen. Ethnologie und Film.* München.

GEERTZ, Clifford (1987): *Dichte Beschreibung.* Frankfurt am Main.

GEERTZ, Clifford (1990): *Die künstlichen Wilden.* München.

GODELIER, Maurice (1973): *Ökonomische Anthropologie*. Reinbek.

GROYS, Boris (2000): *Unter Verdacht*. München.

HARLAND, Richard (1987): *Superstructuralism*. London/New York.

HEINRICHS, Hans-Jürgen (1983): *Sprachkörper. Zu Claude Lévi-Strauss und Jacques Lacan*. Frankfurt am Main.

JAMIN, Jean (1999): »Sous-entendu. Leiris, Lévi-Strauss et l'opéra«. *Critique*. 620/621, S. 26–41.

LACAN, Jacques (1964): *Le Séminaire*. Buch XI. Paris. (Dtsch.: Das Seminar. 1964).

LACAN, Jacques (1966): *Ecrits*. Paris (Dtsch.: Schriften. 1973–1980).

LEPENIES, Wolf / Henning Ritter (Hg.) (1970): *Orte des wilden Denkens*. Frankfurt am Main.

LÉVI-STRAUSS, Claude (1948): *La Vie familiale et sociale des Indiens Nambikwara*. Paris.

LÉVI-STRAUSS, Claude (1950): »Introduction à l'oeuvre de Marcel Mauss«. In: *Sociologie et anthropologie*. Paris 1950.

LÉVI-STRAUSS, Claude (1967): *Strukturale Anthropologie*. Bd. I. Frankfurt am Main. Neuausgabe 1971 (frz.:1958).

LÉVI-STRAUSS, Claude (1968): *Das Wilde Denken*. Frankfurt am Main. (frz.: 1962).

LÉVI-STRAUSS, Claude (1971-75): *Mythologica*. I–IV. Frankfurt am Main. (frz.: 1964–1971).

LÉVI-STRAUSS, Claude (1972): *»Primitive« und »Zivilisierte«. Nach Gesprächen aufgezeichnet von Georges Charbonnier*. Zürich.

LÉVI-STRAUSS, Claude (1975): *Strukturale Anthropologie*. Bd. II. Frankfurt am Main. (frz.: 1973).

LÉVI-STRAUSS, Claude (1977): *Der Weg der Masken*. Frankfurt am Main. (frz.: 1975 und 1979 erweiterte Ausgabe).

LÉVI-STRAUSS, Claude (1978): *Traurige Tropen*. Frankfurt am Main. (frz.: 1955).

LÉVI-STRAUSS, Claude (1980): *Mythos und Bedeutung. Gespräche mit Claude Lévi-Strauss*. Hg. von A. Reif. Frankfurt am Main.

LÉVI-STRAUSS, Claude (1981): *Die elementaren Strukturen der Verwandtschaft*. Frankfurt am Main. (frz.: 1949).

LÉVI-STRAUSS, Claude (1985a): *Eingelöste Versprechen*. München. (frz.: 1984).

LÉVI-STRAUSS, Claude (1985b): *Der Blick aus der Ferne*. München. (frz.: 1983).

LÉVI-STRAUSS, Claude (1985c): Themenheft der Zeitschrift *magazine littéraire*, Nr. 223.

LÉVI-STRAUSS, Claude (1987): *Die eifersüchtige Töpferin*. München. (frz.: 1985).

LÉVI-STRAUSS, Claude (1993a): *Die Luchsgeschichte*. München. (frz.: 1991).

LÉVI-STRAUSS, Claude (1993b): Themenheft der Zeitschrift *magazine littéraire*, Nr. 311.

LÉVI-STRAUSS, Claude (1995a): *Sehen Hören Lesen*. München. (frz.: 1993).

LÉVI-STRAUSS, Claude (1995b): *Brasilianisches Album*. München. (frz.: 1994).

LÉVI-STRAUSS, Claude (1998a): »Retours en arrière«, *Les Temps modernes* 598, S. 66–77.

LÉVI-STRAUSS, Claude (1998b): »La Sexualité féminine et l'origine de la société«, ebd., S. 78–84.

LÉVI-STRAUSS, Claude (2000): »›Es beunruhigt mich nicht, ins Nichts überzugehen‹. Im Gespräch mit Constantin von Barloewen«. *FR*, 13.01.2000.

LEACH, Edmund (1991): *Lévi-Strauss zur Einführung*. Vorwort von K.-H. Kohl. Hamburg.

MÂCHE, François-Bernard (1999): »Lévi-Strauss et la musique«. *Critique*. 620/621, S. 154–168.

MERLEAU-PONTY, Maurice (1966): *Eloge de la philosophie et autres essais*. Paris.

OPPITZ, Michael (1975): *Notwendige Beziehungen*. Frankfurt am Main.

OTTINGER, Ulrike (1993): *Taiga*. Berlin.

PETITOT, Jean (1999): »La généalogie morphologique du structuralisme.« *Critique*. 620/621, S. 97–122.

RECKWITZ, Andreas (2000): *Die Transformation der Kulturtheorien*. Weilerswist.

REIF, Adelbert (Hg.) (1973): *Antworten der Strukturalisten*. Hamburg.

ROUDINESCO, Élisabeth (1999): »De près et de loin: Claude Lévi-Strauss et la psychanalyse«. *Critique*. 620/621, S. 169–185.

SARTRE, Jean-Paul (1967): *Kritik der dialektischen Vernunft*. Reinbek.

SCHMIDT, Alfred (1969): »Der strukturalistische Angriff auf die Geschichte«, in: *Beiträge zur marxistischen Erkenntnistheorie*. Frankfurt am Main.

SCHÜTT, Jutta (1994): *Arnulf Rainer. Überarbeitungen*. Berlin.

SCHÜTTE, Wolfram (Hg.) (1995): *Bilder vom Kino*. Frankfurt am Main.

SEBAG, Lucien (1970): *Marxismus und Strukturalismus*. Frankfurt am Main.

SEGALEN, Victor (1994): *Die Ästhetik des Diversen*. Frankfurt am Main.

SERRES, Michel: (1993) [1985]: *Die fünf Sinne. Eine Philosophie der Gemenge und Gemische*. Frankfurt am Main.

SÈVE, Lucien (1967): »Méthode structurale et méthode dialectique«, *La Pensée*, Nr. 135 , S. 63–93.

SILVERMAN, Hugh J. (1987): *Inscriptions. Between phenomenology and structuralism*. New York/London.

TERRAY, Emmanuel (1999): »Langage, société, histoire.« *Critique*. 620/621, S. 84–96.

THEYE, Thomas (Hg.) (1989): *Der geraubte Schatten. Die Photographie als ethnographisches Dokument*. München/Luzern.

TYLER, Stephen (1991): *Das Unaussprechliche*. München.

VIRILIO, Paul (1998): *Ereignislandschaft*. München.

Urerfahrungen der Seele

Karl Kerényi und die gelebte Mythologie

Die Mythologie singt wie
der abgeschnittene Kopf des Orpheus auch
noch in ihrer Todeszeit, auch noch in der Ferne weiter.

Kerényi, »Mythologie und Gnosis«[1]

Wahre Geschichten oder Der Mythos und das Mythische

Das aktuelle Interesse an Mythen konzentriert sich vor allem auf das Flair des Mythischen, die Aura des Entrückten und auf die mit den Mythen verbundenen Rituale und Zeremonien, die man aus dem ihnen vorgegebenen, genau definierten Kontext löst und ins eigene Leben zu integrieren versucht. Als Mircea Eliade mit den Worten »Eines Tages wird der Westen die existentiellen Situationen und die kulturellen Welten der nichtwestlichen Völker erkennen und verstehen müssen« die Öffnung auf das ganz Andere voraussagte und sie guthieß, da diese Konfrontation zu einem besseren Verständnis der eigenen Kultur führe, hatte er eine Erweiterung des Kulturellen und keine private, mehr oder weniger therapeutische Nutzung des Mythos im Auge. »Die Anstrengung, die wir aufbringen, um Denkweisen angemessen zu verstehen, die der westlichen rationalistischen Tradition fremd sind ..., wird mit einer wesentlichen Erweiterung unseres Bewußtseins vergolten.«[2]

Die Einbeziehung des Mythos in ein als schal empfundenes Leben und die Neuproduktion von Mythen des Alltags werden zunehmend begleitet von erzählerischen, romanhaften, epischen Entwürfen von Mythen, die den Alltag und die Gegenwart auf unermeßliche Räume der Vergangenheit und Gegenwart hin transzendieren, so z. B. im *Silmarillion* und im *Herr der Ringe* von J. R. R. Tolkien oder in Tad Williams' *Otherland*. Wir haben es mit einer Wiederbelebung der »Mythopoesie« zu tun, mit der man im 19. Jahrhundert etwa Johann Jakob Bachofens wissenschaftlichen Anspruch zu diskreditieren versuchte. Das Organisch-Ganze der menschheitlichen und der weltgeschichtlichen Entwicklung erfassen zu wollen, ist die erklärte Absicht solcher von der Faszination am Mythos evozierten wissenschaftlich-poetischen und teils in *fantasy* sich verlierenden Entwürfe. Revitalisiert wird ein Reservoir an ehemals kulturell verbindlichen symbolischen Ordnungen, heiligen Geschichten. Diese geben, durch die Mythen vermittelt, von einer Zeit Kunde, wo Geschichte (Historie, Geschichtsschreibung) nicht hinaufreicht, von einer primordialen Zeit, einer Zeit der »Anfänge«.

Mythen sind Wortwerdungen; Gestaltungen eines Ursprungsdenkens, unbewußter Konflikte und menschlicher Beziehungen; es sind Projektionen auf äußere Bedingungen und Verhältnisse, auf die Natur. Das physisch Elementare ist eine Grundlage der Mythen, Kulte und Religionen. Elemente sind: Wasser, Erde, Luft (Winde) und Feuer. Vergöttert wird das, was sich als lebensbestimmend erweist, z. B. das Wasser bei den Dogon oder bei den Ägyptern (in Gestalt des Nils). Den Elementen und Himmelskörpern wurden magische Kräfte zugesprochen; es entwickelten sich weiterhin Erd-, Sonnen- und Mondkulte, um nur einige der wichtigsten zu nennen. Gegenstand der Mythen sind die Uranfänge individuellen Seins und der gesamten Menschheitsgeschichte. »Der Mythos in einer primitiven Gesellschaft, das heißt in seiner lebendigen, ursprünglichen Form, ist«, so zitiert Karl Kerényi voller Anerkennung Bronislaw Malinowski, »keine bloß erzählte Geschichte, sondern eine gelebte Realität.« Gottheiten sind *Realitäten der Welt*, »Weltaspekte«, für sich aber Totalitäten. »Der Grund der Mächtigkeit«, hatte Walter F. Otto geschrieben, und Kerényi stimmt ihm zu, »liegt in ihrer Wahrheit.« Diese Wahrheit ist eine *in der Seele auftauchende Realität*, die, trotz allen Wandels und »natürlichen Absterbens«, im Fall der klassisch-griechischen Göttergestalten »zeitlos fest« sei. Solche Götter würden »wie Ideen im Geiste aufleuchten« und »in unmittelbarer Offenbarung« erkannt. Sie seien als *ideenhafte* Götter wahr und real.[3]

Den Aspekt des Wirklichen in der »gelebten Mythologie« betont besonders eindringlich auch Mircea Eliade: Mythen erzählen, »auf welche Weise dank den Taten der übernatürlichen Wesen eine Realität zur Existenz gelangt ist ... Es handelt sich also immer um die Erzählung einer ›Schöpfung‹ ... Der Mythos spricht nur von dem, was *wirklich* geschehen ist, von dem, was sich voll und ganz manifestiert hat.«[4] Mythen sind (im Unterschied zu Legenden) »wahre Geschichten«. Die »wahre«, »heilige« Geschichte eines jeden Mythos bezieht sich immer auf Realitäten: »Der kosmogonische Mythos ist ›wahr‹, weil die Existenz der Welt ihn beweist; auch der Mythos vom Ursprung des Todes ist ›wahr‹, weil die Sterblichkeit des Menschen ihn beweist, und so fort.«[5]

Legenden, Epen und Erzählungen bedeutsamer Ereignisse schwingen sich partiell in dieses Wahrheitsgeschehen ein, verdichten und dehnen die Zeit. Eliade spricht von »Resten eines ›mythologischen Verhaltens‹« und dem Wunsch, »die Intensität wiederzufinden, mit der man etwas *zum ersten Mal* erlebt oder erfahren hat, die ferne Vergangenheit, die glückselige Zeit der ›Anfänge‹ ..., dieselbe Hoffnung, sich von der Last der ›toten Zeit‹ zu befreien, von der Zeit, die erdrückt und tötet.«[6]

Der Mythos aber hat unmittelbar an der »Dichte des Erlebens«[7] teil, ist, wie dies Kerényi sagt, »Träger, Ausdrucks-, Denk- und Lebensform«. Thomas Mann spricht vom »zitathaften Leben des Menschen mythologischer Zeitalter«.[8]

Schöpfungsmythen, Kosmogonien, Erzählungen vom Ursprung der Welt prägen die Geschichte der Menschheit, und, ob in der Bibel oder irgendeiner der so reichen afrikanischen oder asiatischen und ozeanischen Mythen, stets versucht sich der Mensch an einen ganz frühen Punkt zurückzuversetzen, einen Augenblick zu imaginieren und zu verlebendigen, an dem alles anfing. Man hat diesen Initialpunkt der Schöpfung, die Präsenz des Anfangs mit den vielfältigsten, mal mehr beschreibenden, mal mehr poetischen Ausdrücken zu bezeichnen versucht: das »Unvordenkliche«, »illo tempore«, »Traumzeit« und »alcheringa«, in jener ganz frühen Zeit. Die Mythen haben diese »Urerfahrungen der Seele« bewahrt, eine (heilige) Dimension, der sich die Wissenschaft nur begrenzt anzunähern vermag.

Deswegen blickt sie voller Skepsis auf die »Faszinationsgeschichte des Mythos«. Jenseits der *Abwehr des Mythos* und des *Verlangens nach Mythen* (der »neomythischen Kehre« und der Verlagerung vom Mythos zum Mythischen als einer wieder erstrebenswerten Seins- und Bewußtseinsstufe des Menschen) will sich moderne Wissenschaft nicht dem »schillernden« Mythos überantworten, auch keine weiteren Wesens-Deutungen anstreben, sondern sich neu einüben in die Möglichkeiten des Sprechens über den Mythos.[9] Die erstarrte Begrifflichkeit und die »Zombie-Kategorien«[10], wie sie den Großteil der heutigen Wissenschaften prägen – selbst dann noch, wenn sie sich dem Ideal der Interdisziplinarität, der Vorstellung von einer *Wissenschaft und einem Denken in Bewegung* verpflichtet wissen[11] –, rücken das ergriffene Denken Karl Kerényis (als eines Enthusiasten gelebter Mythologie) in weite Ferne. Die Faszination am Mythos ist eng an die Verständnisweisen gebunden, die Forscher im 19. und 20. Jahrhundert vorgaben: als »›Wort‹ vom Tatsächlichen«, von dem »in der Vergangenheit wirklich Geschehenen«, einem *heiligen* Geschehen, das sich in der Menschheitsgeschichte zeige, *offenbare*. Daß Mythos Erzählung ist, vom Göttlichen, Über-Individuellen, Uranfänglichen und Urseelischen handelt, ja, dieses *sagt*, davon war Karl Kerényi zutiefst überzeugt.

»Das Wort ›Mythos‹ ist im heutigen Sprachgebrauch allzu vieldeutig, verbraucht und verschwommen: viel weniger sind es die Ausdrücke, die mit mythos das Wort für ›zusammenlegen, sagen‹ legein, verbinden. Platon, selbst ein großer ›Mythensager‹, belehrt uns durch eigene Erfahrung und eigenes Schaffen über die Lebendigkeit und Beweglichkeit dessen, was die Griechen mythologia nannten. Sie ist eine Kunst neben und in der Poesie (die Gebiete dieser beiden überschneiden sich), eine Kunst mit einer eigentümlichen, stofflichen Voraussetzung. Es gibt eine besondere Materie, durch die die Kunst der Mythologie bestimmt wird: eine alte, überlieferte Stoffmasse, enthalten in bekannten und doch nicht jede weitere Gestaltung ausschließenden Erzählungen – ›Mythologem‹ ist für sie das beste griechische Wort – über Götter und göttliche Wesen, Heroenkämpfe und Unterweltsfahrten. Die Mythologie ist die Bewegung dieser Materie: etwas Festes und zugleich doch Bewegliches, Stoffliches und doch nicht Statisches, sondern Verwandlungsfähiges.«[12]

»Wissenschaft geschieht«

Über das Verhältnis von Forschung, Literatur und Mythologie

Der 1897 in Ungarn geborene und 1973 in der Schweiz verstorbene Mythenforscher Karl Kerényi (der bei Hermann Diels, Eduard Norden und Wilamowitz studierte und erstmals 1927 mit der Schrift *Die Griechisch-Orientalische Romanliteratur in religionsgeschichtlicher Beleuchtung* hervortrat) hat in einer 1944 erschienenen Schrift *Töchter der Sonne*[13] einen bisher nicht so deutlich wahrgenommenen Widerspruch in den Ursprungsmythen gesehen. Die Art, in der er dies tut, und die Tatsache, daß er überhaupt auf diese Paradoxie aufmerksam geworden ist, werfen bereits ein helles Licht auf seine Vorgehensweise. Wenn er feststellt, daß »jede Erzählung vom Ursprung der Welt zum Ausgangspunkt das Noch-nicht-Sein dieser Welt hat«, und sie doch von diesem Noch-nicht-Sein so sprechen muß, »als wäre etwas vom Noch-nicht-Seienden schon da«[14], dann will er damit auch die ganz allgemeine Tatsache unterstreichen, daß alles, was wir über die Welt sagen können, immer an die Sprache und damit an den Sprechenden gebunden ist, an seinen Zugriff auf die Welt, daß also Welt immer erzählte Welt ist.

Hiermit ist auch schon Kerényis Stellung zwischen Wissenschaft und Literatur bezeichnet, die er nicht gegeneinander abschottet, sondern zwischen denen er zu vermitteln versucht. Ihm sind aber noch zwei weitere Widersprüche in den Kosmogonien aufgefallen: Obwohl doch die Entstehung der Welt als etwas geschildert wird, das unabhängig vom Menschen vor sich gegangen ist, wird der Vorgang zugleich als ein »Aufgang im Bewußtsein des Denkenden« dargestellt; und das kosmogonische Mythologem ist selbst das, wovon es handelt: es ist geistige Schöpfung; es ist Kunst. Gleich einem Werk der Musik legitimiert es sich nicht durch die Vernunft, sondern durch einen Akt der Ergriffenheit, der Offenbarung von Wahrheit.

Die Paradoxien verringern also nicht den Wert der Ursprungsmythen; vielmehr gehören sie ihnen zu und zeigen nur, daß sich keine Rede, kein Text (sei er wissenschaftlicher, literarischer oder mythischer Art) unabhängig machen kann von der bereits bestehenden, schon sprachlich artikulierten Welt, die auch den Erzähler mit umfaßt. Diese Welt spiegelt sich, untilgbar und sich beständig variierend, im Reservoir der Sprachen. Die Welt ist in der Erzählung schon da, auch wenn die Erzählung vom Allerersten, von der Erschaffung der Welt handelt: »Im Anfang erschuf Gott den Himmel und die Erde, und die Erde war wüst ...« – War also die Erde doch bereits da? Ja: in der Erzählung!

Kerényi war in diesem Jahrhundert – und dies können die in *Töchter der Sonne* angestellten »Betrachtungen über griechische Gottheiten« ebenso wie die erstmals 1937 erschienene Aufsatzsammlung »Apollon«, die Studie »Hermes der Seelenführer« (1943 begonnen) oder die späten Bände der »Mythologie der Griechen« belegen – einer der herausragenden Figuren im Spannungsfeld zwischen Wissenschaft und Literatur, einer, der die Wissenschaft im engeren Sinn aufgab, um sich dem Literarischen weiter anzunähern, ohne, im eigentlichen Sinn, Schriftsteller oder gar Dichter zu werden. Er wandte sich, wie er einmal sagte, ab vom »begrifflichen Gitter«, von der terminologischen und systematischen Enge der Altphilologen und folgte seinen eigenen Ideen, Assoziationen und Visionen. Auch wenn er den Gegenstand seiner Forschung – die Welt der griechischen Götter insgesamt – so gar nicht »in Fluß und Wandlung« sah, sondern sie, wie man ihm immer wieder vorgeworfen hat, ungeschichtlich als ein in sich geschlossenes und feststehendes Ganzes begriff, läßt dies doch das Verstehen des einzelnen Mythos als »Variantengebilde« zu und hat in seiner Darstellung eine offene und variable Form zur Folge.

»Wissenschaft *geschieht*« – so lautete Kerényis Motto. Wo das Geschehen aufhöre, höre auch die Wissenschaft auf. Wiederholung sei nur *téche*, Meisterschaft, aber kein Geschehen. Gegen die Vorherrschaft des Statischen und nach Normen Festgelegten setzte er die Erfahrung der *Gestalt*. Hier knüpfte er an Walter F. Ottos Weltbetrachtung an:

> *»Seine Eigenart innerhalb der großen platonischen Tradition, seine ›Modernität‹, besteht darin, daß er sich in die Erfahrungen der Gestalt vertiefte und daraus seine Weltbetrachtung schöpfte: eine Weltbetrachtung, welche auf dieser Grundlage nicht als eine auf unsichtbaren Ideen beruhende, sondern als eine empirische Weltbetrachtung verkündet werden konnte. Die Empirie dieser Weltbetrachtung machte Otto auch für die Götter Griechenlands geltend.«*[15]

Kerényi war Religionswissenschaftler und Theologe in dem ursprünglichen Sinn eines Forschers, der über Götter spricht. Er war mehr am Mythos als an allgemeinen Bestimmungen der Religion interessiert. Dem einzelnen Gott (als Typus) wendet er sich zu, ohne die Götter in ihrer Gesamtheit systematisieren zu wollen. In der Tradition von Goethe und Walter F. Otto versteht er die Götter als Urbilder des Menschen und setzt sie in Beziehung zu den Archetypen, zu kollektiven Urformen, in Anlehnung an die Tiefenpsychologie C. G. Jungs. Den Kritikern erschien diese Ableitung und Deutung immer als zu eigenwillig und auch romantisierend. In den Projektionen eines »inspirierten Amateurs« verflüchtige sich, so ihr Vorwurf, die Religion: auch seien die Götter von den Griechen nicht eindeutig vorgegeben; die griechische Welt sei nicht einheitlich und die Götter würden immer modellabhängig gedacht. Aber macht dies nicht auch Kerényi in seinen Überlegungen zu den Ursprungsmythen deutlich?

Kerényi hat sich nicht in die zeitgenössische Diskussion der Mythenforschung eingemischt und sich auch nicht von ihr beeinflussen, man könnte auch sagen: nicht irritieren lassen. Er folgte seiner Idee vom Mythos als einer traditionellen Erzählung der überindividuellen, der kollektiven Erlebniswelt der Griechen. Darin entdeckte er Sinnstrukturen, die er nicht auf ihre dynamischen Erzählabläufe und ihre sozialen Bezugspunkte hin befragte. Es waren die geistig-seelischen und nicht die sozialanthropologischen Bezüge und Strukturen, die ihn interessierten. Dabei habe er, so ein immer wieder geäußerter Vorwurf, übersehen, daß es auch Mythen*neu*bildungen gab und daß der Bezug der Griechen zum Sein viel vermittelter und indirekter gewesen sei, als er uns glauben machen will.

Der Kosmos der griechischen Gottheiten Dionysos und die Töchter der Sonne

Kerényi bewegt sich in seinen Vorstellungen in dem durch Nietzsche und Walter F. Otto eröffneten Raum und setzt sich doch entschieden von ihnen ab: von Nietzsches Deutung des Dionysos und von Ottos Glauben an eine von den Menschen unabhängige Existenz der Götter. Er vermeidet die theologischen und positivistischen Spielarten der Metaphysik. Für ihn sind die Götter Konstruktionen des Menschen, aber solche, die elementare Erfahrungen und Ereignisse versinnbildlichen. *Sie* gelte es zu vertiefen.

»Unter den Göttern ist vor allem Dionysos mit dem Fest verbunden. Dionysos ist der Gott des Festes, der Gott der religiösen Überschreitung... Dionysos ist ein trunkener Gott.« So stellt Georges Bataille in seinem epochalen Werk *Die Tränen des Eros* Dionysos vor, von dem es heißt, er sei aus dem Schenkel des Zeus geboren worden. Seine bis dahin nie in dieser Radikalität formulierte Erkenntnis gipfelt in der These, daß Religion nicht nur mit Moral, sondern auch mit Erotik zu tun habe und daß umgekehrt der Erotik ein tiefer religiöser Sinn innewohne.

Jede Studie, die heute über Dionysos und dessen religiöses Umfeld erscheint, muß sich an den Arbeiten Batailles und Nietzsches, an denen des Religionswissenschaftlers Walter F. Otto und der Altertumswissenschaftler Johann Jakob Bachofen und Erwin Rohde messen lassen, die alle auf ganz einzigartige Weise diesem trunkenen Gott, diesem, wie man immer wieder betont hat, »ankommenden Gott«, Profil gegeben haben und ihn aus der Enge kleinbürgerlicher Ideologie (in die die Vorstellungen von einem orgiastischen kultischen Leben der Griechen nicht paßten) befreiten.[16] In dieser Ehrfurcht gebietenden Ahnenreihe nimmt Karl Kerényis Dionysos-Buch (das 1969 von ihm abgeschlossen wurde und 1976 erstmals erschien) einen bedeutenden Platz ein und kann als ein Vermächtnis des Autors angesehen werden. In der Folge von Bachofens *Mutterrecht*, Nietzsches *Geburt der Tragödie* und Walter F. Ottos *Dionysos: Mythos und Kultus* liefert Kerényis Studie die Synthese einer – leidenschaftlichen – Erforschung des Griechischen, einer Geisteshaltung, die Nietzsche die Ablehnung des Christentums ermöglichte, die für Otto (auf Homer zurückgehend) im »schöpferischen Wahnsinn« des Dionysos und für Bachofen in Dionysos als der Frauen Gott gipfelte.

»Kein anderer Gott der Griechen«, notiert Kerényi, »ist in den Denkmälern und der Natur Griechenlands und Italiens, in der erhaltenen sinnlichen Tradition der Antike, so gegenwärtig wie Dionysos«[17]. Die »durchgeistigte« dionysische Lebenswelt, die Welt gelebter Mythen, in der Tragödie, Komödie und Spiel, Riten, Opferhandlungen und das Geheimnis in engstem Zusammenhang untereinander standen, dem Leser nahezubringen, das war Kerényis vordringlicher Wunsch. Dabei weicht er der Gratwanderung zwischen Freude, Lust, Rausch und Überschreitung und, in letzter Konsequenz, der ekstatischen Vereinigung von Lebensfülle und Todesgewalt nicht aus; er spricht etwa über grenzerweiternde Drogen nicht anders als über Götter und heilige Orte. Er stellt klar, daß Drogen (wie etwa das Opium oder Meskalin) in vielen Kulturen erst dann zur Anwendung kamen, wenn die Kultur bereits im Untergang begriffen war. Das »starke Mittel« verlängerte ihr geistiges und rituelles Leben, ihren »Stil«, ohne jedoch ihr Sterben aufhalten zu können. In diesem Zusammenhang distanziert sich dann Kerényi allerdings auch von Nietzsches Bekenntnis zum »Rausch«, zum »Ausbruchscharakter des Dionysischen« und des »Orgiasmus« – ein zweifelhaftes Verdienst, das der Philosoph für die folgende Dionysosforschung gehabt habe; denn das »stille, mächtige Element des Vegetativen, des Pflanzlichen« sei dadurch in Vergessenheit geraten.[18]

Solche Überlegungen sind für Kerényi nicht nur ihres partiellen Erkenntniswertes wegen von Bedeutung, sondern in erster Linie, um einen möglichst umfassenden (philosophisch-kulturgeschichtlichen) Blick auf das dionysische Phänomen zu ermöglichen. Sonst bleibe man nur bei einzelnen Erscheinungsformen der dionysischen Ekstase stehen, wie sie durch die griechische Kunst seit der zweiten Hälfte des 6. Jahrhunderts bekannt ist. Die Dionysosreligion offenbarte, davon war Kerényi überzeugt, die »feinste, humanste Möglichkeit« der europäischen Kultur. »Die Möglichkeit eines wahren Humanismus war darin überhaupt vorgezeichnet.«[19]

Zugleich erfuhr die dionysische Entgrenzung im Faschismus eine beispiellos politische und ideologische Manifestation. Angesichts dessen war Kerényi gezwungen, das Apollinische stark zu machen. In *Töchter der Sonne* wird der hellen Strahlkraft zugetraut, das Dunkle der Mythen und Mythenfiguren (wie Kirke und Medea) aufzuhellen, wobei Kerényi auch an Grenzen stößt, etwa bei Hera und Aphrodite, ohne sich davon in seinen Spekulationen einschüchtern zu lassen.[20]

Taucht man ein in die griechische Welterfahrung und den Kosmos der griechischen Gottheiten, findet man sich unmittelbar in der »Sonnenhaftigkeit« der Götter und, das macht Kerényi unmißverständlich deutlich, damit auch notwendigerweise in ihrer »Schattenhaftigkeit« wieder.[21]
Die Götter versucht er in ihrer Komplementarität, in der Welt gegenseitiger Bezüge, vorzustellen und die der Mythologie eigene Geschichtlichkeit zu bedenken. Kerényis Betrachtungen haben ihr Zentrum in dem Wunsch, der unbegrenzten, dem Menschen letztlich nicht greifbaren Macht der Sonne den ihr gebührenden Platz in unserem Wissen und Bewußtsein zu verleihen. Dazu verlebendigt er eine Fülle von vertrauten und entlegenen Dokumenten, die die Göttlichkeit der Sonne beweisen. Den allerersten Platz nehmen hierbei, abgesehen von den mythologischen Quellen, die hymnischen Anbetungen des Dichters D. H. Lawrence ein: Die Sonne gleiche einem Löwen, der das feurige, rote Blut des Lebens liebt.

> *»Unsere Sonne ist etwas ganz anderes als die kosmische Sonne der Alten, sie ist so viel mehr gewöhnlich. Wir mögen noch sehen, was wir Sonne nennen, aber wir haben Helios für immer verloren, und die große Scheibe der Chaldäer noch mehr. Wir haben den Kosmos verloren, indem wir aus der entsprechenden Verbindung mit ihm herausgetreten sind, und dies ist unsere größte Tragödie. Was ist unsere winzige Liebe*

zur Natur – Natur wie eine Person angeredet! – im Vergleich mit dem großartigen Leben-mit-dem-Kosmos und mit dem Verehrtsein-durch-den-Kosmos! ...«[22]

In einer heute innerhalb der Geistes- und Humanwissenschaften nur noch bei Peter Sloterdijk sich findenden enthusiastischen Kosmos-Verehrung gibt Lawrence (und mit ihm Kerényi) geradezu praktische Anleitungen zu einer neuerlichen, kosmischen Größerformatierung des Menschen: wenn man das »hindernde Halsband der persönlichen Gefühle und Ideen« abstreife und zum eigenen »nackten Sonnenselbst« gelange, dann könne man sich unablässig mit der Sonne vereinigen. In einem an Saint-Pol-Roux erinnernden feurigen Pathos feiern Lawrence und Kerényi die Möglichkeiten des Synthetischen, Synergetischen und der Kommunion:

» ... das Glühen kann gegenseitig ausgetauscht werden, und sie [die Sonne] gibt mir Leben, Sonnenleben, und ich sende ihr ein klein wenig Feuer aus der Welt des feurigen Blutes. Die große Sonne gleicht einem bösen Drachen und haßt das persönliche, nervöse Bewußtsein in uns. Wie dies ja auch all diese modernen Freunde des Sonnenbades bedenken müssen, denn sie zerfallen durch die Sonne selbst, welche sie bräunt. Die Sonne jedoch, einem Löwen gleich, liebt das feurige, rote Blut des Lebens und kann ihm unendliche Bereicherung geben, wenn wir nur wissen, wie Sie zu empfangen! Aber wir wissen es nicht. Wir haben die Sonne verloren. Und Sie läßt nur ihre Strahlen auf uns fallen und zerstört uns: Sie, der Drache der Vernichtung anstatt des Lebensbringers.«[23]

Lawrence und Kerényi feiern die kosmische Größe der Sonne und das ihr eigene Bewußtsein, gegenüber dem alles am Menschen klein erscheint, auch sein »Sonnenselbst«. Ein solches, gleichsam strahlendes Selbst müsse dem Menschen eigen sein; wie sonst sollte er sich in Resonanz, in Beziehung setzen können zu einem Wesen und Sein, wenn es ganz außerhalb seines eigenen Seins läge!

Man könnte Kerényis Textkonvolut *Töchter der Sonne* am ehesten als Meditationen oder Variationen zu Grundtexten bezeichnen. Kerényi folgt einem Anstoß, einem Motiv, spinnt seine Gedanken assoziativ weiter, und man kann viele der zugrundeliegenden Texte (die nicht belegt werden) nur erahnen. Im Verfolgen einer Idee und, noch weiter gefaßt: einer Vision von der alten Götterwelt, sprengt er den Bereich des Bekannten und Gewußten und öffnet sich dem zu Erahnenden, zu Erschauenden. So wird er selbst zum Mythologen, zum poetischen Konstrukteur des Mythos. Unverkennbar sind dabei seine Bezugnahme auf Johann Jakob Bachofen und (in seiner Sicht des Weiblichen und Urweiblichen) seine Herkunft von Goethe und der Romantik. Etwas erhält plötzlich einen dichten Sinn, wird sichtbar in einer erweiterten anthropologischen Dimension. Magisch erscheint oft die Wirkung, die von diesen Betrachtungen und Exerzitien ausgeht, die dem Leser eine geschlossene Antike vor Augen führen wollen. Dominierend ist auch Kerényis Betonung der Polaritäten, für die er ganz unterschiedliche Quellen heranzieht. Da er diese nicht im einzelnen belegt, muß man sich auf seine Texte wie auf Primärtexte einlassen. Der Wissenschaftler, der gelernt hat, in die griechische Götterwelt ein Koordinatensystem von Raum und Zeit einzuzeichnen, Herleitungen von anderen Quellen und etymologische Interpretationen zu belegen, fühlt sich hier auf verlorenem Posten. Manches mag ihm mystisch, spekulativ und verschleiernd erscheinen. Mythologie, das ist bei Kerényi immer »das zum Bilde und zur Sprache gewordene Weltgewebe selbst«.[24]

»Das Gewebe der Mythologie ist saumlos«, so beschließt Kerényi seine Überlegungen. »Man könnte immer tiefer anfangen oder weiter vordringen und eigentlich nie aufhören.«[25] In dieser Prosa, die sich, ebenso wie vergleichbare Texte von Mircea Eliade, zwischen Mytheninterpretation und mythischem Sprechen in ein Erzählen des Uranfänglichen einschwingt, werden die Götter und gottverwandten Gestalten verlebendigt und einfühlend in Szene gesetzt. So hatte etwa C. G. Jung Kerényi als einen der »geistvollsten Altphilologen unserer Zeit« bezeichnet und seinen Beitrag für die Ausarbeitung einer Psychologie des kollektiven Unbewußten besonders hochgeschätzt.

Götter- und Menschenlehre in einem oder Die Frage des Humanismus

Kerényi betonte, im Austausch mit Thomas Mann, die vordringliche Aufgabe, dem »intellektuellen Faschismus den Mythos wegzunehmen« und ihn »ins Humane umzufunktionieren«. Humanismus hieß für ihn – so formulierte es Kerényi immer wieder, sowohl in seinem mit Mann geführten »Gespräch in Briefen« als auch in seinem Aufsatz »Humanismus des integralen Menschen« – die Bewußtmachung der *Menschheits-Erfahrung*, die in jedem einzelnen gegeben sei. In Griechenland war diese Erfahrung ursprünglich die bewußteste. Deswegen müsse Humanismus, als die Haltung des »integralen Menschen«, in letzter Instanz Götter- und Menschenlehre in einem sein. Die Begründung und Festigung des Humanismus unterstellte er demselben Ideal, das er von den Wissenschaftlern forderte: die Dinge, die Menschen, ihre Verhältnisse und Ordnungen in Bewegung zu setzen. In dieser Hinsicht waren ihm Sigmund Freud und C. G. Jung (die große Bewegungen hervorriefen und doch die Stimmigkeit ihrer Entwürfe bewahrten) sowie Johann Jakob Bachofen (der sich von der Enge kritisch-historischer Feststellungen löste und doch die Kohärenz der Altertumswissenschaft aufrechterhielt) Vorbilder. Die Worte, in denen er seiner Bewunderung für Bachofen Ausdruck verliehen hat, charakterisieren auch ihn: die »Tiefe der Einsicht und des Erlebens« – »ins Lebendigste zu dringen ohne sich vom Geistigen abzuwenden« –, das »Ringen mit der Frage nach dem Ursprung und Urzustand« und die Vorbereitung einer »humanen Wissenschaft von dem antiken Menschen und *dem* Menschen überhaupt«.[26]

In Kerényis Werk blitzt immer wieder das Ideal eines »unkorrumpierten Humanismus« und »Urbildes des unzerstörten Lebens« auf; verbunden mit dem Wunsch, die »goldene Mitte«, die »eigene Sonnenhaftigkeit« und ein altes »ahnungsvolles Wissen« wiederzuentdecken, wie es in *Töchter der Sonne*[27], in Anspielung auf Hölderlins *Hyperion*, heißt. Darin mag man ebenso ein Pathos von den Uranfängen wie den Wunsch nach mythischer Wiederverzauberung der seelenlosen technokratischen Apparatewelt und nach ökologischer Erneuerung erkennen.

In allen seinen Studien läßt Kerényi den Leser am geistigen Leben der Griechen und ihrer mythologischen und künstlerischen Darstellungsformen teilhaben, indem er diese als *lebendige* Formen vermittelt. Der Mensch wird in seinem Habitus und in seiner Gebärde gezeichnet, eine Gebärde, die ihn als fundamental abhängig von einem »Gegenüber« erscheinen läßt. Diese »transzendente Gegenwart«[28] des Göttlichen und Heiligen nimmt dem Menschen die Hybris, die Aufgeblasenheit eines »Ich«. Eines »Ich«, das die Stärke der Vision und des Visionären vergessen hat. Visionen aus dem Extrem der mystischen Erfahrung herauszulösen und sie gerade auch in ihren »mittleren Fällen der leichten, schwebenden Visionen« stark zu machen, hält Kerényi für besonders wichtig, denn ohne solche ins Alltägliche verwobenen Visionen wäre wohl keine »lebendige Mythologie« denkbar.

> *»Ein Zeugnis für die allgemeine Möglichkeit solcher Visionen ist beispielshalber die Forderung, die an alle Indianerknaben bei ihrer Jünglingsweihe gestellt wurde: sie sollten so lange fasten und im Busch verweilen, bis sie Gesichte sahen. Das Zeugnis scheint weit hergeholt zu sein. Es geht aber um die menschliche Natur, die allen Kulturen zugrunde liegt, während sich nicht alle Kulturen auf die gleiche Weise zu visionärer Fähigkeit verhalten. In den Darstellungen der Religionen der Waldlandindianer Nordamerikas finden wir genauere Angaben über die Art der Visionen, die erwartet wurden: Sie waren Träume in wachem Zustand und hatten daher einen ausgeprägteren und einprägsameren Charakter als die Träume im Schlaf. Mit diesen verglichen, waren sie gleichsam deren Steigerung. Über sie schreibt ein Indianologe: ›Visionen gelten als real, sie repräsentieren den eigentlichen Kontakt mit dem Übermenschlichen ...‹«*[29]

Ob in der griechischen Religion und Mythologie oder im Buddhismus, ob in der Psychoanalyse oder in den modernen Systemtheorien, stets geht es darum, die Seinsmöglichkeiten des Menschen, jenseits seiner Selbstüberschätzungen, aufzuzeigen, ihm seine Abhängigkeit von anderen Instanzen – heißen sie nun Symbolordnung oder System, das Unbewußte oder das Heilige – und seine Steigerungsmöglichkeiten klar zu machen. Stets markieren diese Instanzen das schlechthin Andere. Es denkt in mir. *Von etwas anderem bestimmt zu sein*, das hat dem Menschen sowohl Glückserfahrungen im Tanz[30] , in der Ekstase und Trance, als auch tiefe narzißtische Kränkungen beschert.

Wie auf dem Boden solcher Einsichten eine umfassende Menschlichkeit, etwas, das den Namen Humanismus zu Recht tragen kann, entsteht, hat Kerényi darzustellen versucht.

> *»... es ist die Zukunft des Humanismus im Sinne einer möglichst umfassenden Menschlichkeit, der heute unsere größte Sorge gilt. Unter den Ruinen eines Erdteils, dessen höheres Bewußtsein von sich selbst eben den ehrwürdigen Namen ›Humanismus‹ trägt, müssen nun alle wissenschaftlichen oder pädagogischen, philosophischen oder künstlerischen Träger dieser großen europäischen Erbschaft, alle bewußten oder unwillkürlichen Nachfolger der alten Humanisten, falls sie am ›Menschen‹ noch nicht völlig verzweifelt sind, das zu Rettende und zur Rettung der Menschheit Dienende sammeln und sichten.«*[31]

Es gab für Kerényi, genauso wie für Nietzsche, Bachofen oder Benjamin, eine Tiefe der Einsicht, der Erfahrung und des Erlebens, die weit über kritisch-historische Feststellungen und Interpretationen hinausgeht.

Im Fluß mythologischer Bilder

Der Mythos selbst ist ein Inbegriff des Anderen, des Anderen der Vernunft und des rationalen Diskurses. Mythologie, als Wissenschaft, will beides miteinander vereinen: das Irrationale, ja »Törichte«, »Wilde« und »Absurde« mit dem Wissen, dem Diskurs, dem wissenden Sprechen.[32] Mythen – erzählerische »Kurzschriften« von Riten und Zeremonien – wiederholen immer wieder die Vergangenheit und das Ursprüngliche und wollen so die Gegenwart beglaubigen. Aber selbst die Ursprungsmythen, das hat auch Claude Lévi-Strauss besonders deutlich gemacht, sind bereits Übersetzungen und haben ihren Ursprung in einem anderen Mythos – und übergeordnet: in einem »mystischen Denken«, als Spielart des »wilden Denkens«. Mythen und Mythologien bewegen sich zwischen dem bannenden Fixieren des Uranfänglichen und der Ausbreitung eigener Projektionen, zwischen Riten, heiligen Texten und literarischen Genres. Kerényis Texte führen uns an den Ort, wo diese Potentiale und die ihnen eigene visionäre Kraft erfahrbar werden.

Wenn bei Kerényi, ebenso wie bei Walter F. Otto, die Rede von der »festlich gestalteten Erinnerung des Mythos« im Spiel die Rede ist, wenn, wie auch bei Max Weber und Leo Frobenius[33] , die treibende Kraft der Dinge, eine »heilige« Kraft, ein »Wirklichkeitsstrom« und die beseelende Kraft des »Paideuma« hervorgekehrt werden, dann bereitet sich in solchen Überlegungen ein bildhaftes und symbolisches, ein dem Mythos adäquates Sprechen, ein mythopoetischer Ausdruckswunsch vor. In diesem nichtanalytischen, vielmehr synthetischen Denken ordnet sich das »Ich« einer überpersonalen, geistigen Instanz unter. Da das abstrakte Denken und der Begriff als Produkte des eingeschränkten »Ich« erscheinen, können sie die Mythen und Mysterien nicht in ihrem Wesen zum Ausdruck bringen. *Töchter der Sonne* ist der von Kerényi in der zweiten Hälfte seines Lebens unternommene Versuch, eine andere, mythopoetische *Sprache zu finden*, eine »interpretierende Wiedererzählung«, in der »jedes Ende nur ein Anfang ist«.[34]

In dem Maße, in dem unser Verständnis von Wissenschaft als einer *Erzählung* geschärft wird, und im Zuge der augenblicklichen Neuschreibung der Philosophie, der Geschichtswissenschaft und der Naturwissenschaften bieten sich Kerényis »Betrachtungen« für eine nicht nur forschungsinterne Lesart an. Man kann sich dabei der Frage stellen, ob mythologische Vorgänge wirklich, wie Kerényi meinte, außerzeitlich und vorbildlich für das gesamte menschliche Dasein sind. Helios, Kirke und Medeia, Hera und Aphrodite – als universal gültige Sinnbilder der menschlichen Existenz?

Für Kerényi ist die Mythologie (nur behelfsweise verwendet er den Begriff Mythos) eine Art Dichtung, die aber durch die Tradition geregelt und streng begrenzt wird. Die Mythologie (oder das Mythologem) spricht für sich selbst und ist – das macht ihre Bildhaftigkeit aus – nicht reduzierbar. Kerényi betont nicht die Grammatik des Mythos, sondern dessen Stofflichkeit. Da das Mythologem die einzig mögliche Vermittlungsform zwischen dem Menschen und dem Sein darstellt – das Göttliche, die sich offenbarende Gottheit wird als absoluter Bezugspunkt verstanden –, braucht der Wahrheitsanspruch überhaupt nicht gestellt zu werden. Zum einen ist sein Interesse auf den im Mythos verlebendigten Ursprung gerichtet: Mythologie erzählt vom Ursprünglichen. Sie antwortet auf die Frage nach dem »Woher«; sie *begründet*. Der an der Mythologie *erlebend* Teilhabende und der sie Erzählende tritt immer auch, gleich einem Torero, ein Stück zurück.

> *»Wo der Philosoph sich durch die ihn umgebende Erscheinungswelt bohren würde, um zu sagen, was ›eigentlich ist‹, da tritt der ›Mythensager‹ in die Urzeit zurück, um zu erzählen, was ›ursprünglich war‹. Urzeitlichkeit gilt ihm für Eigentlichkeit. Ohne etwas darüber auszusagen, ob auf diese Weise wirklich Eigentlichkeit, die wahre Unmittelbarkeit des Subjekts zum Objekt erreicht wird, fassen wir hier das Wie und Wodurch der mythologischen Begründung. Mythologie begründet dadurch, daß der Mythenerzähler mit seiner erlebenden Erzählung in Urzeiten zurückfindet. Ja, er befindet sich plötzlich, ohne Umherschweifen und Herumsuchen, ohne Nachforschen und Sichanstrengen, in jener Urzeit, die ihn angeht, inmitten der archai, von denen er berichtet.«*[35]

Vergleichbar vor allem dem musikalischen Werk werde man dem Mythologem nicht durch Deuten und Erklären gerecht, es spreche seinen Sinn selbst aus. Die Gestaltung in der Mythologie sei bildhaft, es ströme ein »Fluß mythologischer Bilder« hervor. Dieses Hervorströmen sei aber zugleich künstlerische Entfaltung, eine jeweils nur so und nicht anders denkbare. Es verlange ein »besonderes ›Gehör‹«, ein »Mitschwingen«.

> *»Dieser Sinn ist deshalb so schwer in der Sprache der Wissenschaft zu übersetzen, weil er völlig nur auf mythologische Weise ausgedrückt werden kann. Aus diesem bildhaft-sinnvoll-musikalischen Aspekt der Mythologie ergibt sich das richtige Verhalten zu ihr: die Mythologeme für sich reden lassen und einfach hinhören.«*[36]

Bei allem Interesse am Ursprung und an der Rückverfolgung von Mythen ist doch Kerényis Hauptaugenmerk auf die Frage nach deren Wesen gerichtet. In engem Bezug zu den Ideen Walter F. Ottos, im Austausch mit Thomas Mann, der in dem Buch *Das göttliche Kind*[37] eine wichtige Etappe sieht, um den Mythos »den faschistischen Dunkelmännern zu entreißen«, im Rekurs auf ethnologische und philosophische Deutungen (Frazer, Frobenius, Jensen, Malinowski, Cassirer, Heidegger) und auf die Vorstellung von mythischen Urbildern und Archetypen, wie sie C. G. Jung verstand, entwickeln sich Kerényis Gedanken. Am Ende allerdings hat er sich von Otto entfernt, Heidegger hat auf seine Avancen nach einer Begegnung, 1936, nicht reagiert, und von Jungs kollektivem Unbewußten und der Archetypenlehre wird er sagen, sie seien nicht mehr »gefordert«. An deren Stelle tritt die ontologische Fundierung der Mythologie.[38]

Mythen stellten für Kerényi nicht nur Denk- und Ausdrucksformen dar (wie sie sein Lehrer Walter F. Otto definiert hatte), sondern auch Lebens- und Handlungsformen. In einer tiefen Abneigung gegen intellektualistische Interpretationen und im Wunsch, die Mythen und ihre Welt in ihrer Gesamtheit und Lebendigkeit zu erfassen, gibt er mehr und mehr seiner holistischen und synthetischen Sichtweise, seiner (wie er es verstand) *Wesensschau* Raum. Freilich hatte dies zur Folge, daß manche Zusammenhänge zu sehr harmonisiert wurden, um eine Totalität sichtbar zu machen. Aber dies ist auch zugleich schon wieder eine Frage der Form: Der Schriftsteller ist viel mehr als der Wissenschaftler auf die in sich (ästhetisch) geschlossene Darstellung bezogen.

An die Stelle eines atomistischen Zergliederns setzt Kerényi die Tiefenschau und die Synthese ganz im Sinne dessen, was Leo Frobenius – mit ihm war er von 1934 an bis zu dessen Tod eng befreundet, und gemeinsam nahmen sie an den Tagungen der Doorner Arbeitsgemeinschaft Wilhelms II. teil – Kulturmorphologie genannt hatte. Und auch der vielleicht zentralste Begriff in Kerényis Werk, die »Ergriffenheit«, kommt von Frobenius. Vereint im Kampf gegen den Zergliederungswahn der Wissenschaftler und gegen die Verarmungen in der modernen, technikgläubigen Welt suchte Frobenius eine Erneuerung des europäischen Denkens durch die Konfrontation mit den afrikanischen Kulturen, während Kerényi den Weg zu den Griechen wählte.

Kerényi erkannte hinter den Handlungen im griechischen Roman die alten Mythen wieder; den antiken Roman verstand er als »säkularisierten Mythos«. Dieser urgeschichtliche, auf die Anfänge konzentrierte strukturale Blick reduziert das künstlerische antike Werk auf einen verbürgerlichten Mythos, einen profanen Sekundärtext. Geprägt vom Ethos der strengen Wissenschaftlichkeit hatte er sein erstes Buch über den griechischen Roman, vor seiner folgenreichen Begegnung mit Walter F. Otto, geschrieben. Später wird er sich, in einem Brief an Thomas Mann, vom »fachmännischen Stil« seines frühen Werkes distanzieren.

Waren aber, so muß man sich fragen, die Motive des antiken Romans nicht viel mehr im Kult als im Mythos situiert; und inwieweit kommt die *Fiktionalität* des Romans in diese Bezugnahme auf Früheres noch zum Tragen? Der spekulative Geist Kerényis, der sich mit großer Emphase den Gottheiten der griechischen Welt zugewandt hatte, fand in der gelehrten akademischen Welt seiner Zeit keine adäquate Resonanz. Sein »Schicksal des wandernden Humanisten« (wie er sich nannte) begann mit seinem Weggang von Budapest, der ersten Professur, 1934, im westlichen Südungarn, einer weiteren Versetzung, 1941, unter Beibehaltung der Dozentur für die Geschichte der antiken Religion an der Budapester Universität; die »Periode eines schwebenden Reiselebens« und das »Erreisen der Heimatlichkeit in Griechenland und Italien«; 1943 dann der Beginn der »Tessiner Zeit«.[39] Seine Theorie blieb bis heute ein Bezugspunkt, ein Referenzpunkt, stets mit kritischem Impetus, so, als brauche man ihn zur Entgegensetzung.

Was Kerényi den Menschen der Frühzeit zugesteht – zu gestalten und umzugestalten, um die Menschwerdung voranzutreiben – scheint er den Künstlern zu versagen. In seiner hellenozentrischen (und wie Bollack richtig folgert: damit anthropozentrischen) Sicht erscheint das Mythologem als etwas dem Kosmischen unmittelbar Adäquates. Kerényi postuliert eine Mythos-Wirklichkeit jenseits der Mythen-Deutungen.

Kerényis Position muß im Rahmen dessen gesehen werden, was seinen Humanismus ausmacht. In ihm vereinigen sich die Vorstellung von einer Überlieferung jenseits der Wissenschaften, die Präsenz des Anfangs, die Kenntnisse von der Menschwerdung, die urzeitliche Initiation und das Wissen von den Urbildern. »Der Mensch ist sich selbst in der Vision sichtbar geworden... die Urerfahrungen der Seele konnten in die Mythen eingehen.«[40]

Literatur

BATAILLE, Georges (1981): *Die Tränen des Eros*. München.

BECK, Ulrich / Richard SENNETT (2000): »Freiheit statt Kapitalismus«. In: *Die Zeit*, 6. April 2000.

BOLLACK, Jean (1997): »Kerényis besondere Situation und Wissenschaft«. Ms.

DUERR, Hans Peter (Hg.) (1989): *alcheringa oder die beginnende Zeit*. Frankfurt am Main.

ELIADE, Mircea (1984): *Kosmos und Geschichte*. Frankfurt am Main.

ELIADE, Mircea (1988): *Mythos und Wirklichkeit*. Frankfurt am Main.

FROBENIUS, Leo (1921): *Paideuma. Umrisse einer Kultur- und Seelenlehre*. München. [^{2}1928, ^{3}1953]

FROBENIUS, Leo (1924): *Der Kopf als Schicksal*. München.

FROBENIUS, Leo (1932): *Schicksalskunde im Sinne des Kulturwerdens*. Leipzig. [Weimar ^{2}1938]

FROBENIUS, Leo (1933): *Kulturgeschichte Afrikas. Prolegomena zu einer Historischen Gestaltlehre*. Zürich.[Wien 1954]

GLISSANT, Edouard (1986): *Zersplitterte Welten*. Heidelberg.

GRAF, Fritz (1985): *Griechische Mythologie*. München/Zürich.

GRAF, Fritz (1997): »Mythologie der Griechen und Römer in Kerényis Deutung«. Ms.

HEINRICH, Klaus (1985): »Das Floß der Medusa«. In: Schlesier (Hg.) (1985, S. 335–398).

HEINRICH, Klaus (2000): *psychoanalyse sigmund freuds und das problem des konkreten gesellschaftlichen allgemeinen*. Dahlemer Vorlesungen. Bd. 7. Frankfurt am Main.

HEINRICHS, Hans-Jürgen (1998): *Die fremde Welt, das bin ich. Leo Frobenius*. Wuppertal.

HEINRICHS, Hans-Jürgen (1999): *Der Wunsch nach einer souveränen Existenz. Georges Bataille*. Graz.

HEINRICHS, Hans-Jürgen (Hg.) (1987): *Das Mutterrecht von J. J. Bachofen in der Diskussion*. Frankfurt am Main.

HENRICHS, Albert (1997): »Der antike Roman. Kerényi und die Folgen«. Ms.

HERBST, Alban Nikolai (1997): »Mehr Licht in die dunklen Geschichten«. In: *FAZ*, 26. Juni 1997.

KERÉNYI, Karl (1927): *Die Griechisch-Orientalische Romanliteratur in religionsgeschichtlicher Beleuchtung*. Tübingen.

KERÉNYI, Karl (1939a): »Was ist Mythologie?« In: *Europäische Revue* 15, 1939. (In:1971).

KERÉNYI, Karl (1939b): »Paideuma«, in: *Paideuma*, I/4, 1939, S. 157f.

KERÉNYI, Karl (1941): *Antike Religion*. Amsterdam. [Neuauflage 1971 (München/Wien) und Stuttgart 1995].

KERÉNYI, Karl (1945a): *Töchter der Sonne*. [Neuauflage: Stuttgart 1997].

KERÉNYI, Karl (1945b): *Bachofen und die Zukunft des Humanismus*. 1945.

KERÉNYI, Karl (1951/1958): *Die Mythologie der Griechen*. 2 Bde., Zürich.

KERÉNYI, Karl (1955): *Geistiger Weg Europas*. Zürich.

KERÉNYI, Karl (1962): *Die Mysterien von Eleusis*. Zürich.

KERÉNYI, Karl (1963): *Selbstbiographisches*. In: 1988, S. 429ff.

KERÉNYI, Karl (1966): *Humanistische Seelenforschung*. München/Wien. [Neuauflage: Stuttgart 1996].

KERÉNYI, Karl (1967): *Auf Spuren des Mythos*. München/Wien.

KERÉNYI, Karl (1971): *Antike Religion*. München/Wien.

KERÉNYI, Karl (1976): *Dionysos. Urbild des unzerstörbaren Lebens*. München/Wien. [Neuauflage: Stuttgart 1994].

KERÉNYI, Karl (1980): *Apollon und Niobe*. München/Wien.

KERÉNYI, Karl (1985): *Wege und Weggenossen*. Bd. 1. München/Wien.

KERÉNYI, Karl (1988): *Wege und Weggenossen*. Bd. 2. München/Wien.

JUNG, C.G. / Karl KERÉNYI (1940): *Das göttliche Kind*. Amsterdam/Leipzig.

JUNG, C.G. / Karl KERÉNYI (1941): *Das göttliche Mädchen*. Amsterdam/Leipzig. (Beide Studien erschienen 1941 unter dem Titel: *Einführung in das Wesen der Mythologie*)

MANN Thomas / Karl KERÉNYI (1960): *Gespräch in Briefen*. Zürich.

KÖPPING, Klaus Peter (1989): »Schamanismus und Massenekstase«. In: Duerr (1989, S. 73–107).

MOHN, Jürgen (1998): *Mythostheorien. München.*

NETHÖFEL, Wolfgang (1992): *Theologische Hermeneutik*. Neukirchen-Vluyn.

OTTO, Walter F. (1933): *Dionysos. Mythos und Kultus*. Frankfurt am Main.(1939).

OTTO, Walter F. (1955): *Die Gestalt und das Sein*. Darmstadt.

SCHLESIER, Renate (Hg.) (1985): *Faszination des Mythos*. Basel/Frankfurt am Main.

TOLKIEN, J. R. R. (1978): *Das Silmarillion*. Stuttgart.

TOLKIEN, J. R. R. (1986): *Der Herr der Ringe*. Stuttgart.
WILLIAMS, Tad (2000): *Otherland – Berg aus schwarzem Glas*. Bd. III (Bd. I: *Stadt der goldenen Schatten*; Bd. II: *Fluß aus blauem Feuer*).

Anmerkungen

Vorbemerkung

1 Pessoa, Herostrat. Zürich (1997, S. 48).

Einleitung

1 William Rubin (Hg.), *Primitivismus in der Kunst des 20. Jahrhunderts* (New York 1984) (München 1984), Jean-Hubert Martin (Hg.), *Magiciens de la terre* (Paris 1989), Jacques Kerchache (Hg.), *Sculptures. Afrique Asie Océanie Amérique* (Paris 2000).

2 Virilio (2000) spricht auch von einer »technologischen Verseuchung« und einem »totalitären Technokult«. Cyberkriminalität, Wirtschaftskrieg und militärischer Krieg gehen neue Verbindungen miteinander ein. Vgl. auch Barloewen (1998).

3 Virilio (1998). Diese Auflösung vollzieht sich nicht nur im Bereich der Telekommunikation, sondern auch, infolge der totalen Invasion der Technik, im menschlichen Körper. Vgl. Virilio (1994).

4 Groys (2000).

5 Vgl. R. Hauk, in: Smuda (Hg.) (1992).

6 Lévi-Strauss (2000).

7 Vgl. Gödde (1999).

8 Sloterdijk (2004).

9 Lévi-Strauss (2000). Heute sprechen selbst Naturwissenschaftler wie etwa Dyson (2000: 95f.) von der Raumfahrt als von einem »Witz«, kurzfristig gesehen; sie bleibe auf »geradezu lächerliche Weise« hinter den Versprechen ihrer Anhänger zurück.

10 Laplanche (1998).

Sigmund Freud Die Orte und die Sprache der Psychoanalyse

1 Wiesel (1995); Freud (1969, S. 527).

2 Roudinesco (2002, S. 41).

3 Vgl. Gauchet (1992), Changeux (1984).

4 Rand/Torok (1996, S. 289f.).

5 Pontalis (1974, S. 22).

6 Ebd., S. 22ff.

7 Ich verweise etwa auf die Arbeit von Rolf-Peter Warsitz »Die widerständige Erfahrung der Psychoanalyse zwischen den Methodologien der Wissenschaften«(1997).

8 Roudinesco (2002, S. 170).

9 Vgl. Lorenzer (2002) und dessen »Tiefenhermeneutische Kulturanalyse«.

10 Dtsch.: Lacan (1990 und 1991); Derrida (1998); Cremonini (1998, S. 32ff.).

11 Cremonini (1998, S. 36f.).

12 Derrida (2002, S. 46).

13 Lacan (1990, S. 8f.); vgl. auch Cremonini (1998, S. 37ff.).

14 Vgl. Lacan (1991, S. 411), Cremonini (1998, S. 38ff.), zu Morgenthaler vgl. den Aufsatz in diesem Band. Morgenthaler: Unsere Konzepte beweisen unsere Schwächen und nicht unsere Stärken. Das hier Gesagte ließe sich auch in energetischen Termini (Blockade, Energiefluß etc.) ausdrücken.

15 Marx (1996, S. 611).

16 Barthes (1990, S. 53ff.); (1985).

17 Vgl. auch Lang (2000, S. 87ff.).

18 Vgl. Legendre (1999).

19 Zur Integration der verschiedenen psychoanalytischen und außerpsychoanalytischen (linguistischen, neurowissenschaftlichen, kognitiv psychologischen und philosophischen) Konzepte und zur Erweiterung der Terminologie (um Begriffe wie etwa »Traumkomplex«): Moser/Zeppelin (1991 und 1996), Leuschner (1999), Deserno (1999); zur Kritik an dieser »Biologisierung von Psychologie« und dem »Versuch, Positionen der Ich-Psychologie neu zu besetzen« vgl. Brumetz/Ruhs (2000).

20 Diese Neuorientierung scheint sich jetzt auch partiell durchzusetzen. Vgl. etwa das Themenheft »Trauma, Gewalt und kollektives Gedächtnis« der Zeitschrift *Psyche* (Bohleber, Hg., 2000).

21 Lacan (1996, S. 334).

22 Auch gibt es heute wenig Interesse, widerstreitende Positionen in den Werken von Psychoanalytikern – wie etwa bei Groddeck: einmal der Vision von einer *großen* Gesundheit anzuhängen und ein anderes Mal mehr der »Kleinarbeit« in der Arbeit an sich selbst das Wort zu reden – nachzuvollziehen. Martynkewicz (2001) ist dafür ein gutes Beispiel.

23 Darauf gehe ich im Schlußteil (»Annotation: Über Freud hinaus. Der Analytiker als Antigone«) näher ein.

24 Vgl. im vorliegenden Band das Kapitel über Fritz Morgenthaler.

25 Béjin, in Ariès u.a. (1986). Green (1998, S.1171, 1187).

26 Vgl. etwa Marx (1996, S. 608f.).

27 Wilson (1998).

28 Zizek (1998a und b).

29 Lohmann (Hg.) (1983, 1984a).

30 Vgl. *rebus*, Heft 12/13.

31 Vgl. Parin und Dahmer in: Lohmann (1983 und 1984a).

32 Vgl. Adorno (1969, S. 79), Lacan (1973, S. 82), Tholen (1999, S. 36ff.).

33 Vgl. dazu etwa die Beiträge in: Widmer (Hg.): Zeitschrift *RISS*, Nr. 31, August 1995, und Nr. 25, Februar 1994, in der die Lacansche Fassung der Perversionen und der Psychosomatik vorgestellt wird.

34 Vgl. etwa Laskow (1995).

35 Ich beziehe mich auf die gründliche Arbeit von Robert Kramer (1999). Die Zitate finden sich bei Kramer auf den Seiten 160–163 und beziehen sich auf Aussagen und Werke von Roazen, Freud und Jones, Ellis, Sachs, Jones und Rank.

36 Vgl. Kramer (1999, S. 166–197).

37 Kaminer (1999, S. 102).

38 Kaminer, ebd., S. 110ff.

39 Zur Psychoanalyse als »Archäologie der Seele«, als »Verfahren der schichtweisen Ausräumung des pathogenen psychischen Materials«, das an die Technik der Ausgrabung einer Stadt erinnere, vgl. Freud, GW I, S 201. Freud selbst verglich sich gerne mit Heinrich Schliemann.

40 Lacan übersetzt das Unbewußte mit *l'insu*. Vgl. auch Goldschmidt (1999, S. 35ff.).

41 Cremerius (Hg.) (1995).

42 Vgl. Lütkehaus, in: Cremerius (Hg.) (1995, S. 87ff.) und Richter (1995, S. 50).

43 Vgl. die Arbeiten von Parin, Richter und Gondek/Widmer.

44 Nach Zizek: »ein Nichts, das als Etwas zählt«.

45 Vgl. Gondek/Widmer (1994).

46 Lacan (1996, S. 298ff.).

47 Freud, GW XIV, S. 209.

48 Vgl. Cremerius (Hg.) (1995), Richter (1995), Lohmann (Hg.) (1984b), Fenichel (1998). Fenichel und andere linke Freudianer im Exil hatten sich über Rundbriefe weiterhin über die geistige und institutionelle Situation der Psychoanalyse während des Nationalsozialismus verständigt und die Möglichkeiten einer historisch-materialistisch fundierten Psychoanalyse – angesichts eines drohenden »vollkommenen Zerfalls der Psychoanalyse« – diskutiert.

49 Goldschmidt (1999, S. 14, 31). Goldschmidt traut der Psychoanalyse eine enorme kulturanalytische Bedeutung zu: Wenn man die Psychoanalyse einsetze, um die »Tiefenstruktur des deutschen Imaginären« zu erforschen und zu deuten, dann ließen sich eine Fülle von bisher nicht oder nur vereinzelt betrachteten Aspekten des Nationalsozialismus im Zusammenhang erklären; etwa in bezug auf die Relationen zwischen Homosexualität, Gewalt und Verdrängung (vgl. auch ebd., S. 32f.).

50 Ob in der kritischen Psychoanalyse oder in der buddhistischen Philosophie: stets geht es um die Selbstverantwortlichkeit des Menschen und der Gesellschaft. Kein Mensch und keine Gesellschaft vermag im Außen Konflikte zu lösen, wenn diese nicht an eine innere Entwicklung gebunden werden. Statt »konzentrierter Abschreckung« – so der vor Jahren von Chirac und seinen Verbündeten ausgegebene Schlachtruf atomarer Wiederaufrüstung – geht es vielmehr um eine »innere Abrüstung«. Vgl. Richter (1995), Chögyam Trungpa (1995), Dalai Lama (1995).

51 Vgl. Kuhn (1977), Marielli/Mayer (2000, S. 37ff.), Deserno (1999).

52 Zaretsky (1999, S. 390).

53 Freud (1986:458 und 1900 = 1982, S. 137).

54 Freud (1994, S. 24).

55 Freud (1994, S. 196); (1975c, S. 73ff.).

56 Freud (1900, S. 518; GW II/III).

57 Groddeck (1999, S. 63ff.) und andere Psychoanalytiker vor allem der Lacan-Schule haben betont, daß in der *Traumdeutung* nicht Träume, sondern *Erzählungen* von Träumen, *Traumtexte*, gedeutet werden.

58 Freud (1925b bzw. 1971, S. 76).

59 Ruhs (1999, S. 32).

60 Zitiert nach: Schur (1977, S. 527f.).

61 Vgl. Kollbrunner (2001, S. 18ff.).

62 Vgl. Ernst und Lucie Freud (Hg.) (1968, S. 375), Jones (1984, III, S. 148f.), Gay (1995, S. 590), Clark (1981, S. 533).

63 Vgl. E. und L. Freud (Hg.) (1968, S. 444,474f.), Schur (1977, S. 615–618), Schur (1977, S. 478).

64 Vgl. Georg Groddeck (1979, S. 93f.).

65 Kollbrunner (2001).

66 Jones (1984, II, S. 458), Zweig (1982, S. 292f.), Roazen (1995, S. XIff.), Schur (1977, S. 612), Kollbrunner (2001, S. 40ff., 48).

67 in einem Brief an Wilhelm Fließ, zit. nach: Kollbrunner (2001, S. 319f.).

68 Schur (1977, S. 281).

69 Dies umfassend dargelegt zu haben, ist das Verdienst des mit den körperlichen, den seelischen und den psychosozialen Problemen von Krebskranken vertrauten Therapeuten Jürg Kollbrunner. Seine Studie *Der kranke Freud* – die auf mögliche Kooperationen zwischen Krebsheilkunde, Psychoonkologie und Psychoanalyse zielt – war ursprünglich von der Idee geleitet, für die heutigen Krebskranken psychoanalytische Aufklärung in Freuds Selbstdarstellung und den Freud-Biographien zu finden. Schließlich jedoch muß er die Forschungsrichtung umkehren und findet bei seinen Krebskranken Hinweise für das Verständnis von Freuds Krebserkrankung.

70 Freud 1939 (GW XVI, S. 160).

71 Er selbst spricht davon: vgl. Jones (1984, II, S. 494). Freud war okkupiert von extremen körperlichen Beschwerden, von Phobien, Zwangsneurosen, Selbstzerstörungstendenzen (z.B. Rauchzwang) und Todesängsten.

72 Patloch (2000, S. 1248f.) vergleicht weiterhin die von Freud praktizierten Ausschlüsse u. a. mit dem »Rein-Spülen im Abortlochtraum«.

73 Ebd. , S. 73f.

74 Freud (1997, S. 501ff.).

75 Bowie (1994, S. 102f.).

76 Lacan (1978, S. 65f.). Entscheidend war für Lacan die Dreiheit des Symbolischen, Imaginären und Realen.

77 Freud (1994, S. 193f.).

78 Freud (1986, S. 217ff.). Vgl. auch Schröter (1996, S. 631ff.).

79 Vgl. Grubrich-Simitis (1999) und Danckwardt (2000).

80 Freud bewunderte Ranks Fähigkeiten und Kenntnisse auf diesem Gebiet über alles – Rank soll die *Traumdeutung* buchstäblich auswendig gekannt haben. Bereits die von ihm mit 26 Jahren veröffentlichte Studie »Ein Traum, der sich selbst deutet« wurde von Freud in höchsten Tönen gelobt. Niemand schien ihm befähigter zu sein, die verborgenen Bedeutungsebenen der Träume freizulegen als »der kleine Rank«, wie er ihn liebevoll nannte. Im Licht neuerer medizinischer Forschungen zum intrauterinen Erleben wird Ranks Sichtweise insgesamt heute wieder gewürdigt.

81 Rand/Torok (1996, S. 292).

82 Ebd., S. 295ff.

83 Freud (1994, S. 82).

84 Freud (1975c, S. 15).

85 Derrida (1980, S. 325).

86 Freud (1900, S. X und S. 109ff.).

87 Foucault (1969); vgl. auch Stingelin, in: Borch-Jacobsen (1997, S. 121ff.). Vgl. auch Schneider (1999) zur Psychoanalyse als einem spielerischen Wechsel von Konstruktion und Dekonstruktion.

88 Ebd., S. 19f.

89 Vgl. Brumetz/Ruhs (2000).

90 Vgl. Fischer/Riedesser (1998) und Bohleber (Hg.) (2000).

91 Vgl. auch Freeman (2000).

92 Freud (1997, S. 517).

93 Vgl. Beland in: Freud (1997, S. 652). Allerdings wäre bei solchen Deutungen auch das Kulturspezifische in Symbolisierungen und Desymbolisierungen zu beachten.

94 Vgl. zu dieser Frage Freud (1997, S. 595) und Beland (ebd., S. 648ff.).

95 In: Chapsal (1989, S. 41). Vgl. dagegen die vehemente Kritik Laplanches (1998). Vgl. auch Goldschmidts Variante, das Unbewußte als Sprachlosigkeit zu begreifen, das aber selbst viele Sprachen hervorbringt.

96 Barthes (1990, S. 260). Ich bin näher darauf eingegangen im Kapitel über Fritz Morgenthaler. Die von Reik ins Zentrum gerückte Metapher des »Hörens mit dem Dritten Ohr« geht auf Nietzsche zurück. Vgl. Warsitz (1997, S. 112ff.).

97 Lacan, in: Chapsal (1989, S. 42).

98 Vgl. Ginzburg (1995).

99 Vgl. die Ausführungen zu Morgenthaler im vorliegenden Band.

100 Erdheim (1982), Barthes (1973).

101 Vgl. Freud (»Der Dichter und das Phantasieren«), GW VII, S. 220f.; *Briefe an Wilhelm Fließ 1887–1904*, 1986, S. 381; *Der Wahn und die Träume in W. Jensens ›Gradiva‹*, 1995, S. 48; sowie die Einleitung von Bernd Urban zu dieser Neuausgabe der ›Gradiva‹ und Walter Schönaus Studie *Einführung in die psychoanalytische Literaturwissenschaft*. Vgl. auch die Arbeiten von Muschg, Mahony und Weigel.

102 Goldschmidt (1999, S. 30).

103 Ebd., S. 13–17; S. 21 und S. 53: Das von Freud ins Zentrum gerückte Spiel des Kindes mit einem Gegenstand, den es verschwinden und wiederkommen läßt und sich auf diese Weise für das Verschwinden der Mutter entschädigt, ist an ein Wort – »Wieder« – gebunden, dem nichts im Französischen gleicht. Es ist dieses rhythmische Spiel der Sprache im Deutschen, das auch Hölderlins Poesie (und ihre Gebundenheit an das Gehen) auszeichnet. »Beim Vergleich des Deutschen mit dem Französischen wird deutlich, daß das Deutsche bis in sein Innerstes an die Gebärden und Begierden des Körpers gebunden ist. Die Interpunk-

tion dient im Deutschen dazu, die Stellen anzuzeigen, an denen man Atem holt, sie zerschneidet den Satz in Proportionen, das heißt Atemgruppen ... Von diesem *Auf und Ab* und *Hin und Her* skandiert, erinnert das Deutsche an die *Urszene*, bei der einst das Kind die Eltern überrascht und wohl mehr gehört hat als gesehen. Vielleicht ist das vom rhythmischen Spiel der Sprache geprägte Fort-Da, das Freud einleuchtend erklärt hat, ja auch eine Erinnerung daran.«

104 Ebd., S. 129.

105 Sloterdijk (1998, S. 297ff.).

106 Bataille (1994, S. 278f.).

107 Allerdings spielt die Instanz der Praxis bei ihm eine große Rolle in der Gründung von Gruppierungen und Gesellschaften und im Wunsch, hier die diskursive Darstellung zu überschreiten.

108 Bataille (1994, S. 283).

109 Vgl. Roudinesco (1996, S. 191f.).

110 Ebd. und Surya (1992, S. 127).

111 Bataille orientierte sich zuerst an Freuds Schrift *Totem und Tabu* und dem Todestrieb-Konzept; in seinen Faschismusanalysen bezieht er sich dann auf Freuds und Reichs Schriften zur Massenpsychologie.

112 Ich bin hier auch deswegen ausführlicher auf Bataille eingegangen, da er ursprünglich eine gleichrangige Bedeutung wie Freud in diesem Band einnahm.

113 Freud (X, 1970a, S. 43).

114 Am 6. Mai 1856 im mährischen Freiberg (heute zur Tschechischen Republik gehörig) geboren – auf dieses Datum wurde die Geburt von den Eltern festgelegt. Es ist wahrscheinlich, daß Freud am 6. März geboren wurde. (Vgl. Kollbrunner (2001, S. 376ff.) – zog er 1860 mit seiner Familie nach Wien, immatrikulierte sich dort an der Medizinischen Fakultät, promovierte 1881, eröffnete 1886 eine Praxis, nachdem er zuvor einige Monate in Paris bei dem berühmten Neurologen Charcot gearbeitet hatte. In diesen Jahren bildete sich seine eigene Lehre heraus, und er verwendete, 1896, zum ersten Mal das Wort »Psychoanalyse«. In seiner im November 1899 publizierten *Traumdeutung* ist sein Literaturverständnis bereits in nuce enthalten und entfaltet sich vor allem in den Studien zu Jensens Gradiva (1906) und in *Eine Kindheitserinnerung des Leonardo da Vinci* (1910).

115 Lorenzer (1970).

116 Vgl. auch Freud (1968, S. 439).

117 Adorno (1970, S. 20f.).

118 Freud (X, S. 179).

119 Freud (X, S. 43,198).

120 Freud (X, S. 82–84; vgl. auch S. 44 und S. 46).

121 Adorno (1970, S. 21).

122 In einem aufschlußreichen Vergleich der ganz unterschiedlichen Deutungen dieses Werkes hat Jan Assmann zeigen können – und eine solche Überlegung hat nicht nur in diesem Fall Gültigkeit –, daß »erst die Diskussion über und anhand von Freuds Buch ... seine eigentlichen Themen und Thesen ans Licht gebracht« hat, daß »ein Text in der Interaktion von Autor und Leser entsteht und daß sich der Sinn eines Werkes in der Geschichte seiner Lektüre entfaltet wie belichtetes Photopapier in der Entwicklerlauge«. (Assmann 1999; vgl. Grubrich-Simitis 1991).

123 Grubrich-Simitis (1977, S. 40). Vgl. auch Mahony (1989, S. 197ff.). Lacan (1966) und zur Psychoanalyse-Kunst-Diskussion: Sturm u. a. (Hg.) (1995).

124 GW XVI, S. 221.

125 Vgl. Muschg (1956) und seine Begeisterung für Freuds Vermögen, »das Magische, ungewiß Schwebende der Traumeindrücke in Worte zu bannen«. Dagegen steht Freuds Selbsteinschätzung in einem Brief an Fliess, 1899: Freud sieht sich bar jeden Formgefühls, die »stolzierenden, nach dem Gedanken schielenden Sätze, meiner Traumschrift haben ein Ideal in mir schwer beleidigt«; vgl. Freud (1975b, S. 255) und (1975a, S. 202f., 335) und Prasse (1955); seine Auftragsarbeiten beurteilte Freud generell als schlecht geschrieben, da sie nicht »aus innerer Notwendigkeit« entstanden sind, vgl. seine Briefwechsel mit Jung, Fliess und Groddeck; vgl. Mahony (1989, S. 15ff. und 194ff.); Schönau (1968) will Freud als wissenschaftlichen Autor darstellen. Barthes (1981 und 1990).

126 Vgl. Mahony (1989, S. 199ff.).

127 Vgl. dazu neuerdings Alain Juranville (1994) und tiefsinnig und amüsant Zizek (1995). Zur »talking cure« und der Entwicklung des psychoanalytischen Prozesses vgl. auch Israel (1987) und Müller (1995).

128 »So waren im Traum des Wolfsmannes ›die Ohren (der Wölfe) aufgestellt wie bei den Hunden, wenn sie auf etwas aufpassen‹. Das ›etwas‹, worauf sich die Ohrmuscheln der Wölfe richten, ist natürlich ein Laut, ein Geräusch, ein Schrei. Doch über diese ›Übersetzung‹ hinaus, die vom Traum besorgt wird, werden Komplementaritätsbeziehungen zwischen Zuhörern und Blick geknüpft. Der kleine Hans hat nicht nur deshalb Angst vor Pferden, weil er fürchtet, gebissen zu werden: ›Ich habe Angst gehabt‹, sagt er, ›weil es mit den Beinen Krawall gemacht hat.‹ Der ›Krawall‹ ist nicht nur die Unordnung der Bewegungen, die das am Boden liegende Pferd mit seinen Tritten bewirkt, sondern der ganze Lärm, den diese Bewegungen erzeugen. (Das deutsche Wort ›Krawall‹ wird im Französischen mit ›tumulte, émeute, raffut‹ übersetzt, lauter Wörtern, die visuelle und akustische Bilder assoziieren.)« (Barthes 1990, S. 261).

129 Siehe etwa Kerz-Rühling (1989), Sherwood (1969), Schafer (1983), Spence (1982). Vgl. auch im vorliegenden Band den Aufsatz über Fritz Morgenthaler.

130 Ich beschränke mich hier auf einige herausragende kürzere Texte Freuds. Vgl. auch S. 111ff. im vorliegenden Band, im Kapitel über Fritz Morgenthaler.

131 Vgl. dazu Anne Juranville (1995, S. 67), Millot (1991, S. 11): Es ist »der Stil selber, der das Phantasma realisiert und die Wiedererlangung des Objekts des Geniessens ermöglicht«. [Zitiert nach: Juranville (1995, S. 67)]. Inzwischen hat man ja dem Schriftsteller-Psychoanalytiker Jacques Lacan (an dessen Werk orientiert auch Juranville und Millot ihre Aussagen treffen) viel mehr Aufmerksamkeit als der Doppelnatur Freuds geschenkt. Zum Verhältnis von Psychoanalyse und Sprache vgl. auch Grubrich-Simitis (1995) und Lütkehaus (1996: 127f.), der Freud einen »linguistischen Optimisten« nennt, da er nichts Sinn- und Bedeutungsloses kenne.

132 Vgl. Freud (GW VIII, S. 35, 379; GW XIV, S. 84f.; GW X, S. 142, 210).

133 Reemtsma (1998, S. 102) hat diese »bemerkenswerte Idylle in der psychoanalytischen Literatur«, in deren Zentrum sonst der Schmerz und das neurotische Elend stehen, vor allem in der Interpretation Eisslers (und dessen »Abwehr« dieser Idylle) analysiert; vgl. auch Eisslers Antwort (1998).

134 Blanchot (1984, S. 31); Deleuze (1993).

135 Freud greift hier auf seinen unmittelbar zuvor fertiggestellten Aufsatz »Trauer und Melancholie« zurück. Gerade hier sieht Bowie (1994, S. 16) exemplarisch Freuds Stil der »Klarheit, Ganzheit und strukturellen Integrität« hervortreten.

136 Turnheim (1998, S. 58).

137 So schließt Turnheim (ebd., S. 58f.), sich berufend auf Überlegungen von de Man und Haverkamp.

138 Zimmermann (1995) ist dem Wechsel von Triumphgefühlen und Bescheidenheit in Freuds Werk und dem Zusammenhang von »Schweben«, »Scheitern« und der Unendlichkeit/Unvollständigkeit der Deutung nachgegangen.

139 Vgl. Blanchot (1984, S. 7): »... das Werk – das Kunstwerk, das literarische Werk – ist weder vollendet noch unvollendet: es ist ... Außerhalb dessen ist es nichts.«

140 Wie sich Freud auch am Sujet abarbeiten mußte und mühsam verschiedene Etappen der Systematisierung und Klärung beschritt, zeigt etwa der Aufsatz von 1911 »Formulierungen über die Prinzipien des psychischen Geschehens« zum gleichen Thema.

141 Es handelt sich bei der Freundin um Lou Andreas-Salomé. Die »Tochter, der ich von dieser kleinen Analyse erzähle«, ist natürlich Anna Freud. Auf die Imagination deren Verhältnis zueinander könnte sich das »Bis« beziehen.

142 Freud (1913, S. 24ff.); vgl. auch Freud (1916 und 1924).

143 Muschg (1956).

144 So Kilian in: Morgenthaler (1978, S. 7).

145 Kläui (1993, S. 25).

146 Freud (1925, S. 373f.). Freuds Paradebeispiele aus der psychoanalytischen Praxis lauten: Der Patient sagt: »Sie werden jetzt denken, ich will etwas Beleidigendes sagen, aber ich habe wirklich nicht die Absicht«. Es handelt sich um die Abweisung eines auftauchenden Einfalls durch Projektion. Der Analytiker fragt, wer die im Traum vorkommende Person sein könnte. Der Patient antwortet: »Die Mutter ist es *nicht*.« Der Analytiker berichtigt: »Also ist es die Mutter.« Es ist, erläutert Freud, »als ob der Patient gesagt hätte: ›Mir ist zwar die Mutter zu dieser Person eingefallen, aber ich habe keine Lust, diesen Einfall gelten zu lassen.‹«

147 Er spricht von »unseren« Patienten und macht damit jeden Leser zu einem potentiellen Analytiker; er *fängt ihn ein*. Was Freud als Autor betrifft, so wechselt er sehr schnell auf die Ebene des »man« und schließlich auf diejenige der scheinbar subjektlosen Objektivität.

148 Ebd., S. 373. Freud spricht im folgenden vom Zwangsneurotiker, der den Analytiker zu überlisten versucht und auf diese Weise den richtigen Sinn der neuen Zwangsvorstellung zum Ausdruck bringt. Die Art, in der er über den Zwangsneurotiker spricht, hat, wie in anderen Fällen auch, etwas väterlich Umsorgendes und zugleich leicht Abwertendes an sich.

149 Darauf legen Lacan und Hyppolite größten Wert: »Diese Schöpfung des Symbols ... ist als mythischer Augenblick eher denn als genetischer aufzufassen.« (Lacan 1980, S. 202)

150 Vgl. Lacan (1980, S. 175, 179ff., 193, 196, 207). Verwerfung (»forclusion») kennzeichnet einen Vorgang, bei dem z. B. eine Erinnerung oder ein Bild aus dem Unbewußten vertrieben werden soll (eine gewaltsame Verweigerung der Symbolisierung), während sich die Verdrängung dort zu halten sucht. Vgl. auch Bowie (1994, S. 104ff.).

151 In jüngerer Zeit ist verstärkt Lacans Hegelianismus – geschult an Alexandre Kojève und Jean Hyppolite – hervorgehoben worden. Lacan hatte Kojèves Vorlesungen zu Hegel zwischen 1933 und 1939 gehört. Vgl. van Haute (1990), Zizek (1995).

152 Freud (1925, S. 373). Vgl. hierzu Hyppolites Präzisierung bzw. Korrektur: Hyppolite in: Lacan (1980, S. 194).

153 Ebd., S. 377. Zusammen gehören einerseits Bejahung, Vereinigung und Eros, und andererseits: Ausstoßung, Verwerfung und Destruktionstrieb.

154 Lacan (1980, S. 201), Hyppolite (1980, S. 191ff.), Freud (1925, S. 377), Leikert (1994, S. 14).

155 Der Kern des Mangels wird am Ende von Freuds Aufsatz über die Verneinung schon angesprochen: Die Mutter ist es nicht. Also ist es die Mutter. Aber es ist dann nicht mehr die Mutter selbst, sondern das Symbol der Mutter, auf der Ebene von Eros und Destruktionstrieb. Der Begriff des Mangels ist vor allem auch auf der Ebene des Symbolischen zu verstehen: Das Symbolische, der Signifikant, geht dem Signifikat voraus, welches folglich nie zu Ende gesagt werden kann.

156 Man vergleiche Heideggers Idee, daß das Dasein ein »nicht« zu sein habe, um die Möglichkeit seiner »Geworfenheit« willen. Vgl. Gondek/Widmer (1994, S. 109); Anne Juranville (1995, S. 69); Pohlen/Bautz-Holzherr (1991); Wurmser (1993); Müller (1995); Alain Juranville (1994). Lacan (1966 und 1987).

157 Nicht in der klinischen Arbeit – und dies ist ja ein erstes Anliegen –, in der diese begrifflichen Trennungen Voraussetzungen darstellen.

158 Vgl. Loewald (1951) und Honneth (2000).

159 Derrida (2002, S. 48).

160 Vgl. u. a. Freud (1970, S. 52, 1980, S. 471, 1966, S. 31, 38, 105); GW II/III, S. 51. Vgl. Deleuze (1993) und seine *Unterhandlungen 1972–1990*. Vgl. auch Goldschmidt (1994, S. 154): »Literatur ist immer Widerstand ...« Gerade die tiefe Verbindung zwischen den Zeichen und dem Leben, dem Vitalen bei Freud ist ein Beweis gegen Deleuzes Auffassung von der Psychoanalyse als einer reduktionistischen Wissenschaft.

161 Vgl. Heinrich (2000).

162 Zur Frage, was die Literatur von Freud lernen könne, vgl. Mulisch (1997, S. 25f.).

163 Gemäß einer Formulierung von G.Th. Fechner, den Freud in der Traumdeutung im I. Kapitel einführt (Freud 1900, zitiert nach 1997, S. 64). Vgl. auch Anna O.s Charakterisierung ihrer Assoziationen im Übertragungsprozeß mit Breuer als »Privattheater« und den Begriff des »kathartischen Abreagierens« aus der Frühzeit der Psychoanalyse.

164 Ebd., S. 64f.

165 Vgl. Devereux (1970).

166 Lévi-Strauss (1967, S. 199–225, vgl. auch 1950, S. 13ff.) spricht von einer »Neuordnung der Struktur«. Vgl. auch Leiris (1977, S. 135–227), Métraux (1955). Eine Deutung der theatralischen Aspekte der mythisch fundierten, heilungsorientierten und ästhetisch arrangierten schamanistischen und der psychoanalytischen Praxis kann heute auf ethnographische Arbeiten, methodische Studien, ethnopsychoanalytische und kunsttheoretische Untersuchungen zu den Beziehungen zwischen Transvestitismus, Gesellschaft und künstlerischer

Produktion sowie psychoanalyse-theoretische Arbeiten zum szenischen Verstehen und zur Theatralität des Unbewußten am »anderen Schauplatz« zurückgreifen. Vgl. Lévi-Strauss (1967), Schmidbauer (1969), McDougall (1989), Morgenthaler (1985), Gorsen (1969), Argelander (1970), Lorenzer (1970), Derrida (2002).

167 Freud (GW II/III, 1900, S. 494f.), Lacan (Schriften II, 1975, S. 38), McDougall (1989, S. 12f.).

168 Auf diesem Hintergrund und im Anschluß an Walter Benjamins Allegorie-Begriff hat Samuel Weber die Beziehungen zwischen dem Szenischen und Bildhaften des Theaters, der Tragödie und des Unbewußten neu differenziert. Benjamin (1980), Weber (1999).

169 Vgl. Lacan (1996, S. 312, 303). Heidegger (1993, S. 148) nennt den Chor »das Zu-Dichtende«. Lacan sieht die Momente der Rührung in der Tragödie zuallererst aufseiten des Chors, der die Emotionen der Zuschauer und Zuhörer »in einer gesunden Disposition der Szene« übernimmt und kommentiert. In erster Linie gehe es um das Hören, das Schauspiel sei nur ein sekundäres Mittel.

170 »Hätte ich Sie hier nichts gelehrt außer diese strenge Methode des Kommentars der Signifikanten, so wär's nicht umsonst gewesen.« (Lacan 1996, S. 303–306). Die Wörter, die er vortrage, bildeten »tatsächlich das Gerüst des Stückes«.

171 Lacan (1996, S. 300, 296f.).

172 Lacan (*Schriften I*, S. 214, II, S. 26ff. und 126, III, S. 142ff. und 308ff.). Vgl. auch Bowie (1994, S. 124ff.), Borch-Jacobsen (1999, S. 203ff.). Freilich verbleiben viele der Umschreibungen des Begehrens noch in einem polarisierenden Denken (Bewegung/Ruhe, fest/schwebend etc.).

173 Antigones verhängnisvolle »Überschreitung« (*até*) ist nicht nur eine Gesetzesüberschreitung, sondern eröffnet auch die Dimension des menschlichen Lebens in seiner Totalität. Ihr Begehren treibt sie über die Grenze des Lebens hinaus. Sie spricht nicht im Namen eines *positiven* Gesetzes, sondern dessen *Grenze*. Vgl. Weber (1992, S. 50ff.).

174 Lacan (1996, S. 250–253).

175 *Antigone*, Vers 517.

176 *Antigone*, Verse 509–522. Polyneikes und sein Bruder Eteokles (als Verteidiger der Stadt) standen sich feindlich gegenüber. Beide Brüder und die weiteren angreifenden Heerführer fanden an den *sieben Toren der Stadt* den Tod. Antigone erwies ihrem im Kampf gegen Theben gefallenen Bruder Polyneikes (der von Kreon den Hunden zum Fraß vorgeworfen war) die letzte Ehre. In den Augen Kreons handelt sie damit eigenmächtig und gottlos. Auf Kreons Anschuldigung, sie müsse sich schämen, einen Feind der Stadt geehrt zu haben, antwortet sie: Es sei keine Schande, die Blutsverwandten fromm zu achten, der Hades fordere gleichen Brauch.

177 Gegen diese These Hegels spricht, daß Kreon über die gesetzlichen Bestimmungen Athens zur damaligen Zeit hinausgeht, wo die Bestattung in jedem Fall heilige Pflicht war. Sogar der Chor weigert sich, Kreons Anordnung zu überwachen. Kreon ist ein »tyrannischer Vater und Herrscher, dessen Sprache die der persönlichen und politischen Entartung ist.« Vgl. Flashar (2000, S. 64–71).

178 Bloch (1985, S. 320f.).

179 Steiner (1988, S. 287, 344). Lacan benennt die Positionen, gegen die er sich wendet, oft nicht namentlich.

180 Heidegger (1993, S. 74).

181 Lacan (1996, S. 334).

Fritz Morgenthaler
Der spielerische Analytiker und die Verführung

1 Leiris (1992, S. 18).

2 Fritz Morgenthaler liebte die herzzerreißende Geschichte von dem Langstreckenläufer, dem das Publikum zurief: »Oskar, größere Schritte und öfters!« Das war für ihn der exemplarische Ausdruck von Absurdität.

3 Weiss (1991, S. 38), Parin/Morgenthaler/Parin-Matthèy (1991, S. 10ff.), Parin-Matthèy (1986, S. 8,39,258).

4 Morgenthaler in: Morgenthaler/Weiss/Morgenthaler (1984), Nadig (1986), Erdheim (1982), Erdheim/Nadig (1983).

5 Zum Beispiel die »Berühmten letzten Worte« oder etwa die Erfahrung, die er als so wohltuend empfand, daß am Ende eines Lebens und eines Kampfes nicht nur die Gejagten, sondern auch die Jäger müde geworden sind (ein auch von Theodor Reik gebrauchtes Gleichnis).

6 Vgl. auch in meinem Freud-Aufsatz den Schluß-Passus über das Begehren. Die Übertragung und das Begehren des Analytikers werden oft – in der Folge Freuds – nur auf das Begehren des Analysanden, eine frühere Beziehung zu wiederholen, zurückgeführt. Das Begehren des Analytikers und sein Wunsch nach Wiederholung gehen jedoch demjenigen des Analysanden voraus. Vgl. Lacan (1987, S. 267) und Müller (1995, S. 82). Vgl. auch Laplanches (1996) »Verführungstheorie«, auf die gesondert einzugehen wäre.

7 Persönliche Auskunft, 1984, zwei Tage vor Morgenthalers Abreise nach Äthiopien.

8 Morgenthaler (1990, S. 87).

9 Morgenthaler (1990, S. 27,41ff.,71ff.).

10 Morgenthaler (1990, S. 24ff., 72ff.).

11 Morgenthaler (1990, S. 46ff., 79ff., 87).

12 Morgenthaler (1990, S. 91ff.).

13 Man wird wohl die Frage offen lassen müssen, wie weitgehend dieser Umgang mit Träumen lehr- und lernbar ist. Die didaktische Fähigkeit, die Morgenthaler in seinen Traumseminaren nachgesagt wurde, stand im Gegensatz zu seinem von vielen Menschen als brüskierend empfundenen direkten Ton des Analysierens und Deutens.

14 Ich bin mir in dieser Einschätzung etwas unsicher. Vielleicht ist Morgenthaler den Trauminhalten und Bildern doch gerechter geworden als ich vermute. Nach dem Vortrag einer Kurzfassung des hier vorliegenden Textes in Zürich, 1995, nannte Ralf Binswanger Morgenthalers Traumdiagnostik den »Quintenzirkel der Traumdeutung«. Man müßte hier auch auf Morgenthalers Verständnis für Mythen und Riten und der in ihnen ausgedrückten Symbolik zu sprechen kommen.

15 Vgl. im vorliegenden Band die Überlegungen zu Freud.

16 Naipaul (1995, S. 16).

17 Eine andere Szene in diesem Film ist nicht weniger aufschlußreich für die Thematik der Perversion und der Art, in der sie von der Gesellschaft gefördert und diskriminiert wird: Ein Geschlechtsteil darf in Japan nur gezeigt werden, wenn es vom Körper abgetrennt ist. So werden perverse Abspaltungen und Fragmentarisierungen seelisch manifestiert.

18 »Ich habe vor relativ kurzer Zeit den Untergang eines brillanten, kaum 35-jährigen Schriftstellers miterlebt, der die extremste Ausformung einer manifesten sado-masochistischen Perversion aufwies, die mir jemals zu Gesicht gekommen ist. Im Anschluß an eine sorgfältig vorbereitete Begegnung mit einem sadistischen Partner, von dem er er die physische und psychische Erniedrigung erfuhr, die er begehrte, und mit welchem er die homosexuelle Gier zu stillen vermochte, geriet er in einen halluzinatorischen Ausnahmezustand, steckte zwei Häuser in Brand, nachdem er alles kurz und klein geschlagen hatte, was er an Haushaltsgegenständen in diesen vorfand. Nach der Tat lauerte er auf Menschen, die in der Einsamkeit des Bergtals auftauchen könnten, wo seine Objekte im Dunst von Nebelschwaden verbrannten. Dabei phantasierte er Würge- und Erstechungsszenen, bis er plötzlich völlig ruhig und distanziert in seinem Auto nach Hause fuhr und seiner Umgebung in keiner Weise auffiel. Er fühlte sich psychisch gesund und war fähig, alles zu tun, was er beruflich vorhatte, und auch in seinen Beziehungen echte Wärme zu empfinden und sich seiner Frau und seinem Sohn liebenswert zu zeigen. Er wurde verhaftet, interniert, begutachtet und verurteilt. Ungebrochen und überzeugt, durch eine Psychoanalyse geheilt werden zu können, entwickelte er in der psychiatrischen Klinik eine intensive Tätigkeit; er schrieb Artikel und Abhandlungen, die laufend publiziert wurden. Ein eigen-

tümlicher Zauber ging von ihm aus, der das Pflegepersonal und die Ärzteschaft in eine kaum merkliche euphorische Bereitschaft versetzte, dem Patienten in verschiedenster Weise entgegenzukommen. Er beteiligte sich in der Klinik an einer Gruppentherapie, verführte bald eine Kranke, wurde in Einzeltherapie genommen und schließlich in eine psychoanalytische Behandlung außerhalb der Klinik geschickt. Doch die voreilige Analytikerin brach die analytische Kur nach acht Sitzungen ab. Unheimliches lastete über diesem Fall. Ich wurde als Konsiliarius beigezogen und stellte fest, daß eine ambulante Psychoanalyse kontraindiziert war. Der Patient war einsichtig und bereit, freiwillig in der Klinik zu bleiben und sich allen Anweisungen zu fügen. Eine Ärztin und bald darauf ein Kollege fanden sich bereit, unter meiner Kontrolle mit dem Kranken zu arbeiten. Die Therapeuten fühlten sich der Aufgabe nicht gewachsen. Sie hatten Angst, und diese Angst war berechtigt. Der Patient war zuversichtlich, impulsiv, direkt, affektiv engagiert und einsichtig. Er steckte sich Blümchen ins lockige Haar, wenn er zur Sitzung kam. Dann, völlig unerwartet, nahm er sich an einem Sonntagmorgen das Leben.« (1987, S. 27f.)

19 Gesondert wäre auf Morgenthalers Überlegungen zum Transvestitismus als einer »soziokulturellen Plombe« (mit einer gesellschaftlich integrierenden Wirkung) einzugehen. »Bei den Yatmul zeigt der Transvestitismus die Plombenfunktion besonders deutlich, wenn emotionales Geschehen in der ganzen Gemeinschaft so intensiv in Bewegung gebracht wird, daß durch das gemeinsame Erleben das Bewußtsein der sozialen Zusammengehörigkeit in diesem und keinem anderen soziokulturellen Bereich entsteht und fortdauert. Da wundert es nicht, wenn die christlichen Missionen, die am Sepik-Fluß eine beängstigend erfolgreiche Infiltrationsleistung vollbringen und kulturzerstörend wirken, im Dorf Palimbei, trotz vieler Anstrengungen, nicht Fuß fassen können.« (S. 36f.) Peter Gorsen schrieb an Morgenthaler (im März 1976): »Daß Sie die Psychoanalyse sexueller Perversionen im Sinne einer funktionellen Erweiterung des Selbst verstehen, habe ich zustimmend gelesen, obwohl ich auf der anderen Seite keinen hinreichenden gesellschaftlichen Toleranzraum sehe, in dem sich Perversionen als konfliktfreie und das heißt doch: sozial anerkannte Liebesbeziehungen entfalten dürfen. Sexuelle Perversionen stoßen ja nach wie vor auf soziale Sanktionen und nur privilegierte einzelne Individuen, partner- oder gruppenakzeptierte Intellektuelle, Künstler wie Molinier, Schauspieler, Wissenschaftler usw. oder materiell Unabhängige haben bessere Startbedingungen und Aussichten, für die Anerkennung und funktionelle Integration ihrer Perversionen, und um an sich arbeiten zu können. Dabei kann ich auch nicht sehen, was unter unseren Sozialisations- und Produktionsbedingungen das Beispiel des kreativen transvestitischen Initiationsrituals bei den Yatmul für die praktische Bewältigung des Rollenkonfliktes des homosexuellen und heterosexuellen Transvestiten bewirken kann.

Dieses Ritual liest sich für uns gewiß wie eine indirekte Kritik am Freudschen Individuationsmodell, auch in der unterdrückten (Volks)kunst finden sich subversive transvestitische Ichbildungen (vgl. auch meinen Beitrag in Transformer, Kat. der gleichn. Ausstellg. in Luzern 1975), deren Adoration von fern jenen Ritualen vergleichbar wäre. Aber der von Ihnen angestrebte Aufbau einer narzißtischen Übertragung wird, wie gesagt, gesellschaftlich immer wieder negativ hinterfragt, der perverse Transvestit wird in seiner Selbstwertbildung verunsichert. Wir kennen die zahlreichen Suizide von Tr., deren potentielles Schamanentum nie auf eine soziale Institutionalisierung hoffen darf...«

20 Heute wäre auf die neuere Ich-Psychologie, die sich weiterentwickelt hat, einzugehen. Vgl. die 1964 erschienene zweibändige Sammlung von Hartmanns Beiträgen *Essays on Ego Psychology*, Rapaport, *The Structure of Psychoanalytic Theory* (1960), sowie die darauf aufbauenden Studien, die zuletzt Wallerstein (2001) zusammenhängend dargestellt hat.

21 Morgenthaler (1991, S. 145).

22 Morgenthaler (1991, S. 15f.,24ff.,47ff.,78ff.,138ff.) Vgl. auch Lacan (*Schriften III*: 187): »... bin ich versucht zu sagen, daß es in der Analyse einen anderen Widerstand als den des Analytikers nicht gebe.«

23 Morgenthaler (1991, S. 8ff.,15ff.,27ff.); (1987, S. 25).

24 Morgenthaler (1991, S. 28ff.).

25 Morgenthaler (1991, S. 89f.).

26 Lacan, in: Chapsal (1989, S. 41f.).

27 Morgenthaler (1987, S. 30).

28 Lacan (1966, 1987), vgl. auch Juranville (1994).

29 Morgenthaler (1991, S. 147).

30 Morgenthaler greift hier Formulierungen, die ich in einem Porträt zur Charakterisierung seiner Person gebraucht hatte, auf, um sie in bezug auf die Technik durchzuspielen und ihnen einen theoretischen Stellenwert zu geben: die Fallen, die der Analysand legt, und die er sich auch selber legt; die Motivationszusammenhänge, in denen der Analytiker steht und in denen er nicht kreisen möchte, aus denen er sich aber auch nicht befreien möchte, denn es komme darauf an, daß die Analyse nicht wie ein Stein ins Wasser falle; als Analytiker lasse er sich in den psychoanalytischen Prozeß nicht ein, um etwas zu beweisen.

31 Morgenthaler (1987, S. 166f.). Ähnlich wie Morgenthaler bemerkt auch Freymann (1994), daß die Analytiker die Perversen nur sehr wenig kennen und sie diesen Erfahrungsmangel mit dem Einsatz ihrer Theorien wettzumachen hoffen. Zum Versuch, auch die weibliche Homosexualität zu entpathologisieren vgl.

Alves (1993) und Rohde-Dachser (1994).

32 Ina Hartwig (1995a) spricht von der »narzißtischen Logik Genets... daß er sein Verhältnis zu Hitler allein aus seiner ganz persönlichen Leidensgeschichte abzuleiten wagt. Das kollektive Schicksal wird gegen das persönliche vermessen... Das Totenfest [1947] ist die pornographische Auslegung eines historischen Wahnsinns.« (Vgl. auch Hartwig 1995b). Man müßte auch auf die künstlerisch inszenierten und ausagierten perversen Neigungen in den Abreaktionsspielen und als Happening organisierten Mysterienspielen Hermann Nitschs und Otto Muehls eingehen.

33 Zur zwanghaften Wiederholung von Phantasmen vgl. auch die Ausführungen von Lipowatz und Reiche (»... das Nichtspielerische..., das der Perversion ihre einzigartige dramatische Aura verleiht«). Zum Gefühl der Ohnmacht und des Ausgeliefertseins beim Perversen vgl. vor allem den Aufsatz von Borens (1994), wo es unter underem heißt: »Es ist nun mal so, sagte der andere, welcher mir berichtete, wie er nicht widerstehen konnte, wie er dem perversen Verführungsspiel (dies seine Worte) der kleinen Mädchen verfiel, denen er Nachhilfeunterricht gab. Sie schauen mich so komisch an, sie küssen mich auf eine besondere Art und Weise, das haut mich um, lähmt mich, ich muss dann reagieren, muss die Initiative in die Hand nehmen. Der erste unterstrich sein Ausgeliefertsein, seine Ohnmacht gegenüber dem in seinen Augen verführerischen oder zumindest zweideutigen Verhalten von Knaben, welche er in Ferienlagern betreute. Man könnte nun meinen, diese Aussagen sollten das Bewusstwerden von Schuld und von Schuldgefühlen verhindern, es seien eigentliche Abwehrmechanismen. Schaut oder vielmehr hört man aber genauer hin, erscheint ein tragisches Gefühl, das Gefühl, ohne Schutz einer quasi natürlichen, unbeugsamen Macht, einer Schicksalsinstanz ausgesetzt zu sein, ein Gefühl, das – so paradox dies auch scheinen mag – aus einer Position diesseits von Schuld und Unschuld heraus erwächst...« Vgl. auch Borens (1993), Widmer (Hg.) (1993) und »Apertura« (1991).

34 Borens (1994) kommt zu einer Einschätzung der psychoanalytischen Behandlungsmöglichkeiten der Perversion, die derjenigen Morgenthalers ähnlich ist: Der Perverse weigert sich, die Schuld anzuerkennen. »Aus der psychoanalytischen Kur macht er ein Simulakrum, er verhöhnt sie wie Don Juan den Komtur verhöhnt, wenn er ihn zu Tisch lädt. Indem er dem Analytiker ›No!‹ sagt, lehnt er das väterlich Symbolische ab, er bleibt der Mutter durch Identifizierung mit ihrem ›Nein‹ treu und rettet so die Welt des Tragischen, wie dieser Analysant, der seine Analyse vor drei Jahren wegen diverser Beschwerden und mit perversen Verhaltensweisen begann. Nach zwei Jahren bricht er diese Analyse, die man hinterher als perverse Inszenierung bezeichnen muss, ab. Er zieht sie ins Lächerliche, indem er vorgibt, die Ursache all seiner Beschwerden in seinen

Zahnplomben gefunden zu haben – seine Art und Weise, das tragische Geniessen nicht aufzugeben.« Freymann (1994) deutet die Perversion als »Logik des Phantasmas«. Solange der Perverse nicht einem anderen begegnet, von dem ein Begehren des Begehrens ausgehe, werde er nur ein »ewiges Geburtsszenario wiederholen, in dem er nie sein eigenes erkennen wird«. Lipowatz verweist darauf, daß es eine unmögliche Aufgabe sei, über das Phantasma etwas zu sagen, »läßt doch seine Struktur keinen Kommentar zu,... sie kann nur gezeigt werden. Über das Phantasma etwas zu erzählen, heißt auch, die Phantasmen der Hörer über sich selbst und die Psychoanalyse zu mobilisieren«. Lipowatz (1994) erinnert an Freuds Formulierung, wonach Phantasmen »Vorbauten« sind, die eine Schutzfunktion für das Subjekt erfüllen. Zu Lacans Formalisierung des Phantasmas vgl. vor allem seinen Aufsatz »Kant mit Sade«; vgl. auch die Ausführungen von Abraham/Torok (1986). Zum Thema der Perversion vgl. jetzt auch den Themenband des »Jahrbuchs für klinische Psychoanalyse« (1999).

Claude Lévi-Strauss
Präzision oder Konfusion, Struktur oder Geschichte?

1 Die Aussage zu Bachofen ist in einem Brief enthalten, den mir Lévi-Strauss 1972 schrieb; der Hinweis auf seine Unbegabtheit für die »großen« Fragen in einem späteren Brief von 1998.

2 Dreh- und Angelpunkt der folgenden Überlegungen ist die Überprüfung einiger zentraler Begriffe und Gegensatzpaare in Lévi-Strauss' Denken – aus versuchter Nähe, aber zugleich auch aus einer gewissen Distanz, die sich dadurch ergibt, daß sich andere Denk- und Erfahrungsformen »dazwischen« geschoben haben, seit ich 1983 *Sprachkörper – Zu Claude Lévi-Strauss und Jacques Lacan* veröffentlichte. Ich setze heute neue Schwerpunkte, stelle konzentrierter andere Fragen und beziehe die seitdem erschienenen Schriften von Lévi-Strauss und aktuelle Theorien und Kritiken schwerpunktmäßig mit ein, bis hin zu der jüngsten, in *Les Temps modernes* geführten Debatte.

3 Barthes (1963), Lacan (1966), Foucault, in: Reif (1973, S. 169ff.), Barthes (ebd., S. 9ff. und 20ff.).

4 Barthes (1977, S. 181).

5 Lacan, Seminar XI.

6 Lévi-Strauss (1980, S. 16), Lacan (in einem Seminar vom 18.3.1980).

7 Lévi-Strauss (1985b, S. 214). Ferdinand de Saussures Bedeutung für die linguistische Neubegründung entspricht Emile Durkheims Rolle bei der kultursoziologischen Neukonstituierung. Vgl. *Die elementaren Formen des religiösen Lebens.*

8 Lévi-Strauss (1985c, S. 26); vgl. auch Reif (1973, S. 77).

9 In einem Gespräch mit H.-J. H., Mai 1998.

10 Zur Auseinandersetzung mit dem Strukturalismus in *Les Temps modernes* vgl. etwa die Hefte 49, 1949 (Simone de Beauvoir), August 1962 (Lucien Sebag), Heft 246, 1966 (»Problèmes du structuralisme«).

11 Vgl. Schmidt (1969) und Lepenies/Ritter (Hg.) (1979). Soziologische Neuformulierungen des Strukturalismus bzw. Poststrukturalismus versuchten dann etwa Bourdieu (Theorie der Praxis) und Ulrich Oevermann (strukturale Hermeneutik).

12 In: *Les Temps modernes*, 1998a, S. 67ff.

13 Lévi-Strauss (in einem Interview).

14 Lévi-Strauss (1968, S. 302f.).

15 Lévi-Strauss 1981. Vgl. auch 1950. Vgl. auch den Versuch von Groys (2000), die Theorie des Gabentauschs für eine neue Medientheorie zu verwerten.

16 Lévi-Strauss (1968). Vgl. auch 1980, S. 140ff.

17 Lévi-Strauss (1975). Vgl. auch 1980, S. 276.

18 Vgl. Reif (1973, S. 272f.).

19 Lévi-Strauss (1985b, S. 209).

20 Lévi-Strauss (1980, S. 276).

21 Lévi-Strauss in einem Gespräch bei *Radio France*. Vgl. auch Reif (1973) und Lévi-Strauss (1980).

22 Lévi-Strauss in einem Gespräch.

23 »Es gibt eine Zeitschrift, die ich, obwohl ich nicht alles verstehe, allmonatlich von der ersten bis zur letzten Zeile gewissenhaft lese. Es handelt sich um den Scientific American. Ich bin ganz versessen darauf, über alles, was in der modernen Wissenschaft an neuesten Erkenntnissen gewonnen wird, so gut wie möglich informiert zu sein.« (1980, S. 17).

24 Lévi-Strauss (1968, S. 253).

25 Vgl. Godelier (1973, S. 302ff.).

26 Lévi-Strauss (1978, S. 411).

27 Barthes (1973, S. 15).

28 Vgl. Reif (1973, S. 77). Deswegen spricht Lévi-Strauss auch etwas abschätzig von »structuralisme-fiction«, im Gegensatz zum Strukturalismus im strengen Sinn. Vgl. zur historischen und wissenschaftstheoretischen Darstellung Harland (1987), Silverman (1987), Frank (1983), Reckwitz (2000).

29 Vgl. Reif (1973, S. 85) und Lévi-Strauss (1980, S. 253ff.).

30 Lévi-Strauss (1975, Bd. II, S. 124).

31 Geertz (1990, S. 33ff.).

32 Lévi-Strauss (1995a, S. 9ff.).

33 Ebd., S. 85ff. und 121ff.

34 Ebd., S. 133f.

35 Ebd., S. 110ff.

36 Ebd., S. 90ff.

37 Lévi-Strauss (1980, S. 20).

38 Lévi-Strauss (1985a).

39 Lévi-Strauss (1985b, S. 325).

40 Vgl. Oppitz (1975).

41 Lévi-Strauss (1971).

42 Lévi-Strauss (2000).

43 Vgl. auch Hubert Fichte und Leonore Mau, *Xango* (1976), *Petersilie* (1980). Heft 11/1994 der Zeitschrift *Psyche* beschäftigt sich mit der psychoanalytischen Deutung von Filmen. Heft 10 (1991) der Zeitschrift *Augen-Blick* (Marburg) diskutiert den Essay-Film.

44 Segalen (1994); Tyler (1991).

45 Die Verschiebung in der hierarchischen Ordnung wird allerdings unterlaufen, wenn den Sprechenden ihre Stimme weggedreht wird: Im »voice over« legt sich die Stimme des Synchronsprechers – ein alter ego des Forschers – über den Originalton. Ivo Strecker, der in Anlehnung an Jean Rouchs Formel des Cinema-vérité vom akustischen micro-vérité gesprochen hat [in: Ballhaus/Engelbrecht (Hg.) (1995)], sieht in der Technik des voice over eine nachträgliche Auslöschung der gemeinsam hergestellten Situation. Der Kommentar greift zwar nicht derart zerstörerisch ein, aber auch er ist ein Versuch der Restitution der Forscher-Autorität und einer Einschränkung der ästhetischen Erkenntnisfunktion. Nur die Untertitelung scheint dem Ideal einer polyphonen Ethnographie gerecht zu werden. [Vgl. dagegen Ottinger (1993)].

46 Vgl. Friedrich u. a. (Hg.) (1984).

47 Bei *Radio France*.

48 Eine Reihe neuerer Arbeiten und einige Ausstellungen vermitteln einen guten Eindruck von dieser der ethnographischen Photographie innewohnenden Differenz und Dynamik: Bernatzik (1985); Alloula (1994); Theye (Hg.) (1989).

49 Lévi-Strauss (1995b, S. 9ff.).

50 So suggerieren auch die Photographien Edward S. Curtis' dem heutigen Betrachter, er könnte aus den Bildern das Leben der Indianer – ihre Alltagswelt, ihre

Kultur, ihr Wissen und ihre Rituale, ja sogar ihren drohenden Untergang – sinnlich erfahren. Cardozo (Hg.) (1995).

51 Bei *Radio France.*

52 Lévi-Strauss (1995b, S. 9ff.).

53 Lévi-Strauss (1995b, S. 18f.).

54 Ebd., S. 23.

55 Sloterdijk in einem Gespräch mit H.-J. H. 1998.

Karl Kerényi
Urerfahrungen der Seele

1 Kerényi (1966, 1996, S. 124).

2 Eliade (1984 und 1988).

3 Kerényi (1966, 1996, S. 124); Kerényi / Jung (1941, S. 17f.).

4 Kerényi (1966, 1996, S. 124); Eliade (1988, S. 14ff.).

5 Eliade (1988, S. 16f.).

6 Eliade (1988, S. 20ff., 139f., 185f.).

7 Glissant (1986).

8 Kerényi (1966, 1996, S. 124).

9 Vgl. Heinrichs (Hg.) (1987), Nethöfel (1992), Mohn (1998).

10 Beck, in: Beck/Sennett (2000, S. 33).

11 Mohn (1999, S. 35).

12 Kerényi (1966, 1996, S. 122).

13 Diese Aufsätze hat Kerényi noch in Ungarn geschrieben und dann bei den »Eranos«-Tagungen auf dem Monte Verità (in Ascona) vorgetragen.

14 Kerényi (1945a, 1997, S. 37).

15 Kerényi (1988, S. 253ff.).

16 Vgl. etwa Köpping (1989, S. 73ff.).

17 Kerényi (1976, 1994, S. 8).

18 Kerényi (1976, 1994, S. 9ff. und 31ff.).

19 Kerényi (1976, 1994, S. 214).

20 Herbst (1997) hat zu Recht von einigen »tollen Verdrehungen« gesprochen: »Wenn Kerényi von heiligen Kuhherden, ›die einst dem Sonnenstier nachgeschaut‹, oder von Heras ›säuglingshaftem Aufgehen im Gatten‹ spricht ...«.

21 Kerényi (1945a, 1997, S. 55).

22 Lawrence zitiert in: Kerényi (1945a, 1997, S. 15f.).

23 Ebd.

24 Kerényi (1945a, 1997, S. 55).

25 Ebd., S. 157.

26 Mann/Kerényi (1960), Kerényi (1967, S. 107), Kerényi (1985 und 1988); (1988, S. 35ff., 101ff., 251ff., 323ff.).

27 Kerényi (1945a, 1997, S. 7,17).

28 Kerényi (1976, 1994, S. 23).

29 Kerényi (1976, 1994, S. 25).

30 Kerényi (1976, 1994, S. 24): »Die Tanzfigur vereinigt Götter und Menschen auf der gleichen Höhe des Seins.«

31 Kerényi (1966 und 1988, S. 35ff. und 102f.).

32 Vgl. Schlesier (Hg.) (1985, S. 7-34).

33 Vgl. etwa Jung / Kerényi (1940, S. 13): » ... Leo Frobenius ständig gegenwärtig ...« oder Kerényi (1945a, 1997, S. 20): »Wenn nicht doch Leo Frobenius Recht hat und der religiös-empfängliche Geist dem technisch-praktischen in der Geschichte aller Kulturen vorausgeht!«

34 Kerényi (1945a, 1997, S. 164). Die Jahrzehnte während und nach dem zuende gehenden Zweiten Weltkrieg sind die Blütezeit seines Schaffens: *Die antike Religion* (1941), *Die Geburt der Helena* (1945), *Briefwechsel mit Thomas Mann* (1945), *Prometheus* (1946) und schließlich *Die Mythologie der Griechen* (1951) und 1955 Vorträge über Freud, Jung, Heidegger, Thomas Mann, Hofmannsthal, Rilke, Homer und Hölderlin unter dem Titel *Geistiger Weg Europas*.

35 Kerényi (1966, 1996, S. 125ff.). Vgl. auch ebd., S. 124: »Der antike Mensch trete [gemäß Thomas Mann], ehe er etwas tue, einen Schritt zurück. Gleich dem Torero, der zum Todesstoß ausholt.«

36 Ebd., S. 123ff.

37 C. G. Jung/Karl Kerényi: *Das göttliche Kind*. 1940. *Das göttliche Mädchen*. 1941.

38 Ich beziehe mich in diesen Passagen auch auf Ausführungen von Jean Bollack (»Kerényis besondere Situation und Wissenschaft«), Fritz Graf (»Mythologie der Griechen und Römer in Kerényis Deutung«) und Albert Henrichs (»Der antike Roman. Kerényi und die Folgen«), vorgetragen bei der Tagung »Humanismus und Hermeneutik«, zu Kerényis 100. Geburtstag, 16.-21.2.1997 in Ascona (Monte Verità).

39 Kerényi (1988, S. 434ff.).

40 Bollack (1997).

2004 · 211 Seiten · Broschur
EUR (D) 19,90 · SFr 34,90
ISBN 3-89806-360-7

Die hier versammelten Aufsätze waren als Teile eines größeren Werkes angelegt. Mit seiner Traumlehre wollte Morgenthaler die sich immer wieder neu stellende Frage nach der ›richtigen‹ psychoanalytischen Praxis beantworten. Der Darstellung des Prozesses der Traumdeutung sollte die Theoriebildung folgen, und zwar durch das Erarbeiten von Gesetzmäßigkeiten, die Freud nicht mehr weiter verfolgt hat.

»Fritz Morgenthalers Umgang mit den Träumen ist konventionell und revolutionär zugleich. Zum einen versteht er sich in strikter Folge von Freuds Traumdeutung, zum anderen möchte er gerade tun, was bei Freud nur als Hinweis auftaucht: zuerst auf die Begleitumstände jeder Traumerzählung achten und darauf, wie der Analysand die Situation des Traums und der Erzählung erlebt und wie dies auf den Analytiker wirkt. Morgenthaler geht es um eine Psychologie des Erlebens, also nicht nur um inhaltsbezogene Traumdeutung, sondern auch um eine Traumdiagnostik, die ihr Augenmerk auf die Funktion des Traumgeschehens lenkt... Nach Freud hat nie wieder ein Psychoanalytiker eine solche Sicherheit beim Begehen des ›Königswegs zum Unbewussten‹ gezeigt.«

Hans-Jürgen Heinrichs aus dem Vorwort

PSV
Psychosozial-Verlag

2004 · 205 Seiten · Broschur
EUR (D) 19,90 · SFr 34,90
ISBN 3-89806-253-8

Sexuelles an sich, in welcher Form auch immer, kann nach Morgenthaler niemals krankhaft sein. Bei der Heterosexualität hat man dies auch nie angenommen. Entgegen vieler noch immer aktueller Theorien, die die Homosexualität als einen Defekt begreifen, der – z. B. mit Hilfe der Gentechnologie – über kurz oder lang behebbar sein wird, geht Morgenthaler den gesellschaftlichen und theoretischen Missverständnissen nach, die zur Pathologiesierung der Homosexualität und Perversion geführt haben. Der Band vereinigt die wichtigsten Beiträge des Autors zu diesem Thema.

»Morgenthaler gelingt es, die psychoanalytische Terminologie zum Leben zu erwecken. In seinen farbigen, präzisen Bildern schimmert die Lebendigkeit des Untersuchungsgegenstandes durch.«

Psycho-Analyse

P V
Psychosozial-Verlag

1997 · 192 Seiten · Broschur
EUR (D) 6,– · SFr 11,20
ISBN 3-930096-86-2

Über dieses Buch: In diesem Band erläutern Psychologen und Ethnologen, Ethnopsychoanalytiker und Ethnopsychiater ihre Motivationen, Entwicklungen und Zielsetzungen. Gemeinsames Thema ist die Frage nach dem Allgemeinen und dem kulturell Bedingten in dem, was wir normal und anormal nennen; es ist die Frage nach den Möglichkeiten der Erkenntnis und der therapeutischen Behandlung, nach den Notwendigkeiten eines neuen Selbstverständnisses in den Wissenschaften sowie einem neuen Verständnis von Alltag. Dazu der Herausgeber: »Das Gefüge von Normal und Anormal ist durch Ethnopsychoanalyse, Ethnopsychiatrie und Anti-Psychiatrie entscheidend problematisiert und zum Teil umgekehrt worden. Diese Wissenschaften und ihre entsprechende Praxis haben die wichtigsten Zugänge zum Verstehen des Fremden eröffnet... Die folgenden Gespräche sind als Einführung in Ethnopsychoanalyse und Ethnopsychiatrie gedacht.«

PSV
Psychosozial-Verlag